基礎からわかる
建築環境工学
Architectural Environment Engineering

槇 究＋古賀誉章
Maki Kiwamu & Koga Takaaki

彰国社

❖ まえがき

建築は環境のアブソーバーだ

　私達の多くは都市に住んでいる。「いや、私は田舎に住んでいる」という場合でも、住んでいる家は誰かがつくったものだろう。このように、私達は「自然環境」に生息しているのではなく「人工環境」で生活している。

　どうして環境をつくり替えるのかと言えば、自然環境はそのままではぶれが大きいからだ。太陽に焼かれる夏もあれば、みぞれ交じりの冬もある。まぶしい日中もあれば、自分の手さえ確認できない闇もある。1日を戸外で過ごしたい穏やかな日もあれば、台風が荒れ狂う日もある。建物の中に居ればそれが和らぐ。

　そう、建築は環境のアブソーバー（緩衝装置）なのだ。

昔は、計画原論と呼ばれていた

　住みやすい家を考えてみると、このような調節機能が重要な役割を果たしていることがわかる。立派な応接セットがあっても雨漏りしては台無しだ。ステレオセットで音楽を楽しむのも、通りを走る車の騒音が絶え間なく入り込んでくるのでは難しい。いや、もう少しポジティブに考えてみようか。照明を工夫すれば、窓から差し込んでくる光より料理をおいしく見せることができるかもしれない。

　動作に必要な寸法とか、団らんに向いた間取りとか、窓からの庭の見せ方とか、建築家はさまざまなことを考える訳だが、光、音、熱、空気といった物理的環境について考えることも、それに負けず劣らず重要だ。そこで、それに「計画原論」という名前を付けた。原論というのは基本となる考え方のことだから、とても大事なものと考えた訳だ。

そしてサステナビリティ

　計画原論は、いつからか「建築環境工学」と名前を変えた。そして、人間が居心地良く過ごすためにどんどんエネルギーをつぎ込んでもいいと考える時代も過ぎ去った。現代では、人間にとっての快適性と環境問題は、同時に考慮すべき課題となっている。

　この課題は、「光環境」「音環境」「熱環境・空気環境」のデザインについて論じた1章～3章にも見え隠れするだろうが、4章には「環境のサステナビリティ」と題した章を用意した。これは、地球環境問題についての知識が、建築・都市を考えていく上で不可欠になっているという著者らの認識による。建築を単体として眺めるだけでなく、地域・地球といったマクロなものの見方とリンクして捉えてもらえるとうれしい。

基本から環境の現実まで理解したい

　建築環境工学では科学的であることを重視する。だから、建築環境工学のテキストには数式がたくさん並んでいることが多い。しかし、数式が得意な人はいいが、そうでない人はその意味をきちんと理解できていないと感じてしまうかもしれない。また、それが実際の設計にどのように応用されるのか見えてこないかもしれない。

　この本は「理解」に重点を置いている。環境デザインの方向性に沿って解説するという構成を一部取り入れたのも、そのためである。建築環境デザインのあらすじをつかむことから始め、幹となるその流れと枝葉となる知識との関連をイメージすることが理解には大事だと考えたのである。例題を用いて感覚を掴んでもらい、コラムでは身近な建築環境の話題に触れる。建築に組み込まれている設備の解説も取り入れてみようと思う。巻末には演習問題も用意した。

　身の回りの建築環境を見渡したとき、なぜそこがそうなっているのか、その原理から具体的なデザインまでを理解できたなら、この本の目的が達せられたことになると思う。

∞目次∞

まえがき ... 2

1章 光環境のデザイン

1 目が感じる光
可視光線 ... 8
視感度 ... 8
測光量 ... 10

2 均一な照明環境を目指して
照度による光環境の設計 ... 14
推奨照度 ... 15
均斉度 ... 15
照度計算 ... 16
PSALI ... 18
モデリング ... 18
スカラー照度とベクトル照度 ... 19
グレア ... 21
光膜反射と反射映像 ... 21
オフィスでのグレア・反射映像 ... 23
反射と光沢 ... 23

3 不均一な照明の設計へ
不均一な照明 ... 24
魅せる照明 ... 25
TAL ... 25
配光曲線 ... 26
独立型照明器具 ... 27
建築化照明 ... 28
不整形の空間 ... 29
省エネルギーに向けて ... 29

4 照明の色・部屋の色
照らす色、照らされる色 ... 30
物体色 ... 31
光源の分光分布 ... 31
色温度 ... 32
演色性 ... 33
さまざまなランプ ... 34
インテリアの色彩設計 ... 35
面積効果 ... 36
壁面色と明るさ ... 36
光・色に対する個人差への対応 ... 37

5 昼光照明
昼光照明 ... 38
全天空照度と昼光率 ... 39
昼光率の計算方法 ... 40
建築基準法の採光規定 ... 42
窓面の位置と形状 ... 43
直射日光の制御 ... 44

  シルエット現象 44
  昼光利用の工夫 45
  省エネルギーと昼光照明 45

6 照明計画
  照明環境のデザイン 46
  雰囲気と意味 47
  生活と照明 48
  照明設計の今後 49

2章 音環境のデザイン

1 音の響きのデザイン
  音は波である 52
  建築がつくる響き 54
  響きのコントロール 55
  初期反射音の制御 55
  残響時間 56
  残響時間の計算 56
  反射と吸収 57
  建築材料の吸音率 58
  吸音のメカニズム 59
  音響障害 60
  コンサートホールの室形状 62
  音響計画 62

2 音の強さ・大きさ
  音圧・音の強さ 64
  音圧レベル、音の強さのレベル 65
  ラウドネスレベル（音の大きさ） 66
  騒音計 66
  音の合成 67

3 静かな環境をつくる
  騒音を防ぐ 68
  距離による音の減衰 68
  回折 69
  音の透過と吸収 70
  壁体の透過損失 71
  二重壁による遮音 72
  開口部、隙間の影響 73
  遮音等級 74
  固体音 75
  重量衝撃音と軽量衝撃音 75
  床衝撃音の遮音等級 76
  床と天井の実際 77
  設備騒音対策 77
  騒音の許容値 78
  騒音・振動を抑える 79

4 音の意味
  騒音といらだち 82
  音の選択 82

環境音楽	83
サウンドスケープ	84
音を計画する	84

3章 熱環境・空気環境のデザイン

1 温熱感と空気調和

世界の住居	86
古民家の熱環境	87
温熱6要素	87
環境側の4要素	88
人体側の2要素	88
温熱感覚指標	89
一定の温熱環境を目指して	91

2 断熱と伝熱

断熱	94
伝熱	94
熱貫流	95
熱橋・冷橋と偶角部	98
断熱材	99
窓の断熱	100
総合熱貫流率	101
建物全体と外部の熱のやり取り	101
住宅の省エネルギー基準	103

3 湿気と結露

結露	104
湿度	104
湿り空気線図	105
表面結露	107
局所暖冷房	107
間欠暖冷房	107
内部結露	108
屋根・天井の断熱、基礎断熱	112

4 パッシブな手法

パッシブという考え方	113
熱容量	114
室温変動	115
パッシブな手法	118

5 気候と日照・日射

気候	120
クリモグラフ	120
風向	121
晴天と曇天	122
方位と日照	123
日照権と日影規制	126
日影図と等時間日影図	126

6 換気と通風

| 室内空気汚染と換気 | 128 |

シックハウス症候群 130
必要換気量 131
機械換気 132
換気計画 133
隙間の影響 133
風力換気と温度差換気 134
通風 135
高気密高断熱＋α 137

4章 環境のサステナビリティ

1 水環境
水の役割 140
循環する水 141
給水のしくみ 142
排水のしくみ 144
生活排水と富栄養化 147

2 都市の空気・温熱環境
都市環境とは 148
ヒートアイランド現象 149
微気候 151

3 環境汚染・環境破壊
過剰な環境負荷 152
酸性雨 153
ダイオキシン 153
土壌汚染 154
廃棄物 155
資源乱獲・乱開発 155

4 地球環境問題
気候変動問題 156
オゾンホール 157

5 持続可能なくらし
サステナビリティとエコ 158
エネルギーの効率的利用 159
環境に配慮したものづくり 161
緑化 162
環境と共生するくらし 163

演習問題 165

索引 180
図版出典、写真撮影・提供、引用文献、参考文献 186

装丁・デザイン　柳忠行

1章

光環境のデザイン

写真は、住宅の居間を模した実大の実験室である。この実験室でさまざまな照明状態をつくり印象評価させたところ、印象の主要な軸が3つ抽出された。1つ目は「明るい－暗い」の軸、2つ目が「すっきりした－ごちゃごちゃした」の軸、3つ目が「居心地の良い－悪い」の軸である。これらはそれぞれ、「明るさ（机上面照度）」「光の分布」「光色」と大きな関連を持っていた。

この章では、これら3つの軸の制御を中心に光環境の整備について述べていこうと思う。まずは、「明るさの単位（測光量）」について学び、議論の礎（いしづえ）を身に付けることにしよう。

＊Challengeと図表タイトルに「＃」が付いている部分には、対応するExcelシートが存在する。著者ホームページよりダウンロードできるので、活用して欲しい（「基礎からわかる建築環境工学　ファイル」で検索のこと）。

1 目が感じる光

虹は、自然のプリズム。太陽光線が空気中の水滴の中で屈折・反射するとき、波長によってその度合いが異なることから生じる。

可視光線
見えるのは、電磁波のごく一部

光は**電磁波**の一種である。電磁波は波長によって異なった特性を示すが、人間が感じ取ることができるのは**380nm**（ナノメートル）から**780nm**の電磁波のみである。この範囲の電磁波を**可視光線**と呼ぶ（図1）。

可視光線を単一波長で放射すると、波長の長い方から赤橙黄緑青藍紫という虹の七色が知覚される。

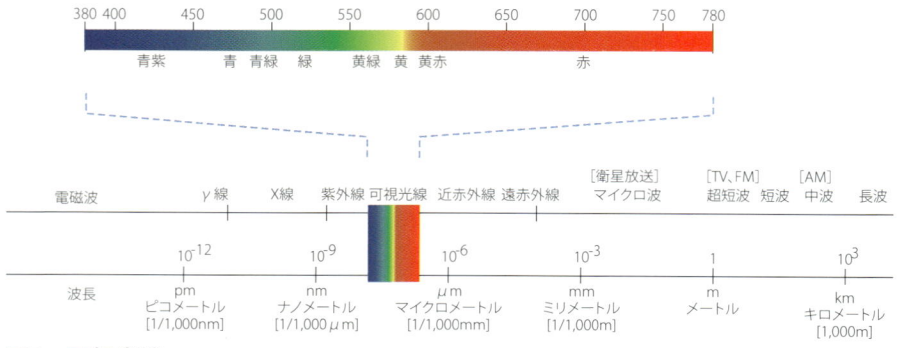

図1—可視光線

視感度
波長によって感度は違う

単一波長の可視光線が同じ明るさと感じられるために必要なエネルギー量は、波長によって異なる。

標準比視感度曲線は、単位時間・単位エネルギー量あたりの明るさを相対的に表現したものである。明所視の場合、曲線は555nmをピークとして、380nmと780nmに向かってなだらかに低下していく（図2）。

500nmでは比視感度が約0.3であり、580nmでは約0.9であるから、後者は前者の3倍の感度となり、同じ強さの光と感じられるために必要なエネルギーは1/3で済むことがわかる。

最も感度が良いのは555nmであるから、見た目がどうかは別にして、黄緑付近の単一波長の光源が効率は最高ということになる。トンネル照明などに用いられる低圧ナトリウムランプは、589nm付近のほとんど単一波長である。これはすべてをオレンジ色に染める気味悪さを伴うが、非常に高効率の照明である。

明所視のピークは555nmで683 lm/W（ルーメン毎ワット→p10）、暗所視のピークは507nmで1,700 lm/Wである。標準比視感度曲線では最高の視感度を1.0として表現しているためピーク高さは同じだが、実際には暗所視の方が2.5倍ほど感度が良い。実際には図3のような視感度となる。

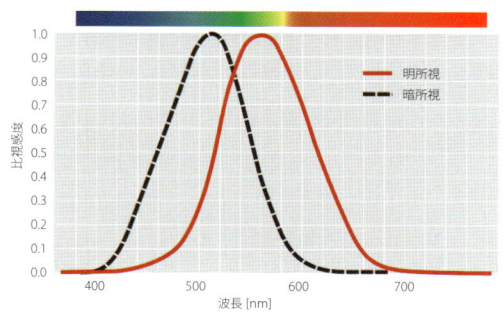

図2—標準比視感度曲線

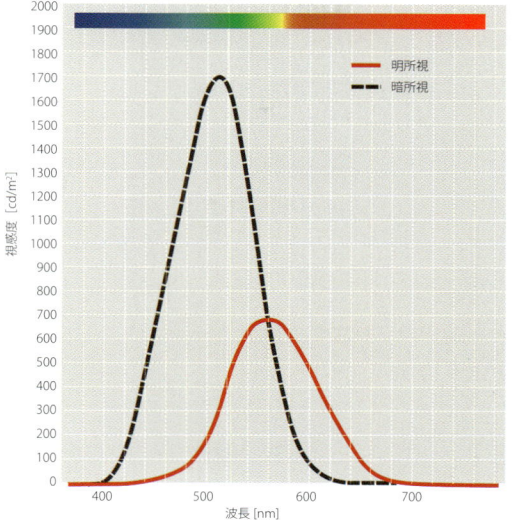

図3—標準視感度曲線

Column

網膜の構造——2種類の視細胞が存在する

網膜には錐体と桿体の2種類の視細胞がある。**錐体**は見たいものの像を結ぶ部分（中心窩）に密集しているので、狭い範囲ではあるが鮮明に見ることができる。また、感度特性の異なる3種類の錐体（L錐体、M錐体、S錐体）からの情報に基づいて色を感じ取ることもできるが、感度は低い。一方、**桿体**は明るさのみを感知する。網膜全体に分布しており、解像度は低いが、感度が高い。

錐体と桿体の比視感度曲線には若干のずれがあるため、昼に同じ明るさに見えた緑と赤であれば、夜には緑の方が明るく見えることになる。これを**プルキンエ現象**という。

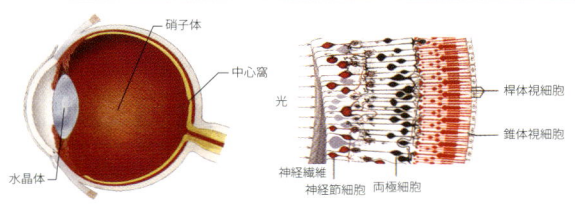

目の構造[1]　　網膜の構造[1]

3錐体の感度——光に対する感度の違い

L、M、S錐体の感度を下に示す。3錐体が感じる光の強さに応じて、感じられる色が変わる。

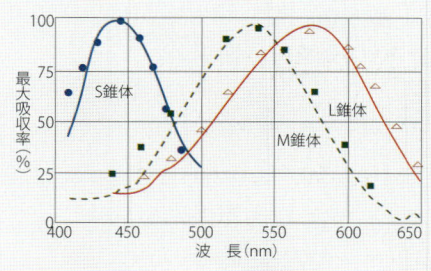

明所視、薄明視、暗所視——2種類の視細胞が活動する

錐体と桿体は活動する明るさが異なる。活動の状態によって次の3つに分類される。

明所視
錐体だけが働いている状態
（昼間など普通に明るい状態。2cd/m²以上）

薄明視
錐体と桿体の両方が働いている状態
（薄暗い夕方など。0.1cd/m² ～ 2cd/m²）

暗所視
桿体だけが働いている状態
（月明かり程度の暗い状態。0.1cd/m²以下）

測光量

明るさの単位

前頁に lm/W、cd/m² という単位が登場した。これらを含め、明るさに関わる単位をいくつか、ここで解説する（表1、図4）。

■光束（lm：ルーメン）

まずは、照らし出す装置としての照明を考えてみよう。そうすると、どの程度の光を発しているかが気になる。これを表すのが光束（F）で、単位は lumen [lm] である。

消費電力をW（ワット）で表すと、電気による照明器具の発光効率は lm/W で表される。蛍光ランプでは50〜100 lm/W 程度だが、白熱電球では10〜20 lm/W 程度と効率が低い。

昔、人々がろうそくとか提灯などの照明器具を持ち運んでいた頃には、どれだけの光を発することができるかが照明の能力を示していたと考えられる。光束は、照明する能力を表す単位だと言えるだろう。

■光度（cd：カンデラ）
光束発散度（rlx：ラドルクス）

ろうそくは点光源、蛍光ランプは線光源、提灯は面光源ということができるだろう。提灯であれば、じかにろうそくを見た時と同じ量の光束を発していたとしても、ろうそくだけの時より全体にぼんやりと暗く感じられる。これは、点が面になったことにより、単位面積あたりの光束量が少なくなるためである。このような光束の密度を表現するのが光度（I）と光束発散度（M）である。光度は点光源に、光束発散度は面光源に対応し、前者は立体角密度（図5）、後者は単位面積あたりの密度を表す。単位は candela [cd] と radlux [rlx] であり、ディメンショ

測光量	記号	定義式	単位	単位略号	ディメンション
光束	F	$F = K_m \int_{380}^{780} V(\lambda)P(\lambda)d\lambda$	lumen	lm	lm
光度	I	$I = dF/d\omega$	candela	cd	lm/sr
光束発散度	M	$M = dF/dS$	radlux	rlx	lm/m²
照度	E	$E = dF/dS$	lux	lx	lm/m²
輝度	L	$L = dI/dS\cos\theta$	candela/m²	cd/m²	lm/m²·sr

表1―測光量一覧
K_m：最大視感度＝683 lm/W
$V(\lambda)$：波長λにおける標準比視感度
$P(\lambda)$：波長λにおける放射束の強さ（W）
λ：波長

光束は、標準比視感度曲線通りの感度を持つ目が放射束を光として感じる能力をシミュレートして、放射束の強さを計測したものと言えよう。

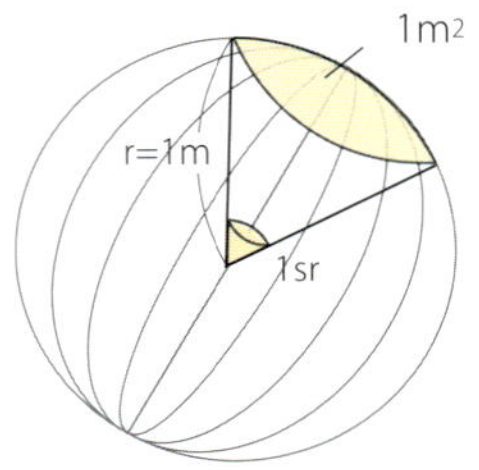

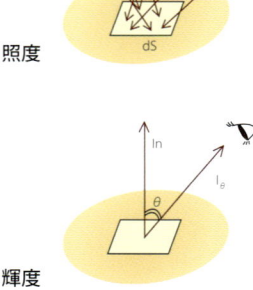

図5―立体角
光度 1cd の光源から 1sr の立体角に照射される光束が 1lm である。
1sr（ステラジアン）は、半径1mの球面上に 1m² の面積を取るときの球中心に張る角である。

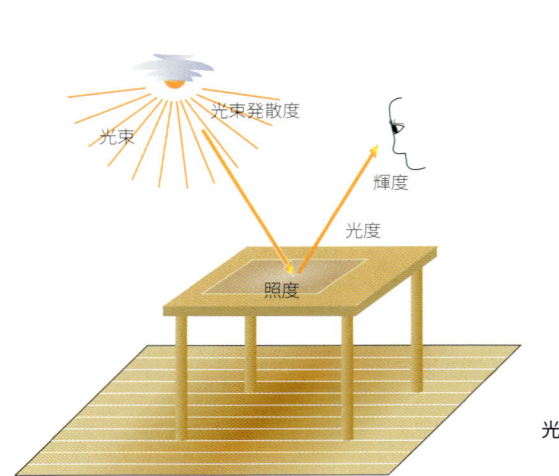

図4―測光量の概念と単位一覧

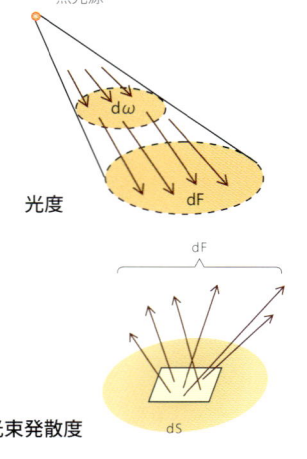

dは微少面積を表す記号

ンとしてはlm/srとlm/m²である。

ここまでは基本的に光源の明るさを表す単位である。

■**照度**（lx：ルクス）

今度は、本を読むとか、編み物をするというように、何か作業をすることを考えてみる。そうすると、本や手元がどの程度の光で照らされているのかが気になる。これを表すのが**照度（E）**であり、単位は**lux [lx]**である。

照度は、どれくらいの量の光束が入射してくるかを単位面積あたりで表したもので、1lx=1lm/m²である。照明器具が固定されて、夜でも何らかの作業が室内で行われるようになった時、作業をする場所にどの程度の明るさがあり、物を判別できるかを表す必要が出てくる。照度はそのような事柄と関係する測光量である。

なお、照度は受光面の角度により変化する。図7に示すように、斜め方向から入射すれば入射光束の密度が小さくなり、暗く感じられる。照度は光源と平面の法線（面に垂直な線）がなす角度のコサインに比例するので、これを**照度の余弦法則**という。

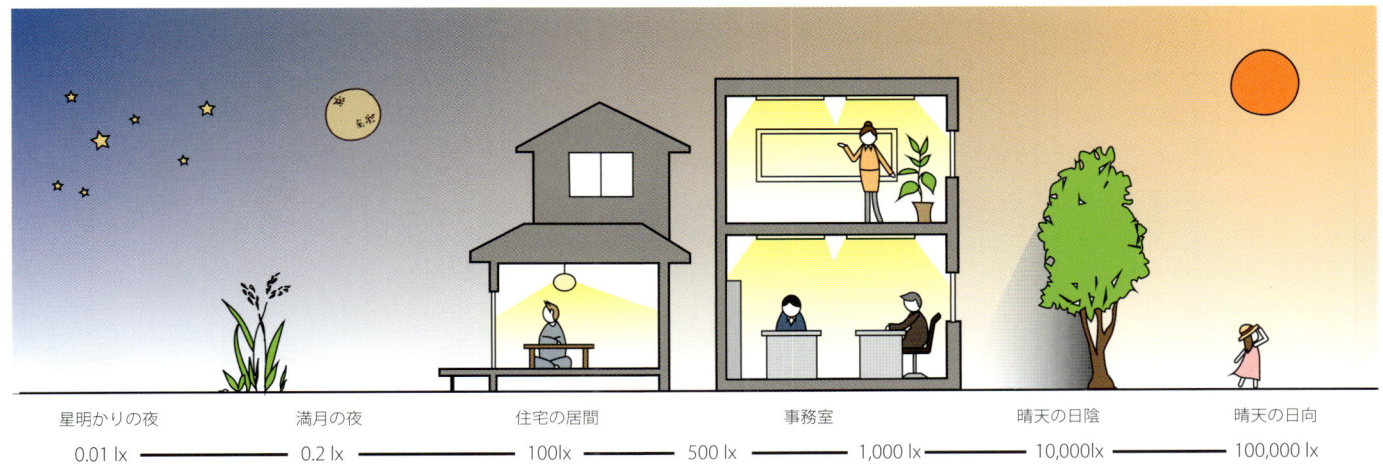

図6—照度の目安
人間の目が感知できる明るさの範囲は、最小と最大で1,000万倍以上、時には100億倍もの開きがあると言われる。しかし、この範囲を一度に捉えられるのではなく、明るさに慣れること（明順応・暗順応→p49）によって明るさの違いを捉えられるようになる。暗い部屋に入った直後はわからなかった様子が徐々にわかるようになるというプロセスからも、このことが理解できるだろう。

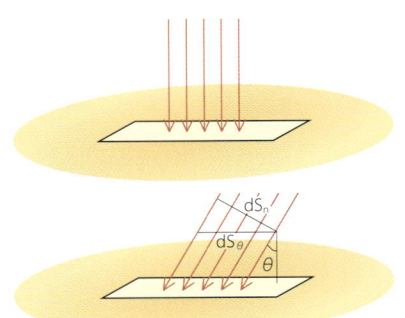

$$E_\theta = \frac{dS_n}{dS_\theta} E_n = E_n \cos\theta$$

図7—照度の余弦法則
上より下の図の方が、照明光が受照面に当たった時の密度が低いことが見て取れるだろう。その割合（E_θ/E_n）は、受照面の面積の比（dS_n/dS_θ）つまり$\cos\theta$に比例している。
E_θ：照明光に対して垂直な面からθだけ傾いた面での照度
E_n：照明光に対して垂直な面での照度

(Q_Q) Challenge❶

照度を測ってみよう

照度計で机上面照度（机の上の高さでの照度）を測ってみよう。
◇机上面照度（昼光のみ）
　＝　　　　lx
◇机上面照度（室内灯のみ）
　＝　　　　lx
◇机上面照度（昼光＋室内灯）
　＝　　　　lx

■ **輝度**（cd/㎡：カンデラ毎平方メートル）

照度は光源と測定する場所の位置および拡散・集中といった光源の特性がわかれば決定することができる。だから、照明設計の基準や計算によく用いられる。

しかし、人が見ているのは、普通、物体表面に入射する光ではなく、それが物体表面で反射された光である。壁を見ている時も、人の顔を見ている時も、本を読んでいる時も、照明光が物体に当たって反射した光を感じているのである。だから、人がどんな強さの光を見ているのかは、照度では表せない。

人が実際に感じ取っている光の強さに対応するのが**輝度(L)**で、単位はcd/m²である。これは、光を発する面（照明器具のような光源だけでなく、壁のような反射面でもいい）からの光の強さ（光度）を視線方向からの密度にするため、見かけの面積（dScosθ）で除したものである。

照明器具の直下にある机の上に白い紙が置かれている状況と黒い紙が置かれている状況を想定してみると、紙に入射する光の量は変わらないが反射してくる光の量は白い紙の方が圧倒的に多い。このケースでは、机上面照度は一定だが輝度は変化したことになる。また、同じ白い紙を眺めるのであっても、遠くから眺めれば暗く感じられるだろうし、横から眺めれば反射してくる光が少なくなるから、これも暗く感じられるだろう。これも照度は一定だが輝度が変化する事例である。

このように、人が感じている光の量に対応するのが輝度である。視細胞が捉える光に対応すると言ってもいいかもしれない。

視細胞は網膜に分布しているのだから、輝度も分布を持っていると考えるべきだ。その分布こそが人が感じ取っているものと関係している。照明された部屋の印象を解析しようと思えば、デジタルカメラで撮影した部屋の画像を手掛かりにしたいと思うだろうが、その画像に対応するのが輝度分布ということになる（図9）。

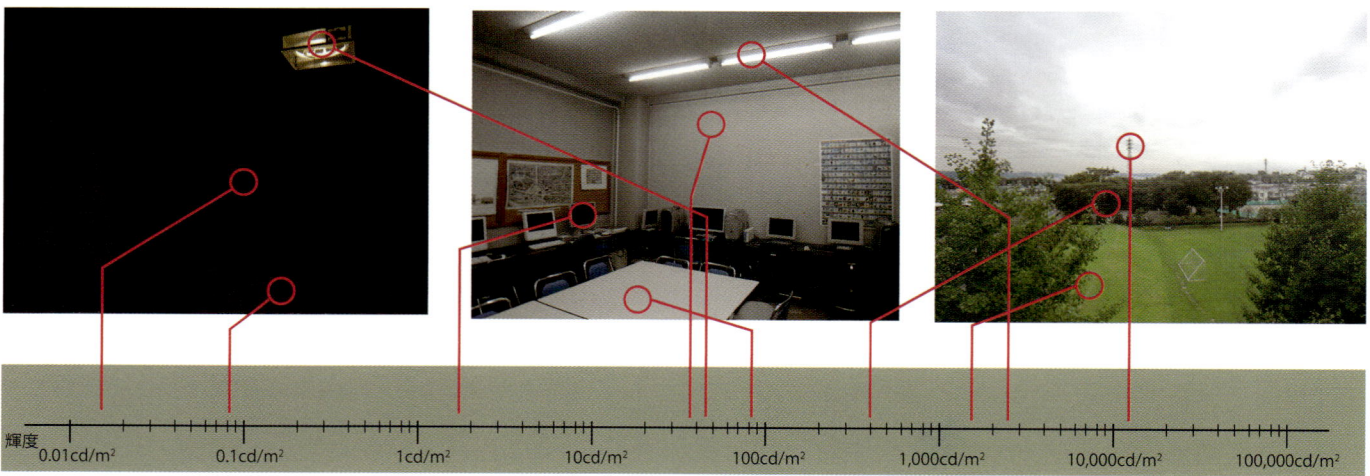

図8―輝度の目安

輝度は計測対象と計測する場所の距離によって大きく変化する。この図は写真を撮影した場所から計測した輝度の値を示している。室内の壁面と窓から見える景色の間には相当な輝度差が存在することがわかるだろう。

なお、人の目が一度に明るさの違いを捉えられるのは、1：1,000くらいの輝度の範囲だと言われている。

図9―輝度分布の階調値表現

暖色が明るい部位を表す。照明、物体表面の反射率、撮影位置と物体と照明の位置関係が輝度分布と関連していることがわかる。
室内の状態は、図8参照。

Column

ウェーバー・フェヒナーの法則——感覚は対数的　その1

左頁の図8において、輝度の長い目盛りがひとつ増えるごとに輝度の値が10倍になっていることに気付いただろうか。このような対数表現（→p67）になっているのは、人が感じることができる最小の違い（弁別閾）は、絶対差と対応するのではなく比例的に変化するという知見に基づいている。右目に$10cd/m^2$、左目に$11cd/m^2$の光を当てた時に明るさに違いがあると認識されたなら、$100cd/m^2$の時には$101cd/m^2$ではなく$110cd/m^2$にならないと違いがあると認識されないというような事実に基づく。

これは明るさだけでなく、音の大きさや重さなど多くの感覚量に当てはめることができる（光の強度では8%ほどの違いがあれば気付き、音の強さでは5%ほどで気付くという）。

刺激が強くなるほど弁別閾が大きくなるということを次式で表す。

さて、弁別閾をやっとわかる違いという意味で同等な感覚量と捉えると、それを用

$$\Delta I = kI$$

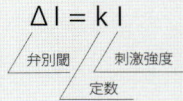

いて光や音といった刺激に対する感覚量のものさしをつくることができる。

普通に測ればだんだん大きくなる刺激の強さを同じ間隔として捉える時には、対数が用いられる。

感覚量についての式とその概念的な説明を下に載せる。

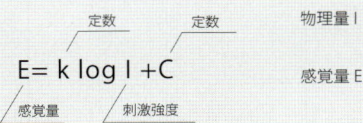

$$E = k \log I + C$$

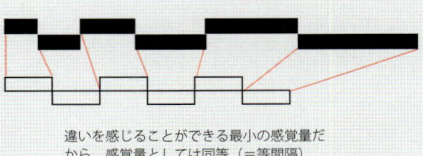

スティーヴンスの法則——感覚は対数的　その2

ウェーバー（E. H. Weber）やフェヒナー（G. T. Fechner）は19世紀後半に活躍した心理学者だ。

一方、スティーヴンス（S. S. Stevens）は20世紀半ばに活躍した心理学者である。彼は、2つの刺激の大きさを比較し、一方を10とした時、もう一方をいくつと判断するかというような実験を多数行った。その結果から、右式に示すように、感覚量が刺激の指数関数として表現できることを見いだした。これがスティーヴンスの法則である。

刺激が音の大きさの場合、n=0.6程度、明るさの感覚では視野角によって変化するが0.3～0.5程度、さまざまな灰色の紙の明るさの感覚で1.2程度（刺激強度Iを反射率とした場合）の値になるという。

ウェーバー・フェヒナーの法則のベースは1つの曲線だが、スティーヴンスの法則では、nによりさまざまな形の曲線が得られる。そのため、もっとも適合度の高い曲線を選ぶことができる。

$$E = kI^n$$

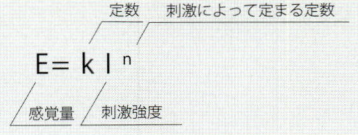

解説 1

照度と輝度の計測

照度計

机上面照度であれば机の上に置いて計測ボタンを押せばよい。この時、頭や体が受光部より上にあると正確な値が計測できない。頭を机より下に置き、ボタンを押すと計測値がロックされるので、後からそれを読み取る。

計測前にキャリブレーション（較正）が必要である。

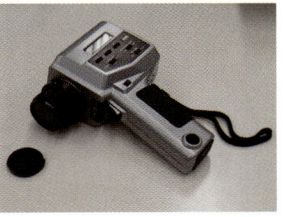

輝度計

輝度は、測定点から測定する方向に向かって計測する。視界中央の円に測定範囲が収まるよう向きを調節してボタンを押し、表示された値を読む。

写真は、輝度値Y以外に色度xy（→p33）も計測できるタイプ。

解説 2

照度と輝度の変換

照度と壁面の反射率がわかっているときに、壁面の輝度を求めるにはどうしたらいいだろうか。壁面の反射率は、見る方向によって変化するのが一般的だが、計算の簡略化のため、どの方向にも均一に光を反射する均等拡散面（→p23）を仮定することがある。その場合は、壁面に入射した光束はどの方向にも均等に反射されることになるから、$M = \pi L$となる。

$M = \rho E$を代入すると$\rho E = \pi L$となり、$L = \rho E / \pi$と変形できるので、均等拡散面では照度と反射率に比例して輝度が定まることになる。

M：光束発散度　　L：輝度
ρ：反射率　　　　E：照度

2 均一な照明環境を目指して

写真の教室は、蛍光ランプを均等に配置した全般照明で照らされている。均等に配置することにより、どこでも同じような机上面照度となる。本節で考える照明の理想は、このような均一な照明環境の実現である。

照度による光環境の設計
作業面に届く光を均一に

　照明計画という概念は、点灯・消灯が自在で一定の明るさを保持することができる照明、つまり白熱電球が発明された1879年、もしくは蛍光ランプが開発された1931年以降に生まれたものであることは確かであろう。そして、その主な活躍の場はオフィスだったと言えるのではなかろうか。前節で解説した測光量の概念は、明視性（ものがはっきりと見えるかどうか）が問題となるオフィスのような作業環境でこそ、コントロールの対象として意味を持つからである。

　そこでは、照度のコントロールが主な考慮事項であった。前節では、輝度分布が人の感じる光に対応すると書いた。それにもかかわらず、なぜ照度なのか。そこには、作業がなされる机上面（きじょうめん）の特性が関連している。

　紙と筆記用具で仕事をこなすホワイトカラーにとって、記入した文字が見えやすく、目に負担をかけない照明環境が望ましい。そうであれば、明るく均一に照らされた光環境が標準となる。薄暗い照明環境で本を読んだり、明るい窓辺でわざと手暗がりをつくってノートを取ってみたりすれば、十分な明るさがあり、影のできない照明環境が目に好ましいことを実感できるだろう。

　そこで明るさと均一さの指標として、**推奨照度**と**均斉度**という考え方が生まれた。

推奨照度
部屋の用途によって定まる必要照度

JISでは、表2のような**推奨照度**を定めている。細かい作業、集中の必要な作業環境は高照度に、団らんの空間や休息の空間を経て、移動の空間は低照度に、と考えられていることがわかる。高照度であれば、視対象と背景の輝度差が大きくなるので、対象が見やすくなるためであろう（→p16「対比」）。

推奨照度は、作業面つまりテーブルトップや机上面が推奨照度を満たしていればいいと考えられる（椅座の場合、床上800mmもしくは850mmを作業面と見なすことが多い）。

照度〔lx〕	住宅	学校	事務所
1,500			
1,000	手芸、裁縫	精密工作、精密実験	
750	勉強、読書	精密製図	事務室
500	読書（寝室）、化粧、工作	実験実習室、保健室	会議室、応接室
300	食卓、調理台、洗面	教室、体育館	エレベーターホール
200	団らん、娯楽、コンピュータゲーム	講堂	喫茶室、洗面所
150		階段	階段
100	全般照明（子供室、台所、応接室、玄関）	廊下、昇降口	休憩室、廊下
75	全般照明（便所）		
50	全般照明（居間、食堂、廊下、階段）	非常階段	屋内非常階段
30	全般照明（納戸、物置）		
20	全般照明（寝室）		
10			
5	屋外通路		
2	防犯灯		

表2—**推奨照度**（JIS Z 9110-2010 照明基準総則をもとに作成）

均斉度
明るさの均一性の指標

作業面の最低照度と平均照度の比、つまり最低照度÷平均照度を**均斉度**という。作業性が求められる教室やオフィスでは、この値は1に近い方がいい。

以前は、最低照度÷最高照度を均斉度と定義することが多かったが、その時代は、作業性が求められる人工照明空間の場合は1/3、昼光照明の場合でも1/10を下回らない均斉度が推奨されていた。

人工照明では部屋の平面が細長い形状や入り組んだ形状の場合に、昼光照明では窓の大きさに対して奥行きが深い場合や部屋中央に背の高い家具がある場合に均斉度が小さくなることが多く、注意が必要である。

また、教室における黒板やホワイトボードは鉛直面であるけれども、机上面にある教科書やノートとの間を目が行き来するのであるから、照度比を考慮する対象に含めるべきであろう。

Column
推奨照度の変遷——そろそろ安定期

図のように、各国の規格などによる事務室の推奨照度の変遷を見ると、10年ごとに約2倍になっている。技術が進むほどに、どんどん明るくなっていたのだ。

ただし、このグラフは省エネルギーが言われる前までの値を示している。JIS Z 9110-2010（表2）の推奨値はJIS Z 9110-1979と大差ない。

そろそろ必要照度を満たしていると考えてもよさそうだ。

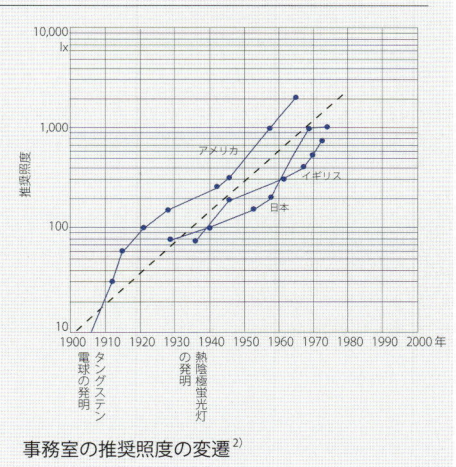

事務室の推奨照度の変遷[2]

Challenge ❷

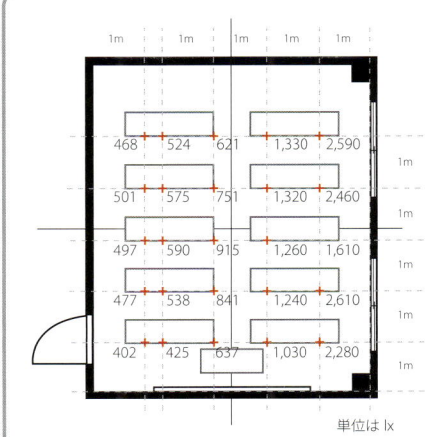

均斉度の計算

(1) 左図に示した照度分布における、教室の均斉度を計算せよ。ただし、ここでの平均照度は、部屋の四隅の照度値を基に算出すればよいものとする。

(2) 教室の均斉度を上げるには、どの部分に照明を設置すべきか。

照度計算
適切な照度を確保するために

実際に照明を計画する際には、机上面照度（＝作業面照度）の値が妥当なものであるかを照度計算により確認する。代表的な照度計算法として、逐点法と光束法がある。

■逐点法

逐点法は、文字通り1つ1つの場所で、光源1個1個からの影響を計算するものである。点光源、線光源、面光源から到達する光束量を計算することで、照度を算出する（→解説4）。

コンピューターによるシミュレーションは、基本的には逐点法を用いている。光源から発せられた光が壁面に当たって反射すると一次反射、それがさらに天井に当たって二次反射というように、多次反射を含めると相当な計算量が必要となる。

反射面が照度を求める地点から遠い場合や、黒っぽい色（低明度色）の場合には、反射の影響は小さくなる。

■光束法

光束法は、もっと簡便な方法であり、全般照明による机上面の平均照度を求めるために使われる。天井全体を光源と考えて計算し、均等に照明器具を配置する。

オフィスの照明設計でよく用いられるが、住宅などでも、必要照度が確保できそうかチェックする際の目安として使える。ただし、吹き抜けや部屋の形に凹凸がある場合などは、誤差が大きくなることがある。

解説3

明視の4条件──見えやすさは4つの条件で決まる

物や活字の見やすさを明視といい、それを探求する議論を「明視論」と言う。物の見え具合を決定する条件は主に4つあり、**明視の4条件**と呼ばれる。それは、明るさ、対比、大きさ、時間である。

これら4条件のうち、時間は建築照明では操作対象となりにくい。また、大きさ、対比は見るものによってある程度決まる。たとえば、本を読む時であれば、本と自分の距離、印刷の鮮明さ、紙の白さなどの問題である。

したがって、建築室内では明るさ、それも照度をどのくらいにするかの検討が主になされてきた。

●明るさ

人は暗すぎると物を判別できない。反対にまぶしいくらい明るくても判別できない。

明るさは、本来輝度を指標とすべきだが、光源・視対象・見る位置によって大きく変動し扱いにくい。そのため、視対象部分での照度を指標とするのが一般的である。

●対比

見ようとしているものと周辺にある程度の輝度対比（もしくは輝度差）がないと、物を判別することはできない。逆に対比が大き過ぎるとグレア（不快なまぶしさ）が発生し、見づらくなる。

下に示すグラフからは、背景輝度が明るくなるほど必要な輝度対比が小さくなることが読み取れる（右端の高輝度部分を除く）。

●大きさ

あまりに小さいものは、周辺と見分けがつきにくい。目と見ようとするものとの距離や、文字・画像といった視対象の大きさが問題になるが、それは人が調節することが多い。

●時間

あまりに高速で移動している物体やあまりに短い時間しか露出されない物体は見ることができない。

映画の字幕スーパーや列車の窓から駅名を読み取る時などは時間が関係するであろうが、室内空間では静的な状況が多く、影響を考慮する必要性は小さい。

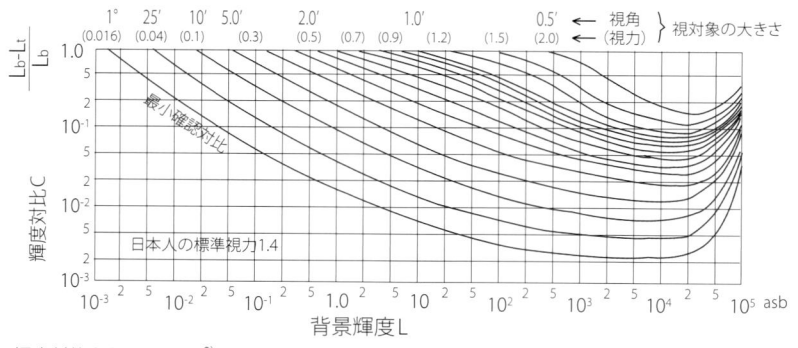

輝度対比と見えやすさ[2]
L_b：背景輝度
L_t：視対象輝度
asb（アポスチルブ）は、輝度の単位。π asb＝1cd/m² である。
視力1.0は、5mの距離から、1.5mmの切れ目を判別できることを表す。

解説 4

逐点法による照度計算の基本——距離の逆二乗則と余弦法則

球の表面積は $4\pi r^2$ で表せる。ということは、中心からの距離が２倍になれば表面積は４倍になる。

球の中心に点光源を置いて、四方八方に光が広がっていく状態を考えてみる。半径1mの地点すべてをつないだ球面は $4\pi\,m^2$、半径2mの地点をつないだ球面は $16\pi\,m^2$ というように、想定される球面の表面積は光源からの距離rの２乗に比例して大きくなっていく。光源から発せられた光が大面積に投射されるのだから、明るさ（照度）の方は、光源からの距離が遠くなるほど、暗くなっていく。光束の密度は光束を面積で割ればよいから、つまりは距離の２乗に反比例することになる。

$$E = \frac{I\ \text{光度[cd]}}{r^2\ \text{距離[}m^2\text{]}}$$
照度 $[d/m^2]$

これを点光源における**距離の逆二乗則**という。そこに照度の**余弦法則**を組み合わせると、点光源から発せられた光の照度を計算することができる。

簡易的には、光源の大きさが照度計算位置との距離の1/5を超えなければ、点光源と見なして計算することができると言われる。

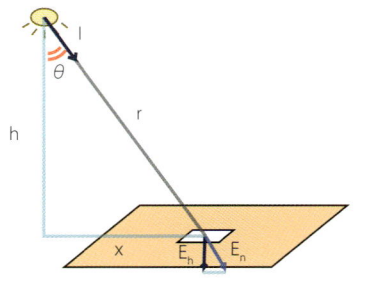

$$E_h = E_n \cos\theta = \frac{I}{r^2}\cos\theta = \frac{I}{h^2 + x^2}\cdot\frac{h}{r}$$

点光源の照度計算

光束法による照度計算——表を読み取り、式に代入

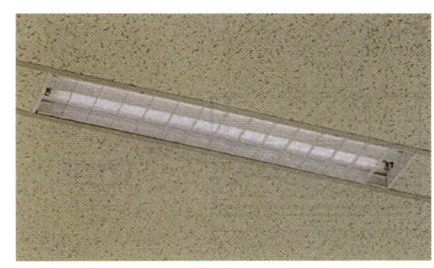

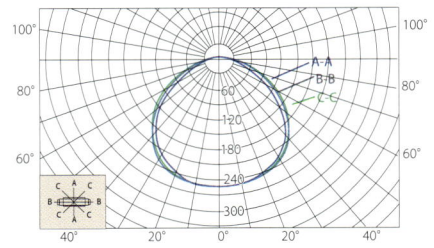

配光曲線

天井	80%						70%						50%				30%		20%	0%
壁	70%		50%		30%		70%		50%		30%		50%		30%		30%	10%	10%	0%
床	30%	10%	30%	10%	30%	10%	30%	10%	30%	10%	30%	10%	30%	10%	30%	10%	30%	10%	10%	0%
室指数									照明率											
0.60	.46	.42	.36	.34	.29	.28	.45	.41	.35	.33	.29	.28	.34	.33	.29	.28	.28	.28	.24	.21
0.80	.55	.50	.45	.42	.38	.37	.53	.49	.44	.41	.38	.36	.42	.40	.37	.36	.36	.35	.32	.30
1.00	.60	.54	.50	.47	.44	.41	.58	.53	.49	.46	.43	.41	.47	.45	.42	.40	.41	.40	.37	.35
1.25	.66	.58	.56	.52	.50	.47	.64	.57	.55	.51	.49	.46	.53	.50	.48	.46	.46	.45	.42	.40
1.50	.70	.61	.61	.55	.54	.50	.67	.60	.59	.54	.53	.50	.57	.53	.52	.49	.50	.48	.45	.44
2.00	.76	.66	.68	.61	.62	.57	.73	.65	.66	.60	.61	.56	.63	.59	.58	.55	.56	.54	.51	.50
2.50	.79	.68	.72	.64	.67	.60	.76	.67	.70	.63	.65	.60	.67	.62	.63	.59	.60	.58	.55	.54
3.00	.81	.70	.76	.66	.71	.64	.79	.69	.73	.65	.69	.62	.69	.65	.66	.61	.63	.60	.58	.56
4.00	.85	.72	.80	.69	.76	.67	.82	.71	.77	.68	.74	.66	.73	.67	.70	.65	.67	.64	.61	.60
5.00	.87	.73	.83	.71	.79	.69	.84	.72	.80	.70	.77	.68	.75	.69	.73	.67	.69	.66	.64	.62
10.00	.91	.76	.89	.75	.86	.73	.87	.75	.85	.74	.84	.73	.80	.72	.79	.71	.74	.70	.68	.67

左に示す照明器具の照明率表

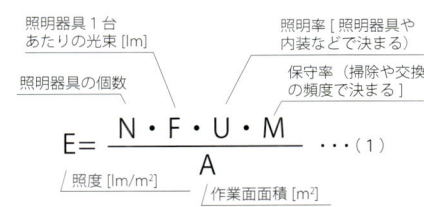

$$E = \frac{N \cdot F \cdot U \cdot M}{A}\quad\cdots(1)$$

照度 $[lm/m^2]$、照明器具1台あたりの光束 $[lm]$、照明器具の個数、照明率（照明器具や内装などで決まる）、保守率（掃除や交換の頻度で決まる）、作業面面積 $[m^2]$

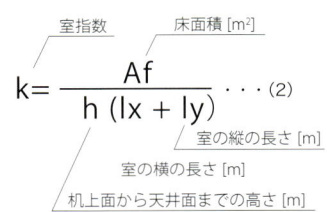

$$k = \frac{Af}{h(lx + ly)}\quad\cdots(2)$$

室指数、床面積 $[m^2]$、室の縦の長さ $[m]$、室の横の長さ $[m]$、机上面から天井面までの高さ $[m]$

光束法においては、照度を（1）式で計算できるものとする。

そのとき、照明率は、（2）式を用いて算出した室指数kと天井・壁・床の反射率から、上表を用いて該当する値を読み取る。保守率は、使用期間中にどの程度光束量が低下するかを見積もるための数値である。

必要な照明器具の個数は、目標照度を設定すると、（1）式を変形した下式で求めることができる。

$$N = (E \cdot A)/(F \cdot U \cdot M)$$

(Q-Q) Challenge ❸

必要照明器具数の算出

天井・壁・床面の反射率を、それぞれ80％、70％、30％とした時、縦6m×横6mの部屋に、上記の照明器具を何灯設置すれば、机上面照度を500lxとできるか。１台あたりの光束は2,700lm、天井高は2,300mm、作業面は800mm、保守率は80％とする。

PSALI
いつでも人工照明を点けておくのはなぜか

日本の一般的な教室は片廊下式であり、黒板が据え付けられた壁を挟んで一方が窓、もう一方が廊下に面していることが多い。窓面は南向きであることが多いから、窓際では直射日光にさらされ、まぶしく感じられることもある。曇りの日であっても、窓際と廊下側ではずいぶんと明るさが異なる。

PSALI（Permanent Supplementary Artificial Lighting in Interiors：プサリ）とは、室内の常時人工補助照明のことである。これは、昼光光源と人工光源を同時に用いることにより、それぞれのデメリットを補い、メリットを活かそうとする考え方に基づく。具体的には、窓の高さを低く抑えて天空が直接見えることから発生するグレア（→p21）を防ぎ、天井奥に蛍光ランプを埋め込むことで、窓からの昼光だけでは不足する照度を補う。

図10からわかるように、最低照度が高くなるため均斉度も改善される。

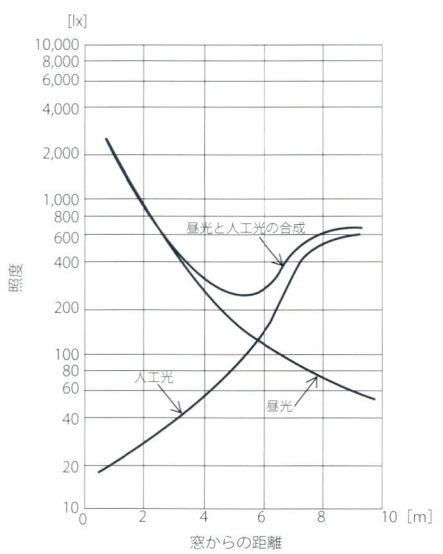
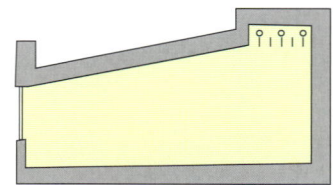

図10―部屋の奥行き方向の照度とPSALIによる改善[2]

モデリング
物体の見え方を表す言葉

PSALIは机上面照度の分布を改善するだけでなく、顔の見え方も改善する。

キャンプや林間学校の時、懐中電灯であごの下から突然照らすといういたずらをしたことがないだろうか。どんな美男・美女でもホラー映画のようになってしまう。しかし、懐中電灯を斜め上前方から照らすようにするとその違和感は消え、真っ正面から照らしてみると、今度はずいぶんのっぺりした印象になる。

右方向から強い光

右上方からやや強い光

正面から均一な光

図11―モデリング

Column

能面の趣・化粧台の光――光の当て方で表情が変化する

●能面

能面は、わずかな傾きの違いで悲しみと喜びを表現すると言われる曖昧な表情をしているだけに、照明を変えた時の効果も大きいようだ。照明の向きを180°変えただけで下のように見え方が変わる。喜怒哀楽は、微妙な変化を照明で増幅することで認知されているのかもしれない。

●化粧台の照明

化粧する時には、顔に暗がりができないよう照明したい。また、モデリングも適正にしておきたい。化粧台の上部や左右に照明器具が付いていたりするのはそのためである。

懐中電灯の発する光の量は同じだから、光の量ではなく、光の当たる角度によって、見え方やその印象が変化しているのだと言える。このように、照明光で物体に立体感を与えることを**モデリング**（modeling）と呼ぶ（図11）。

拡散光に斜め上方からの光がブレンドされると、適度なモデリングを与えると言われる。

スカラー照度とベクトル照度

光の方向性を表す指標

それでは、モデリングをどのように表現したらいいだろうか。モデリングには光の強さと方向が関係するので、その2つを合わせて表現する必要がある。

ラインズ（W. B. Lynes）らはスカラー照度とベクトル照度を定義し、その比をモデリング指標とすることを提案した。

■スカラー照度

これまで使ってきた照度は、平面に入射する光を扱ったものであった（図12）。一方、**スカラー照度**（Es）は平均球面照度とも呼ばれ、空間内の微小な点の平均照度として定義される。ある点でさまざまな方向に傾けた平面照度をまんべんなく計測し、平均した値と考えてよいだろう。実際は、照度計の受光器上に拡散球を置いて計測したり、正四面体の各面の照度を平均することで代替される。

測定点さえ決まれば、ひとつの値を取る。それが傾きによって変化する平面照度との違いである。

■ベクトル照度

ベクトル照度（Ev）は、光の流れる方向と強さを扱った概念であり、空間内のある点において、正反対方向の2つの平面照度の差を最大にするベクトルとして表現される。この時ベクトルの向きはその2つの平面に垂直なものとして、ベクトルの大きさは2つの平面照度の差の絶対値として定義される。図13の解説参照。

■ベクトル・スカラー比

ベクトル・スカラー比は、ベクトル照度÷スカラー照度（Ev/Es）で表される。スカラー照度で割ることにより、光の方向性の相対的な強さを示したのである。

先ほど、PSALIによる教室の照明環境改善について解説したが、これは作業面照度の均一性だけでなく、ベクトル・スカラー比も変化させる。

図16は、窓と反対側に常時点灯照明を設置した場合のベクトル照度の流れを示したものである。（1）では横方向だった光が斜め上からの光になり、モデリングが改善されることがわかる。

平均円筒照度

図14―**平均円筒照度の概念**

ベクトル・スカラー比以外にも、いくつかモデリング指標が提案されている。

その1つである平均円筒照度は、円筒面の照度を計測・算出するもので、光が横方向から当たっていると大きな値、垂直に近いと小さな値となる。しかし、左右から同じ強さの光が入っていることと、2倍の強さの光が左右どちらかから入っていることの区別はできない。それらはモデリングとしてはまったく異なる様相を示すのだが。

同様の不都合はベクトル・スカラー比でも起こる。たとえば、左右2方向から同じ強さの光が当たるのも、前後左右4方向から同じ強さの光が当たるのも、様相は異なるがベクトル照度は0となる。

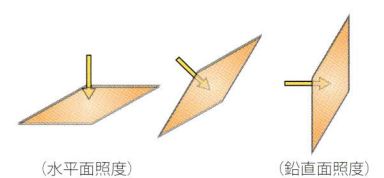

（水平面照度）　　（鉛直面照度）

さまざまな傾きの平面照度

図12―**平面照度の概念**

机上面照度は水平面で計測する。黒板の読みやすさについて考察するのであれば、同じ平面照度でも鉛直面照度の方が相応しい。これ以外にも、さまざまな傾きの平面照度が考えられる。

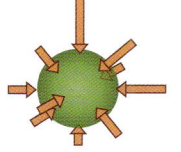 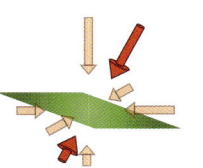

光の流れを表すベクトル　　最大平面照度差としてのベクトル

図13―**ベクトル照度の概念**

ベクトル照度は、本来、左上図のようにさまざまな傾きの平面照度を計測により求め、それらの合成として表現されるべきものである。右上図のように、正反対の方向を向けて計測したひと組の平面照度の差が1番大きかった方向にベクトルを定めるのは、簡便法と言えるだろう。

スカラー照度は、ベクトルの向きは無視して、大きさだけを平均したものと捉えることができる。

窓面からの昼光照明のみ

天井照明点灯時

図15——教室における光の流れ

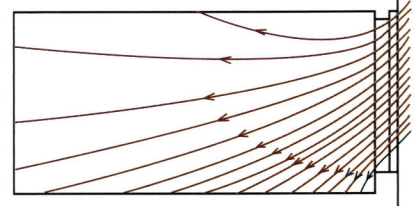

(1) 側窓昼光によるベクトルの流れ

(2) 一列の蛍光ランプによるベクトルの流れ

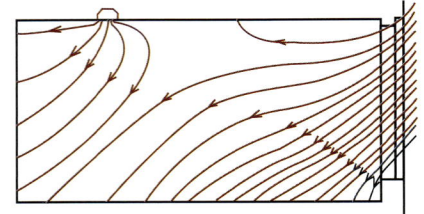

(3) 昼光と人工光の合成

図16——室内におけるベクトル照度の流れ[2]

Column

ベクトル・スカラー比の好み——光の当て方で表情が変化する

ラインズらは、下のような装置を用いて、モデリングの状況とベクトル・スカラー比の値の関係を求めた。

立方体の枠組みに組み込まれた蛍光ランプが拡散光を与える。円環状に配された蛍光ランプを多く点灯させれば相対的にベクトル照度は小さくなり、少数の互いに近い蛍光ランプを点灯させればベクトル照度の値は相対的に大きくなる。

実験中、スカラー照度は一定となるよう調節されている。

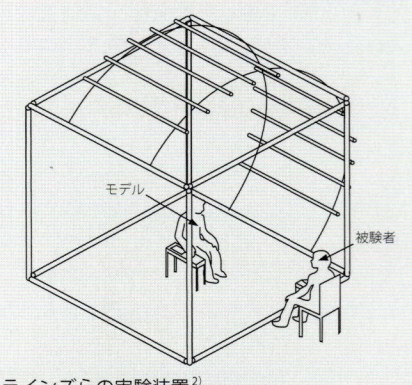

ラインズらの実験装置[2]

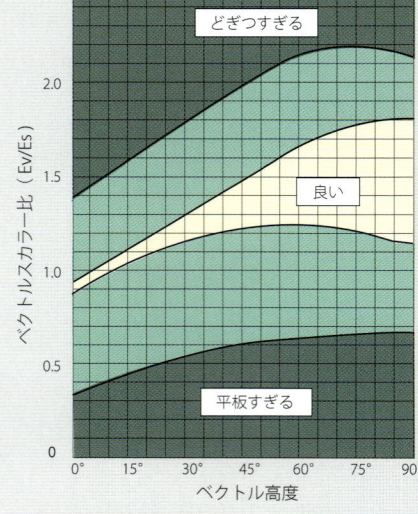

ベクトル・スカラー比、ベクトル高度と主観評価の関係[2]

ベクトル・スカラー比の値とベクトル高度（水平面とベクトル照度の成す角度）によりモデリングの感覚を表現したのが左のグラフである。
ベクトル高度が高いほどモデリングの評価が高い範囲が増え、最も良いと評価されるベクトル・スカラー比も1.0付近から1.5付近へと移行するように見える。横からの光が強い時は指向性の弱い包み込むような照明が、上方からの光が強い場合には、それが横より少し強く当たる場合に好まれるということになる。
ただし、このグラフでは分からないのだが、最も好まれたのはベクトル高度15°〜45°あたりで、真上からの光はあまり選ばれていないようだ。

グレア

不快なまぶしさ

　視界の中に望ましくない強い光があると、物が見にくくなったり不快を感じることがある。このまぶしさを**グレア**（glare）と呼ぶ。

　グレア光が散乱したり、順応輝度を高めることによって視野内の暗い部分に対する視力を低下させる時は、**減能グレア**（視力低下グレア）という。たとえば、対向車のヘッドライトを見た時や、懐中電灯を顔に当てられたりした時のほかに何も見えなくなるようなまぶしさである。

　一方、視力の低下までは至らないが不愉快なまぶしさを感じる時は**不快グレア**という。まわりに対してかなり明るい光がある場合、たとえばシャンデリアが視線の近くに吊り下げられている時に感じる不快なまぶしさ、晴天のスキー場のように、どこを見ても光があふれてまぶしい状態などである。

　グレアを、それが生ずる原因によって次のように分類する場合もある。

◇ **直接グレア**
　高輝度の光源が視線近くにあるときに感じられるグレア

◇ **反射グレア**
　光源からの光が正反射（→p23）性の高い面で反射された結果生じるグレア

◇ **対比グレア**
　周辺との輝度対比が大きいために生じるグレア

　日本人は西洋人よりグレアに強いと言われるが、高齢者はグレアへの耐性が弱まる。視野内のコントラストが強くなり過ぎないよう注意する必要がある。

図17—ヘッドライトのグレア

グレアの要素

JISに採用されているグレア評価式**UGR**（Unified Glare Rating）には、光源の大きさ（ω）、光源の輝度（L_s）、光源の視野内における位置（P：位置定数）、背景輝度（L_b）の4変数が組み入れられている。これらがグレアの感覚と関わる主要素と言えよう。

$$UGR = 8 \cdot \log \left[\frac{0.25}{L_b} \cdot \sum \frac{L_s^2 \cdot \omega}{P^2} \right]$$

※学校を例に取れば、UGRの値は講堂や体育館で22、一般教室で19、製図室なら16を下回らないことが推奨される

光膜反射と反射映像

黒板もガラスも反射する

　光沢のあるポスター表面にぼんやり照明が映り込み内容が読み取りづらい、黒板に窓からの光が映り込んで見づらいといったことがある。視対象に光源がぼんやりと映り込んで輝度対比が充分でなくなるため見づらさを引き起こすのが**光膜反射**である。

　黒板の例で言えば、正反射を引き起こす位置に座席を配置しない、窓面が高輝度とならないようカーテンを引く、黒板を高明度のホワイトボードに置き換える、黒板面を照らす照明を明るくするなどの対応が考えられる。

　それとは別に、ショーウィンドウに街路風景が映り込んで中が見えない（図18）、美術館の展示品を守るガラスケースに自分が映り込んで邪魔だということがある。このような**反射映像**の問題は、ガラス表面で反射された光がガラス背景部より強い場合など、視対象より反射映像の輝度が高い場合に顕著となる（図19）。背景を高明度色とする、背景を照明し輝度を上げるなどの対策が考えられる（→解説⑤）。

図18—店内が見えない窓

図19—**反射映像と内外輝度差**

解説 5

光膜反射・反射映像への対処——建築的な工夫の数々

光膜反射・反射映像の影響を軽減するために、さまざまな工夫が為されてきた。対応の考え方を図に示す。

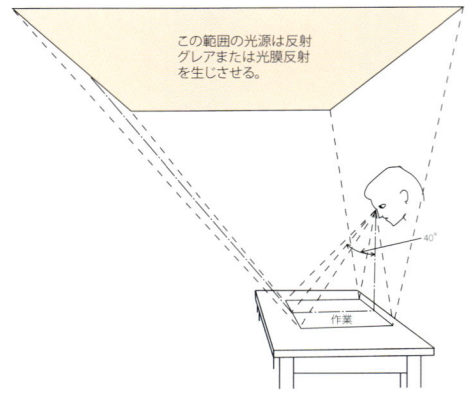

● 光源の見えない範囲　その1[2]

机上面で作業をする場合も、光沢のある机や紙に光源が反射して映り込む可能性がある。作業面を臨む40°の範囲には、高光度の光源を配置しないことが求められる。

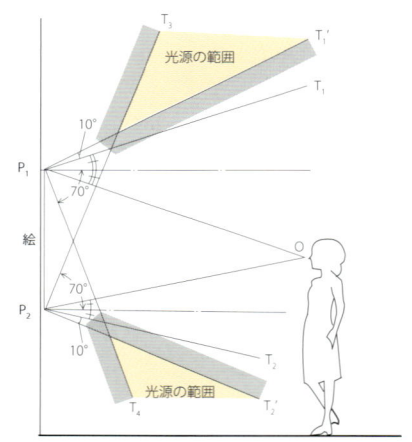

● 光源の見えない範囲　その2[2]

美術館・博物館などにおいて、光源や鑑賞者自身の映像がガラスに映り込み、展示が見づらくなることがある。

上図は、光源設置に相応しい範囲を示している。（映り込みだけ考えれば、より垂直に近い位置でも構わないが、油絵などでは凹凸を強調することになるし、余弦法則から明らかなように、照明の効果が小さくなるので灰色で囲まれた範囲となる）

しかし、鑑賞者の位置が前後すれば適切な位置が変化するため、簡単ではない。鑑賞者の反射映像については、鑑賞空間の照度を落とすことで対処することになるが、白い服装であれば映り込みやすい。

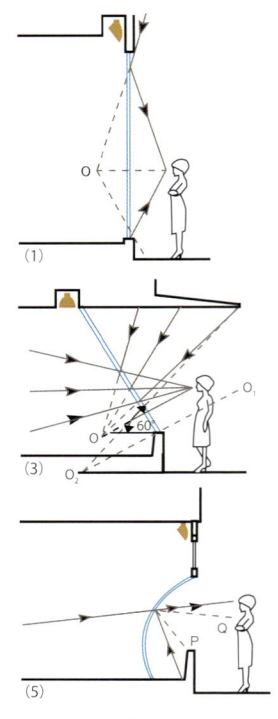
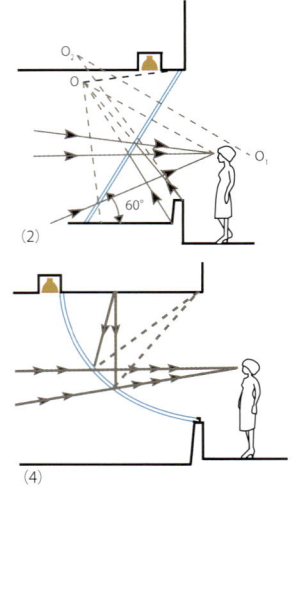

● ショーウィンドウの工夫[3]

街路に面したショーウィンドウでは、昼光の明るさが災いして反射映像の問題が顕在化しやすい。庇を設けて直射光が入り込まないようにしたり、ガラスを傾けたり曲面ガラスを用いて明るい外部が映り込まないようにすることが考えられる。

図の矢印は、ガラス表面で反射して目に届く映像と、ガラスを透過してくる映像の重なりを示している。反射映像の方が明るいことで問題が生じるので、それを相対的に暗くする工夫が必要。

（2）（5）には、ウィンドウに映り込むであろう凹状の部分がある。その内側は外部から直接光が入り込まない。また、映り込みを抑えるために、黒く彩色される。（3）（4）の天井面も同様の理由で、暗い色にすべきである。

なお、（1）は通常のショーウィンドウを表している。

● ショーウィンドウ

ショーウィンドウは、奥行きが浅いため、外部に近い光環境となっている。それが、反射映像の影響を小さくしている。

店奥まで見通せる窓であれば、窓外と店内に相当な輝度差が生まれるため、こうはいかない。

オフィスでのグレア・反射映像

高輝度面の制御

机の上に紙を置き、筆記用具を用いていた時代は、天井面に等間隔で照明を並べれば、それでよかったかもしれない。しかし1980年代になり、机の上にパーソナルコンピューターが置かれるようになると、モニターへの映り込みが問題になってきた。黒い画面に操作者の背後にある照明や窓などの高輝度部分が映り込んで、画面が見づらいという事態が生じたのである（図20）。

長時間にわたって事務作業を行うオフィスで、グレア・反射映像は厳禁である。コンピューター側では、高輝度バックライトを用いた白い画面とすることで映り込みの影響を抑えることができる。

では、建築側では何ができるだろうか。

照明については、シェードで光を和らげることも考えられるが、オフィスでは天井に照明器具を埋め込んだり、**ルーバー**と呼ばれる羽根を付けて横方向には光を出さないようにするといった対処が主であった（図21）。

窓面については、ブラインドを下ろしておくことが一般的である。それ以外に有効な手立てがなかったと言えるだろう。

空調負荷を考えれば、窓はウィークポイントである。そういったこともあり、窓は必要ないのではという意見まで出たほどである。

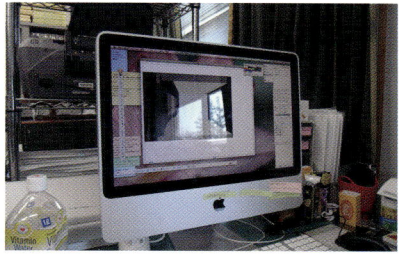

図20―液晶ディスプレイへの映り込み

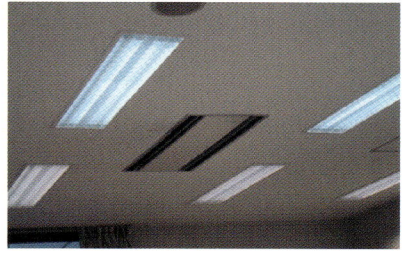

図21―ルーバー付き照明

反射と光沢

光の指向性

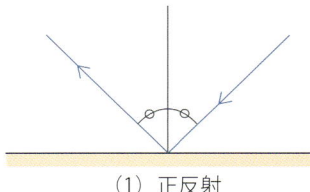
（1）正反射

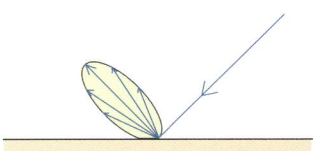
（2）不完全拡散反射

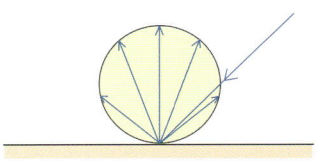
（3）完全拡散反射

図22―正反射と拡散反射[2)]

鏡のように、垂線を挟んで対称的な位置に光が反射してくる場合を**正反射**という。一方、障子紙のように正反射像が見られず、どの方向から見ても均一な明るさを示すものは拡散性が高いと言える。物体表面は、完全な正反射像を示す**鏡面**と**均等拡散面**（均等拡散面のうち、反射率が100%のものを完全拡散面という）の間のどこかの反射性状を示す（図22）。

拡散性が高ければ落ち着いた均一な照明環境が得られることが多いが、光沢のある表面の場合には、まぶしさやきらめきを感じさせる効果がある。一方、図23で示すように、光源が映り込むことで室の雰囲気を変える効果を生み出すこともある。

金属やタイル、ガラスなど反射性の素材を使用する際には、光源位置との関連を調整し、室全体の雰囲気を計画する必要があるだろう（図24）。

図23―床に映り込んだ照明光

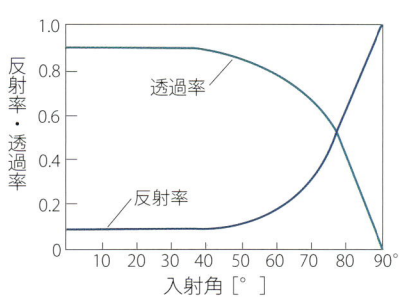

図24―ガラスの反射率[4)]

3 不均一な照明の設計へ

ヨーロッパに行くと、部屋が暗いことに驚かされる。ホテルでは、スタンドを貸し出すことがサービスだと言われるくらいだ。

不均一な照明
明かりと暗がりの効果

　前節では均一な照明環境を目指す方向性を扱った。

　確かに一般的な作業の場面や打ち合わせの場面には均一な照明が適しているかもしれないが、集中が必要な時やリラックスしたい場面では、必ずしもそれにこだわらなくてもよいだろう。それに、ダウンライトやスポットライトの効果は、周囲が暗い時に強まる。商品に意識を向けさせたいウィンドウディスプレイなど、コントラストをつけた照明が望まれるケースも稀ではないと思われる。

図25―低い位置に置かれた照明

　オフィスなどの作業空間は天井からの全般照明、くつろぎのリビングの照明はフロアスタンド、ゆったりと過ごす寝室ではベッドのそばに卓上のスタンドというように、リラックスする空間ほど、照明の位置が低くなり、暗くなり、コントラストが強くなると言われる（図25）。

　これらのことは、光の分布の問題においても、解答はひと通りとは限らないことを表している。

　本節では、そういった不均一な照明に関わる事柄を扱う。

魅せる照明
グレア＝きらめき

グレアについても回答はひと通りではないようだ。グレア厳禁が原則だとしても、それがきらめきと捉えられれば、華やかさや楽しさの演出につながることもあるだろう（図26）。たとえば、祭りの露店を彩る裸電球は明らかにグレアであるが、祭りの風情を演出している。ショーウィンドウの照明や、ロックコンサートの照明、クラブ・ディスコのミラーボールなど、グレアを賑やかさ、きらびやかさの演出に用いる場合は少なくない。軽度のグレアであれば、刺激になって心地良い場合があると言えそうだ。

図26―**不均一な照明の魅力**
きらきら、ぎらぎら、あかあか、燦々、ほのぼの、ちらちら、ちかちか…、といった光を表す言葉は、ハイライトとかきらめきを表すものが多そうだ。ハイライトこそが光の魅力として認識されている証拠かもしれない。

照明デザイナーを職業として確立したと言われるリチャード・ケリーの照明は、3つの要素で成り立っているという。[1]
◇空間全般を優しく覆い尽くすアンビエント照明
◇対象を明瞭に見せるためのハイライトのような照明
◇きらきらと光り輝く遊び心のある照明

あかりの楽しみは、不均一な照明環境にこそ生まれるということもできそうである。

TAL
森のような照明

1980年代に強まったのが省エネルギーの風潮である。前節で記述した内容は曇り空のような均一な照明状況を理想としていたと言えるが、それは作業面以外も均等に照らすことになる。消費電力を抑えるためには、作業面だけを高照度とし、周辺は照度を抑えるというようにメリハリをつけてもいいのではないだろうか。

そういった発想から生まれたのが**タスク・アンビエント・ライティング**、通称**TAL**。Task Lighitng（＝作業面の照明）にAmbient Lighitng（＝周辺照明）を組み合わせた照明方式である（図27）。

机で作業する人は卓上灯を使う。モニターを見る人や座席を離れる人は卓上灯を消す。このような照明方式にすれば、モニタの映り込みを調節しながら、個人の好みや作業の種類にあった照明環境がつくれるし、周辺照度を下げることが省エネルギーにつながる。

とくに、OA化され、パーティションで仕切られたオフィスでは、そのような考え方が馴染む。TALにはタスクライトによってもたらされる照明ムラが不快グレアにつながりやすいという難点があるのだが、パーティションはそれを軽減してくれるからだ。また、自身が発光体であるモニターの存在はタスクライトの必要性を低くしたから、アンビエント照明だけでも執務可能なケースを増やした。

最近では、昼光をアンビエント照明として利用したオフィスも登場しているようである。

図27―**タスク・アンビエント・ライティング**

配光曲線
照明光の拡がり具合

照明計画においては、照明器具を配置して空間の光の分布をコントロールしていく。照明器具にも広範囲に光を出すものから、方向性の強いものまであり、イメージ通りの照明環境をつくるには、照明器具がどの方向にどれだけの光を放射するのか知っておく必要がある。それを表しているのが**配光曲線**である（図28）。

シーリングライトのように部屋全体を明るくするものは拡散性が強く、配光曲線は円に近くなる。一方、ダウンライトは指向性が強く、配光曲線はそれより細長くなる。シーリングライトは、天井面もぼんやりと明るくすることができるものが多いが、ダウンライトだけだと下向きの光だけなので天井面が暗くなる。均斉度を考えるのであればシーリングライトを使うことになるだろうし、ドラマティックな明暗の演出が望まれるのであれば、ダウンライトを用いることになるだろう。

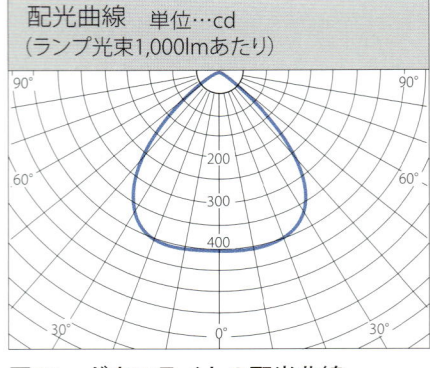

図28―ダウンライトの配光曲線
写真のダウンライトから出る光度分布を曲線で表したもの。青い線に囲まれたところが配光の部分である。

指向性の強さは、物体の影の強さにも影響する。濃い影は目立つから、指向性の強い照明器具を使用する場合には、壁面や物体の置き場所と照明の位置関係を十分に考慮する必要がある。

Column

影のでき方――配光の違いで表情が変化する

下図のように照明の配光を変化させると、影のでき方が変化する。狭く絞った照明では黒い鮮明な影が、広範囲から照らした場合は淡くぼんやりとした影ができる。

また、複数のスポット的な光で照らせば、複数の影ができる。太陽の光、曇天の光の状況に慣れた私達にとって、違和感を感じることも多い照明状態となるので注意したい。

複数の照明でできる影

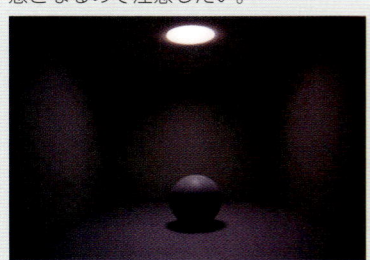

狭く絞った照明の場合
（竹内義雄『ライティングデザイン』産調出版、1999）

広範囲から照らした場合
（竹内義雄『ライティングデザイン』産調出版、1999）

シャンデリアが似合う部屋は――今昔物語

ヨーロッパの宮殿には、立派なシャンデリアが取り付けられていることがある。相当な大きさのものもあるが、広くて高い天井であるがゆえに、空間の中で主張し過ぎない。

当時はろうそくを灯していたから全体的に暗く、きらびやかというよりは幽玄であったろう。電灯で代替すると、雰囲気は変わってしまう。

独立型照明器具

取り付ける照明

　建築に組み込まれていない照明器具を**独立型照明器具**という。照明を変更することが容易であるので、部屋の用途変更に応じて、もしくは雰囲気を変えるために照明器具を付け替えることも比較的容易である。

　配光や形状には、さまざまなものがある（図29）。

❶ブラケット
壁面に取り付け（bracket：腕木）

❷シーリングライト
天井面に直付け（ceiling：天井）

❸スタンド
床か卓上に置くか固定（stand：直立する）

ペンダント
天井から吊り下げ（pendant：垂れ下がったもの）

グローブ
光源のまわりを拡散半透明の材料で覆ったもの。一様に配光し、グレアはなく、効率も80％程度と高い。（globe）

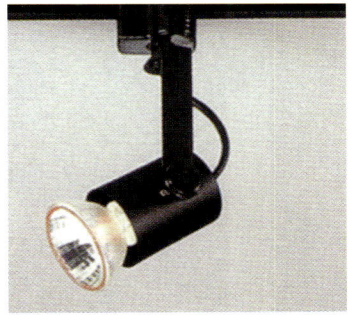

スポット
リフレクターの一種。配光を一方向に絞ぼり、一部分だけ照らしたり、空間にアクセントをつけたりする。（spot）

ボウル
光源の前方（もしくは下方）に反射皿を置き、後方（上方）へ配光する光源の見えない間接照明になるので、効率は低い。反射皿を半透明にし、前方（下方）にも光を出すタイプもある。（bowl）

シェード
半透明の笠を用いて、光源の背後にも若干配光する。（shade）

リフレクター
光源の背後に反射笠の付いたもの。明るく効率が良いが、配光が偏りグレアが起きやすい。（reflector）

図29—**独立型照明器具**

建築化照明

建築と一体化した照明

ダウンライトは、天井に埋め込まれた照明器具である。このように建築と一体の照明を**建築化照明**という（図30）。

建築化照明では光源を隠すことができる。天井面に埋め込むことによって、もしくは壁から突き出したパネル状の部材によって光源を隠すのである。それはグレアを防ぐことにつながるし、すっきりとした見栄えをつくることにもつながる。場合によっては、間接光の柔らかさに結び付けることも可能である。

一方、家具や設備機器を設置した状態をきちんと考慮しておかないと、それらが邪魔をして期待したような効果が得られないということが起き得る。

ダウンライト
天井に埋め込まれた狭角配光型の小さな器具。天井面が暗くなる。
（down light）

トロファ
照明器具を天井面に埋め込んで、下面が天井面と同一面としたもの。吸気口を組み合わせた器具も存在する。
（troffer：かまぼこ形のシェード）

光梁（こうりょう）
照明が線状に連続し、光る梁のように見せるもの。天井面の暗さを若干緩和できる。
（light beam）

光天井
半透明のパネルで天井全面を覆った照明。高照度の均等拡散面を実現できる。
（light ceiling）

ルーバーロール
ルーバーを天井全面に設け、その上部に光源を配置する方式。下方向にのみ強い光を出すことが可能。（louver：鎧窓）

コファ照明
天井に埋め込んだパネルやドームを利用した照明。
（coffer：格天井の鏡板）

コーブ照明
棚状の出っ張りやくぼみに隠された光源により、天井や壁上方を照らす照明。
（cove：入り江・くぼみ）

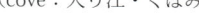
図30—**建築化照明**

バランス照明
壁と平行なパネルで覆われた光源により、上下方向を照らす照明。本来、窓上部などに取り付けられたものをいう。
（balance）

コーニス照明
壁際の天井に取り付けられた、壁と平行なパネルに覆われた光源により、壁を照らす照明。
（cornice：カーテンボックス）

Column

壁面を照らす照明手法
——ウォールウォッシャー

壁面近くの天井にダウンライト型の照明器具を配置し、壁面を照らす照明手法。一般的なダウンライト照明器具より壁面を照らすよう配光が調整された器具を用いる。照明器具の間隔を間違うと、暗がりが雰囲気を損ねることがある。

不整形の空間
照明計画の醍醐味

本章の中扉で紹介した実験の結果では、「本を読む」、「家族でくつろぐ」、「音楽を聴く」などの行為への相応しさは明るさ（照度）と光色で決まっており、壁面輝度分布と総合評価「好ましさ」の関連は小さかった。しかしその結果には部屋の形が一定であることが大きく関わっているように思う。

たとえば、図31のような吹き抜け空間を考えてみよう。傾斜した天井を均一に照明することはたやすいことではないし、左手の上階のせり出しの下には暗がりが生じやすい。床面も均一に照らすとすれば、ペンダントの照明を同一高さに設置するなどの工夫が必要となるだろう。一般的な直方体の部屋と比較して、照明に工夫を凝らす余地は大きい。そして、そこに顕著な暗がりが生じれば、見た目の評価は落ちることになる。

したがって、不整形の空間でこそ、光の分布を考慮する必要性は高まるだろう。

図31——**不整形の空間**

省エネルギーに向けて
多灯分散照明の可能性

TALはしばらくすると話題に上らなくなった。明るさの不均一やそれに伴う全般的な暗さが好まれなかったことが主な原因である。

一時期は廃れたTALだが、最近は省エネルギーの観点から、見直しの気運が高まっている。そこで大切になるのは、均斉度を小さくし過ぎないということである。アンビエントライトを暗くし過ぎると不快感が増す。それが嫌われるからである。このように、日常空間においては、不均一な照明環境を目指すとしても、それをある範囲に収めることが基本となる。もちろん、グレアも厳禁である。

しかし、天井中央にシーリングライトを1灯設置するというのではなく、いくつか小規模な照明器具を分散させて配置すれば、均斉度を下げ過ぎずに平均照度を下げることができる可能性がある。

そういった照明環境が今後は増えていくであろう。

図32——**多灯分散照明**

4 照明の色 部屋の色

私達の目が捉えているのは、照明の光が物体に当たって反射・透過した光だ。したがって、室内の見え方は、照明光色によって変化する。インテリアのカラーデザインは、壁や家具の色を決めただけでは完結しないということになる。

照らす色、照らされる色
見える色は照明で変化する

光源の色がオレンジがかっているのか、それとも白いのか、青みがかっているのか。本章の中扉で紹介した実験に基づけば、それは部屋のくつろぎや居心地といった感覚と関連するだろう。光色はそれだけでも影響を及ぼしていると言えるが、光色が変化すれば、照らし出される空間や物体の色も変化して見える。ここでは、照明光と物体色の関係、物体色のデザインについても解説する。

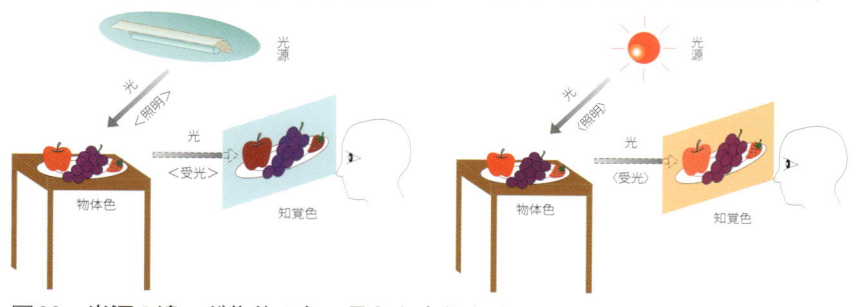

図33―光源の違いが物体の色の見えを変化させる

目に見える色は、物体がまったく変化しなくとも、照明光の分光分布が変化すれば変わる可能性がある。

蛍光ランプ（昼白色）で照明したカラーチャート

蛍光ランプ（電球色）で照明したカラーチャート

物体色
波長ごとの光の反射率で表される

8頁において、見える色が波長によって変化すると説明した。しかし、実際に私たちの眼に届く光のほとんどは単一波長ではなく、図34で表されるような、なだらかな分布を持った光である。

物体表面で反射した光は、どの波長の成分が多いかによって見える色が変化する。長波長の成分が多ければ赤っぽく、短波長の成分が多ければ青っぽく感じられる。まんべんなく反射すれば白っぽく、まんべんなく光が吸収されれば黒っぽく感じられる。

物体色は可視光線の**分光反射率**（波長ごとの反射率）で規定され、昼光のような可視光線をまんべんなく含んだ光で照らした時の物体の色の見えに対応する。

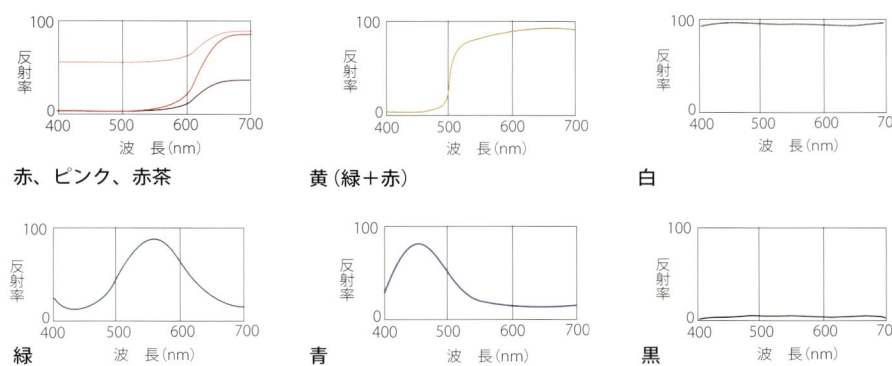

図34―物体色の分光反射率

赤、ピンク、赤茶は、みな赤系統の色である。長波長領域だけでなく全体的にも反射するなら白っぽくなるのでピンク、長波長領域をあまり反射しないなら赤茶になる。白は可視光線全体をまんべんなく反射し、黒は全体に反射しない。緑は中波長域、青は短波長域を主に反射する。さて、黄は中・長波長域を反射する時に感じられる。もちろん580nm付近は黄に感じられるのだが、そこだけでは反射率が小さくなるので暗い黄に感じられてしまう。緑と赤を混ぜ合わせた黄は、多くの光を反射するので明るく鮮やかである。

なお、青と黄が補色と言われるのは、それらを組み合わせると白の分光分布となるためである。

光源の分光分布
波長ごとの光の強さ

波長ごとの光の強さを表したものを**分光分布**という。図35は、代表的な光源の分光分布を示したものである。自然光や燃焼系の光源の場合には分光分布の山はなだらかであるが、蛍光ランプのように**ルミネッセンス**（luminescence＝冷光：放熱を伴わない発光）を利用した光源の場合には**輝線スペクトル**が現れる。

なだらかな分光分布の場合、短波長成分が多ければ青っぽく、長波長成分が多ければ赤っぽい照明となり、照らし出される風景もその色に染まる。

一方、輝線スペクトルが存在する場合は簡単ではない。光の三原色と呼ばれるR、G、B（赤、緑、青）3つの光源があれば、その混合によってほとんどの色をつくれることが知られている。つまり、輝線スペクトルが3本あれば、さまざまな光色を生み出せる可能性がある。しかし、分光分布からその色を推測することは簡単ではない。また、照らし出された物体の色は、同じ色に見える光で照らした場合でも、その分光分布が異なれば異なる色として知覚されることがある。分光分布から照明光色や照らし出された光景の色を直感的にイメージすることは難しいのである。

そこで、照明光の色みを表現する指標として**色温度**、照明された風景の色みを基準光とのずれとして表現する**演色評価数**という指標が用いられるようになった。

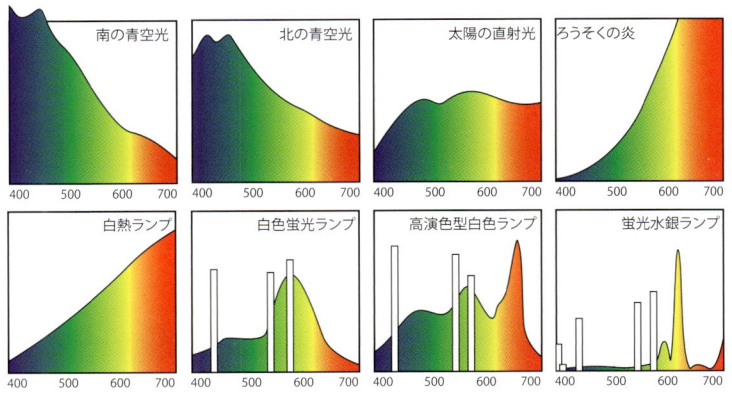

図35―**自然光と人工光の分光分布** （竹内義雄『ライティングデザイン』産調出版、1999）

色温度

1つの変数で照明の色を表す

　白熱電球、蛍光ランプなどの光源の色は、色温度で表現することが多い（図36）。**色温度**とは、試料放射と色度が一致する完全放射体の温度のことである（完全に一致することは稀であるが、そのまま色温度という表現が使われることも多いが、区別するために**相関色温度**という言葉が使用されることもある）。

　完全放射体とは、入射するすべての波長の放射を完全に吸収する理論上の物体で、**黒体**とも呼ばれる。完全放射体は温度が上がるにつれて、赤から黄、白を経て青に変化する。そこで絶対温度（単位：K（ケルビン））を使用して、白熱電球の光の色は2,900K、白色蛍光ランプは4,200K、青空光は10,000Kというような表示ができるのである。

　変数がひとつであるから、理解しやすいけれども、ネオンやLEDなどの光源で、図37に示す**黒体軌跡**（完全放射体の色度の変化を表す軌跡）から離れた光の表示には使えないのが難点である。

　蛍光ランプの表示として一般的な「電球色」「昼白色」「昼光色」の色温度、晴天、曇天の色温度は憶えておきたい。

色温度	自然光	標準の光	人工光源	
			蛍光灯	その他の光源
10,000K	晴天の空			
9,000K				
8,000K				
7,000K	曇り空			
6,000K		D65、C（6,500K）	昼光色（6,500K付近）	透明水銀ランプ
5,000K	太陽の直射光		昼白色（5,000K付近）	
4,000K	日の出後・日没前2時間の天空光		白色（4,200K付近）	
3,000K	日の出後・日没前1時間の天空光 日の出・日没時の天空光	A（2,900K）	温白色（3,500K付近） 電球色（2,900K付近）	ハロゲンランプ 白熱電球 高圧ナトリウムランプ
2,000K				

図36—各種光源の色温度

> **Column**
>
> ## 明るさと光色の好み
>
> 　ろうそくや電球の暖かい光はいいものである。しかし、そういった雰囲気の良さは、ぼんやりと薄暗いからこそ際立つのかもしれない。
>
> 　クルイトフ（A.A.Kruithoff）は、色温度を変化させて、好まれる明るさを調べた。その結果を見ると、明るいほど色温度の高い青白い光が好まれ、暗くなるほど色温度の低いオレンジ色の光が好まれている。
>
> 　省エネを考えて照度を下げるのであれば、光色についても考慮した方がいいのかもしれない。
>
>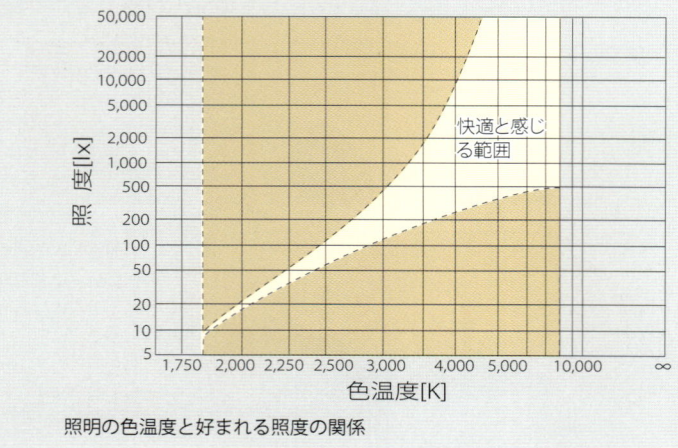
>
> 照明の色温度と好まれる照度の関係

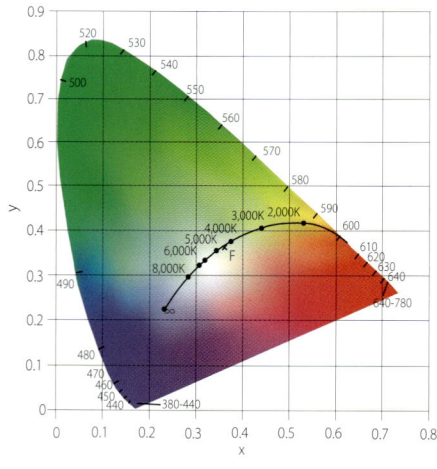

図37—黒体軌跡

黒体軌跡に沿って、橙－黄－白－青白と色が変化していく。xy色度図については、解説6を参照のこと。

演色性
物体の色を見せる性質

光源によって照らされた物の色の見え方を演色と言い、それを定める光源の性質を**演色性**という。

30頁で触れたように、物体の色は、物体の分光反射率が変化しなくとも、照明光の分光分布が変われば変化して見える。それでは物体の色を計測する時に困るので、**標準の光**を定めて、その光の下で計測することが基本となっている。図36に標準の光A、C、D65などがあるのはそのためである。**標準の光A**は白熱電球の光に、**標準の光C**やD65は昼光に対応することを意図して設定されたものである。

さて、JISに定められた演色性の評価方法は、標準の光との見え方の違いを問題にしているのではなく、調べようとする光源と同じ色温度で黒体軌跡上にある光源を基準光源とし、基準光源で照明した時と試料とした光源で照明したときの色のずれから**演色評価数**（colour rendering index）を計算するというものである。一般には、定められた8色票の色ずれをもとに計算する**平均演色評価数**（Ra）が用いられる。これは0〜100の値を取り、100に近いほど演色性が良い。平均演色評価数は、白熱電球が100、蛍光ランプが60〜95程度の数字になる。

CIEによれば、オフィス、学校、百貨店などでは70≦Ra＜85、織物工場や塗装工場、店舗や病院、住宅などではRa≧85が推奨されている。

■平均演色評価数－【JIS Z 8726】

平均演色評価数（Ra）は、演色性試験色（図38）のうち左の8色（分光放射輝度率が規定されている）について色度のずれを計算し、その平均値を100から引いたものである。

右の7色のいずれかについて色度のずれを計算したものは特殊演色評価数と呼ばれ、それぞれ固有の用途に用いられる。蛍光ランプは、Raがよくとも9番の赤については演色評価数が低くなる傾向があるが、そういった傾向を確認できる。

人の目は昼光で照明された時の見え方が自然であり、それが基準になるに相応しい。けれども、演色評価数は昼光を基準としたものではないから、低色温度の照明などでは実感と合わないこともある。

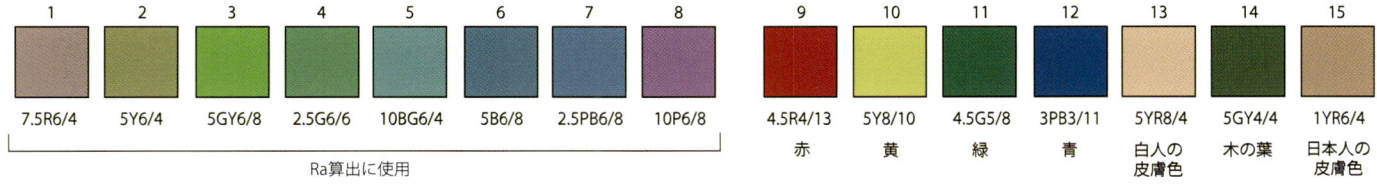

図38—演色性試験色

☀解説 6

XYZ表色系——光の明るさと色味を表す体系

色温度では、黒体軌跡から離れた光色を表現することはできない。そういった色も含め、すべての光色を表示できる体系としてCIE（Commission Internationale de l'eclairage：国際照明委員会）が定めた**XYZ表色系**がある。X、Y、Zの3変数で光色を表現するものだが、輝度に対応するYおよびX、Y、Zを用いて導出したx、yで表現することが一般的である。

$$x = \frac{X}{X+Y+Z} \qquad y = \frac{Y}{X+Y+Z}$$

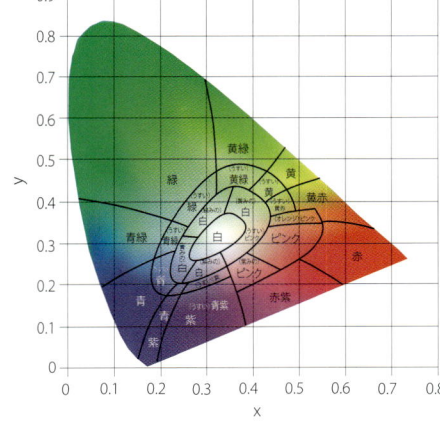

左図をxy色度図と呼ぶのは、xとyが明るさ（輝度）以外の情報、つまり赤系統、黄系統というような色みの属性（色相）と、鮮やかさの属性（飽和度）を表現するからである。

目に飛び込んでくる光の色を表現する際には、Yxyの3変数で表現する。

xy色度図

xy色度図が馬蹄形をしているのは、混色を表現できるように配慮した結果である。2色の混色はその2色を表す点を結んだ直線上の1点として表される。あくまで混色を表現することを主眼に置いているので、色差の感覚はうまく表現されていない。たとえば、緑の領域が広く見えるが、人が緑と感じる色が多いわけではない。

さまざまなランプ

光源の系統

これまで配光曲線、色温度、平均演色評価数（Ra）などについて解説してきた。光源としてのランプは、それらの特性を吟味して選ぶことになる（図39）。図40に主なランプの種別を掲載する。詳しくは、照明会社のショールームやカタログを参照するとよい。

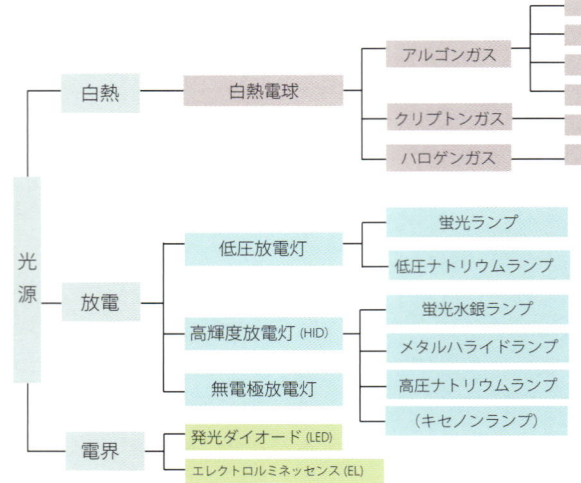

図39―光源の系統
一般に使用される人工光源には、白熱電球のように熱することで光を発するもの、蛍光ランプや高輝度放電灯（HIDランプ）のようにルミネッセンスと呼ばれる放電現象を用いたもの、発光ダイオード（LED）やエレクトロルミネッセンス（EL）のように電界現象を用いたものがある。

白熱電球
フィラメントを熱して発光させるという火と同じ発光原理で自然な色合い。ただし、ランプ寿命が短く、光変換効率も悪く、熱が発生する。クリプトン電球、ハロゲン電球などは、封入するガスに違いがある。

蛍光ランプ
放電現象によってガラス管内で発生した紫外線が、ガラス管内壁に塗布された蛍光塗料を刺激して発光させる。発光効率も良く、演色性も改善された。寿命間際にはちらつき（フリッカー）が感じられることもある。

高圧水銀ランプ
水銀蒸気中の放電を利用した照明。白色、緑白色で演色性が低い。また、水銀が蒸発して点灯状態が安定するまでに数分を必要とするため、点滅には不向きである。道路照明などに用いられる。

メタルハライドランプ
高圧水銀ランプの内側に金属ハロゲン化物を添加することで、演色性とランプ効率が改善されている。屋外照明として用いられることが多いが、近年、屋内の照明や店舗照明としても利用されるケースも見受けられる。

図40―人工光源の種類

高圧ナトリウムランプ
オレンジ色がかった黄白色の光を発する。封入するナトリウム蒸気の圧力を低圧ナトリウムランプより引き上げることで、演色性を大幅に改善した。街路や工場、倉庫などの照明に用いられる。

LED (Light Emitting Diode)
発光ダイオード。半導体素子に電気を流すと光を出す。長寿命、省エネルギーで、演色性も改善されてきており、今後、大幅な使用増が見込まれる。紫外線、赤外線をあまり出さないことも特徴の1つである。

インテリアの色彩設計

物体色のデザイン

私達が目にするインテリアの色彩は、照明光が床・壁・天井、家具類の物体表面で反射されたものである。これらの物体色はどうデザインしたらよいだろうか。色の効果はさまざま言われるが、**雰囲気**を変化させる効果と**目立ち**をコントロールする効果の2つが大きい。

まず雰囲気との関連について述べる。色の印象は図41に示す3次元だと言われる。そのうち暖かさの軸については、暖色・寒色という言葉があることからわかるように、色相との関わりが強い。一方、力量性の軸については彩度との関わりが強いと言われる。好みと関わる評価性の軸は単純ではない。素材や彩色部位などによっても好みは変化し、評価の個人差も大きいが、色単独の効果を考えるならば、明度との関わりが大きいと言われる。

建築室内では、壁面にYR系の高明度低彩度色、床にはそれより若干明度を落とした同系色相の色が使用されることが多いが、これは落ち着きと温かみのある明るめの空間をつくり出す。

目立ちに関しては、次頁で触れる誘目性・視認性などが関係してくる。誘目性は色相の影響が強いと言われるが、彩度や明度も関係するだろう。視認性は明度対比との関連が大きいと言われる。

むき出しのダクトを目立たせたくないなら明度差を小さくする。反対に目立たせたいなら、周辺と明度差をつけ、高彩度の暖色とすることが有効だろう。

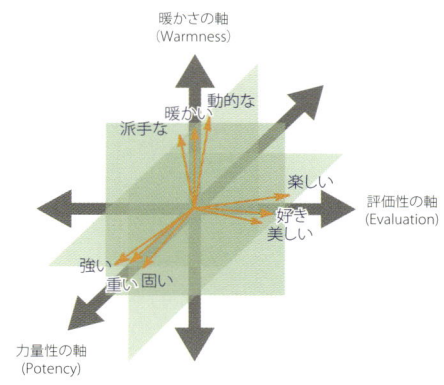

図41―色の印象の3次元

解説 7

マンセル表色系――物体色を表す体系

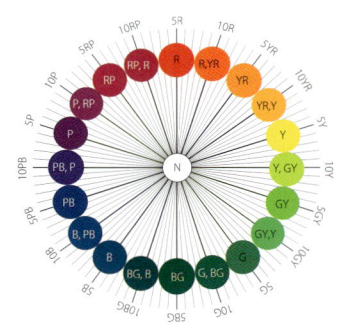

マンセル色相環

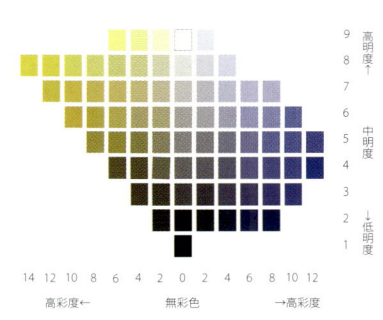

等色相面（5Y & 5PB）

マンセル色立体

たとえば、外壁に使用できる色を規制したいというような場合には、「彩度1〜4の範囲」というように記号で明確に表現したい。JISに採用された**マンセル表色系**は、それを可能にする体系である。

すべての色は**色相・明度・彩度**の3属性で表現することができる。色相は赤系統、黄系統といった色みの系統のことである。ピンクも赤茶も色相は赤ということになる。明度は色の明るさを表す反射率と関連する属性である。彩度は色の鮮やかさの程度を表す。この3属性をマンセル表色系では、それぞれ**ヒュー、バリュー、クロマ**（Hue, Value, Chroma）と呼ぶ。

色の表記は「5R 3/6」のように「色相 明度/彩度」の順で記され、「ごアールさんのろく」などと呼称される。

色相は赤、黄、緑、青、紫にそれぞれR、Y、G、B、Pを割り当て、その中間をYR、GY、BG、PB、RPとする。この10色相にさらに1〜10の数字を付けて100分割とする。したがって、典型的な赤は1R〜10Rの中間である5Rとなる。これがマンセル色相環に現れている。

明度は1.5〜9.5、最高彩度は色相によって異なるが8〜14程度の値を取る。

彩度0は色みが感じられない色、**無彩色**である。白、黒、灰色のような無彩色は、色相、彩度を表現する必要がないので、Neutralの頭文字「N」に明度をつけて、N9.5、N1.5、N5のように表記する。等色相面を見ると、最高彩度の違い、最も鮮やかな色の明度の違いなどを確認できる。マンセル色立体表面の凹凸は、そういった色相による明度・彩度の分布の特徴を表している。

面積効果
小さなカラーチップと大きな壁面では違う色に見える

色見本を見て壁面色を選んだら、実際には想像していたより強い色だったというようなことがよく起こる。

図42は、手元の色見本と20m離れた建物外壁の色の判断の違いを表したものである。彩色面積が増えると、中明度色ではより鮮やかに、高明度色ではより明るく見えるようだ。

このような色の見えの変化を考慮して色選択したい。

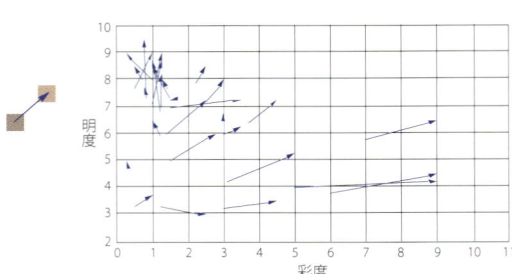

図42―面積効果[5]
図の左と下に、対応する色の例を置いた。正確なものではないが色変化の感覚をつかんでほしい。

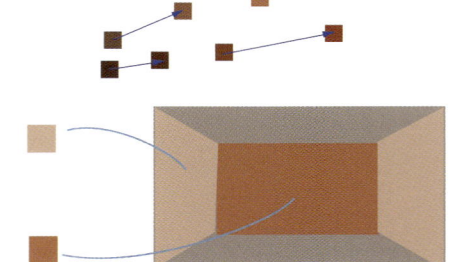

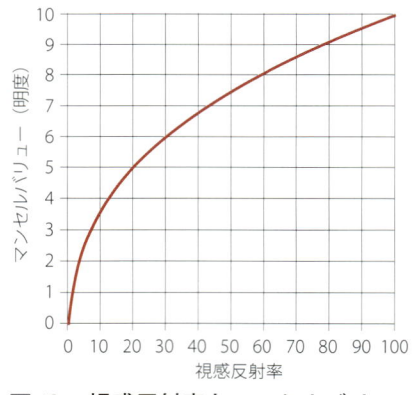

壁面色と明るさ
明るさは照明だけでは決まらない

面全体の明るさはその面が白っぽいか黒っぽいか、つまり光の反射・吸収の度合いの影響を受ける。これに関わるのが明度といわれる色の属性である。

マンセル表色系におけるバリューと、理想的な黒を0、理想的な白を100とした場合の**視感反射率**の関係を右に示す。

図43からわかるように、暗い色ほどちょっとした反射率の変化に敏感であり、明るい色では相当に反射率が変化しないと明るくなったと認識されない。その結果、中間的な灰色（V＝5）の反射率は20%ほどしかない。

これは、壁面に白っぽい色（高明度色）を用いることが多い理由のひとつである。

図43―視感反射率とマンセルバリューの関係

p17の照明率を求める表にあった反射率10%、30%、50%、70%、80%はそれぞれV=3.5、6、7.5、8.5、9程度に相当しそうである。

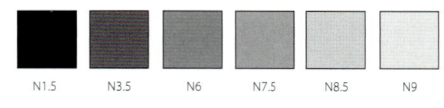

●解説 8

誘目性と視認性
――色による目立ちのコントロール

物体の色の目立ち具合と関わる言葉に、誘目性、視認性などがある。

誘目性は、とくに何を見ようという目的を持っていない人の目を惹きやすい性質のことで、背景明度にかかわらず暖色で高い。街歩きをしている時に、つい赤い看板に目がいくというようなケースに対応する。

視認性はあらかじめ出現が予想されていたものの存在が目に認められやすい性質のことで、明度差（明度対比）との関連が大きい。

同様に、サインなどで問題となる可読性も、明度差との関連が大きい。文字と背景の色の組み合わせは、色相と関係なく、明度差があるほど読みやすい。

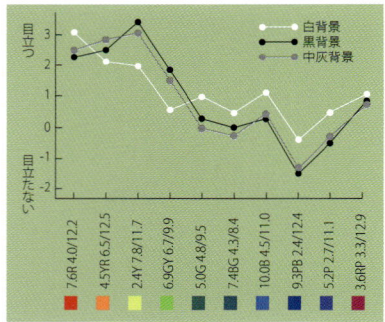

誘目性

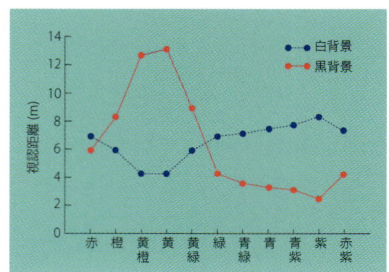

視認性

光・色に対する個人差への対応
赤と緑の区別がつきづらい人が男性の20人に1人

■色覚異常

　男性の20人に1人、女性の400人に1人ほどの割合で、遺伝的な要因により、区別がつきづらい色の組み合わせが存在する人達がいる。

　図44、45に示す2タイプが大半を占めるが、それらの混同色軌跡は類似しており（下図の白線上の色を混同する）、たとえば赤系統の色と緑系統の色が混同される。このような色の組み合わせを避けることが、視認性を確保することにつながる。

　混同を避けるためには、緑と組み合わせる赤は少しオレンジがかったものにするというように色相を少しずらすことも有効であるが、一般色覚者も色覚異常者（色弱者）も判別しやすい明度差を設けた配色とすることが基本となる。

■白内障

　高齢者は白内障の進行などにより目の感度が落ちてくる。明るさを確保しないといけないが、グレア（→p21）に弱い。均斉度を小さめに設定しコントラストを抑えることを心掛ける。

　配色については、視認性を高めるため明度差を確保することが基本となる。

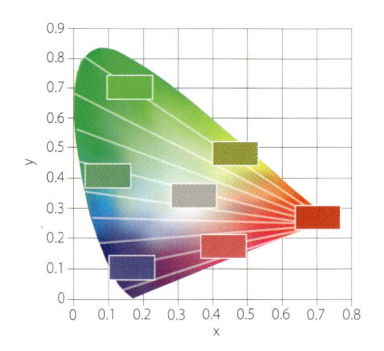

図44─1型2色覚の混同色軌跡
R、G、Bに対応するL、M、Sの3錐体のうち、L錐体が欠損しているタイプである。

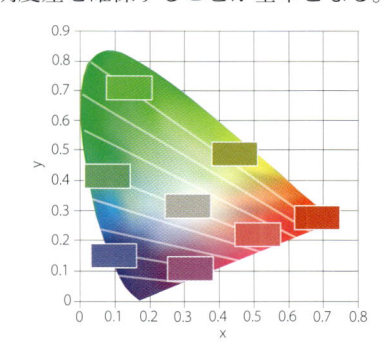

図45─2型2色覚の混同色軌跡
R、G、Bに対応するL、M、Sの3錐体のうち、M錐体が欠損しているタイプである。

☀解説 9

物理的な感覚と色──色が感覚を変えるか

暖色と寒色
　　色相との関連が深い

進出色と後退色
　　色相との関連が深い
　　暖色が進出し、寒色が後退する

膨張色と収縮色
　　明度との関連が深い
　　高明度色ほど大きく見える

重い色と軽い色
　　明度との関連が深い
　　高明度色ほど軽く見える

　これらの感覚については、色以外にも関連する要素がある。たとえば暖・寒の感覚であれば気温がそうだし、進出・後退や膨張・収縮であれば、素材の肌理（きめ）やエッジの長さなども指標となる。実際にはそれらの影響が大きいので、ここで取り上げた性質をデザイン上考慮する必要性は必ずしも大きくはないと言えるだろう。

☀解説 10

安全色彩──色で意味を見分ける

　安全色彩使用通則【JIS Z 9101】に定められた8色を紹介する。

《赤》
（1）防火（消火栓、消火器など）
（2）禁止（立入禁止のバリケードなど）
（3）停止（緊急停止ボタン、停止信号灯など）
（4）高度の危険（火薬類の表示など）

《黄赤》
（1）危険（機械のスイッチ盤など）
（2）航空、船舶の保安施設（空港の管制塔など）

《黄》
注意（クレーン車、フォークリフト、駅のプラットフォームの縁など）

《緑》
（1）安全（安全指導標識など）
（2）避難（非常口を示す標識など）
（3）衛生・救護（担架や救護所の位置を示す標識など）
（4）進行（進行信号旗など）

《青》
（1）指示（保護眼鏡の着用など）
（2）用心（スイッチボックスの外側など）

《赤紫》
放射能の存在（原子力関係の施設など）

《白》
（1）通路（工場の通路など）
（2）整頓（廊下の隅など）

《黒》
（1）方向標識の矢印
（2）注意標識の縞模様
（3）危険標識の文字
　　…など、対比色として使用

5 昼光照明

E. G. アスプルンドが設計したストックホルム市立図書館では、居住空間のはるか上方に設置されたハイサイドライトから光を取り入れ、白く塗った円筒形の内壁面により光をきれいに拡散させている。

昼光照明
空の光と太陽の光

　これまでの説明では、主に人工照明を扱っていた。人工照明のメリットは、昼でも夜でも一定の照明環境を提供できるところにある。照明設計の自由度も比較的高い。

　一方、昼光は無料で、非常に明るく、演色性も良いが、夜は別に照明を用意する必要があるし、部屋の奥に光を導くのは容易ではない。雲が通っただけでも明るさは大幅に変動するし、局部的に明るい部分をつくるのも、方位・季節・時間帯と相談しながらということになる。

　このような特性は、多くの建築家に光を扱う魅力を与える源泉でもあるが、作業照明の前提条件と考えるならば、人工照明より数段困難な状況を生み出す。

　p18で解説したPSALIは、2つの照明方式を組み合わせることで、互いの長所を生かし、短所をカバーし合っていた。この考え方は、今日の昼光照明設計の大きな流れであり、昼光照明のみで常時快適な照明環境を作ることは現在でも難題である。本節では、その困難を理解するためにも、主に昼光のみを利用した照明設計の考え方について解説していく。

Column
照度変化——窓際での実測

晴れた日と曇りの日を選び、南南西向きの窓際で1時間おきに照度を計測してみた。どう変化するかの感覚をつかんでほしい。

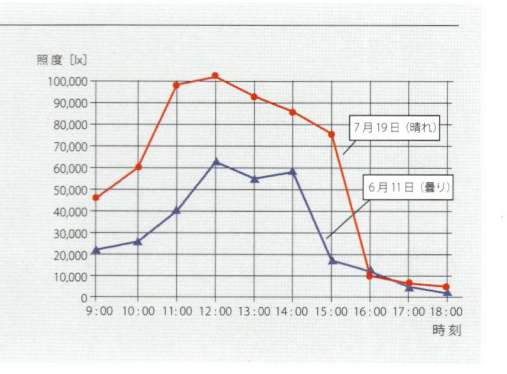

全天空照度と昼光率

揺れる照度の目標値

　机上面照度の目標値を定めても、光源たる天空光が安定しなければ、その目標値を達成することは叶わない。表3に全天空照度の値を示すが、最も明るい薄曇りの条件と最も暗い雷雲に覆われたような状況を比較すると、25倍もの開きがある。このほか、太陽の前を雲が通過する時にも、数倍の明るさの相違が生まれる。

　それでも昼光を利用するということになると、目標値の方にはひとまず目をつぶって、昼光をどの程度室内に取り入れられるか、その割合を示す指標を用いることになる。それが**昼光率**である。昼光率とは、室内のある点に屋外の光の何%が届いているかを示す量で、部屋の中の地点によって変化する。

$$昼光率 = \frac{室内のある点での昼光による照度[lx]}{全天空照度[lx]}$$

　昼光率の基準を表4に示す。推奨照度と同様、細かい視作業ほど高照度となるよう昼光率も高い値となっている。

　さて、昼光率と照度の関連であるが、ひとつの考え方として、「暗い日（出現率5%）」の5,000lxを全天空照度として設定し、それ以上の全天空照度が得られる日（出現率95%）において、目標とする照度が得られることを保証するという考え方がある。しかし、表3に掲載されている「暗い日」の照度の値を見れば、推奨照度（p15）より低い値に留まっていることがわかる。現実には、「普通の日」もしくは「明るい日」に推奨照度が得られることを目指すことが多いだろう。

　Challenge❹は、側窓のみを光源とする教室の照度を実測したものであるが、側窓のみの場合、室奥では十分な昼光率を得られていないことがわかる。したがって、ある程度の奥行きのある部屋では、人工照明の助けを借りるか、天窓など別の採光手段を加える必要があるだろう。

(Q_Q) Challenge ❹

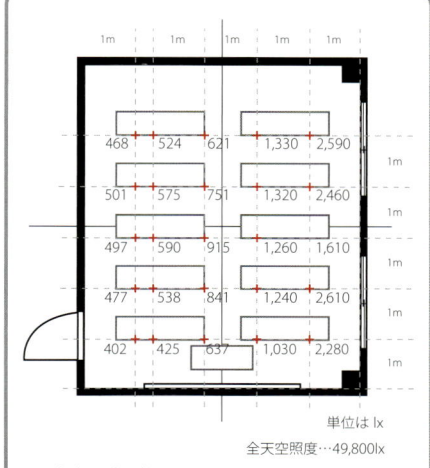

昼光率の実測例（単位はlx、全天空照度…49,800lx）

468	524	621	1,330	2,590
501	575	751	1,320	2,460
497	590	915	1,260	1,610
477	538	841	1,240	2,610
402	425	637	1,030	2,280

昼光率の計算

(1) 最高照度の点について昼光率を計算せよ

(2) 最低照度の点について昼光率を計算せよ

条　件	全天空照度[lx]
とくに明るい日（薄雲、雲の多い晴天）	50,000
明るい日	30,000
普通の日	15,000
暗い日	5,000
非常に暗い日（雷雲、降雪中）	2,000
快晴の青空	10,000

表3—**全天空照度**[6]

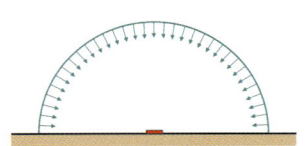

全天空照度とは、建物などの障害物がなく、すべての天空を見渡せる時の水平面照度のことである。

作業または室の種別例	基準昼光率[%]	左の昼光率での昼光照度[lx]			
		明るい日	普通の日	暗い日	非常に暗い日
時計修理、昼光のみの手術室	10	3,000	1,500	500	200
長時間の裁縫、精密製図、精密工作	5	1,500	750	250	100
短時間の裁縫、長時間の読書、製図一般、タイプ、電話交換、歯科検診	3	900	450	150	60
読書、事務、診察一般、普通教室	2	600	300	100	40
会議、応接、講堂平均、体育館最低、病室一般	1.5	450	225	75	30
短時間の読書（昼間）、美術展示、図書館書庫、自動車車庫	1	300	150	50	20
ホテルロビー、住宅食堂、居間一般、映画館休憩室、教会客席	0.7	210	105	35	14
廊下階段一般、小型貨物倉庫	0.5	150	75	25	10
大型貨物倉庫、住宅納戸、物置	0.2	60	30	10	4

表4—**基準昼光率**[2]

昼光率の計算方法

立体角投射率がものをいう

昼光照明時の室内照度は、光源である窓からの光による直接照度と、それらが反射した結果、得られる間接照度の和として表現される。

■直接照度の計算

直接照度の計算には、窓の立体角投射率を利用する。

立体角投射率は、図46に示すように、仮想球面上に投影される光源（この場合は窓）を底面上に正射影した面積（S"w）が底面（Sc）に占める割合のことである。これを光源の輝度と掛け合わせると仮想球面中心の照度と等しくなることがわかっている（これを**立体角投射の法則**と呼ぶ）。したがって、窓の縦横の長さおよび窓面からの距離を用いて図48、49から立体角投射率を読み取り、窓面の輝度との積を取ることで、直接照度を計算できる。複数の窓が存在する場合は総和を取ればよい（→解説⑪）。

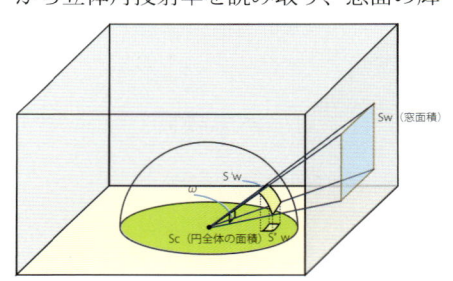

窓面の輝度は、窓外の状況、たとえば庇があるか、すぐ近くに建物があるかなどの要因によって変化するし、窓ガラスの透過率や汚れをどの程度見込むかにも影響を受ける。実際には、それらの影響を加味して計算する。

$$D_d = \tau M R U$$

- ガラスの透過率 [%]：τ
- 維持率 [%]：M
- 立体角投射率 [%]：U
- 有効面積比率 [%]：R
- 直接昼光率 [%]：D_d

■間接照度の計算

間接照度の方は複雑である。p16でも述べたように、一次反射、二次反射というように反射を繰り返した結果の定常状態であるから、厳密な結果を得るための計算量は膨大となる。

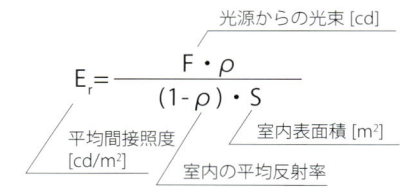

簡便な式として、一次反射によってもたらされる光束がすべて部屋で吸収されると仮定するものがある。

高次反射の影響を考慮していないから、平均反射率が高い場合には、実際よりも小さな値を見込むことになるだろうし、方向性を考慮していないスカラー照度的な値なので、作業面照度への寄与が一意に定まらないという難点もある。

より詳細な計算式もあるが、現在では、CADデータをもとにシミュレーションを実施するのが確実であろう。

$$E_r = \frac{F \cdot \rho}{(1-\rho) \cdot S}$$

- 光源からの光束 [cd]：F
- 室内表面積 [m²]：S
- 室内の平均反射率：ρ
- 平均間接照度 [cd/m²]：E_r

間接照度計算の簡便式

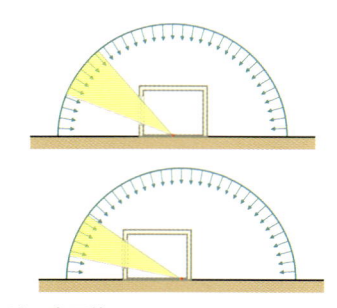

見かけの窓面積

見かけの窓面積は、上図の方が下図より大きい。当然、上図のポイントの方が立体角投射率は大きくなる。このように、立体角投射率は建物内の位置によって変化する。室奥は採光上不利なことが多い。

立体角投射率＝S"w / Sc

図46—立体角投射率

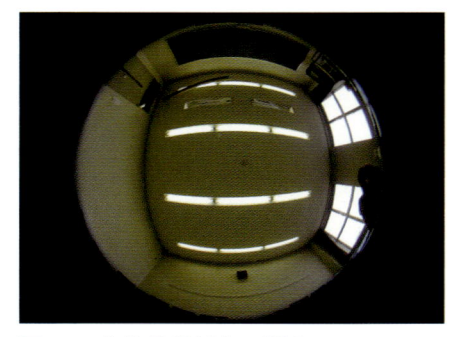

図47—立体角投射率の概念

魚眼レンズで撮影した画像は、床にフィルムを置いて部屋全体を撮影した状態になるので、立体角投射率の概念に対応した分布となる。

Column

天空輝度——実は不均一

立体角投射率は、窓の位置は問わない。光源の見かけの大きさだけを問題としている。つまり、立体角投射率を昼光率と考えて直接照度を求めるときは、光源となる空の明るさは均一だと仮定していることになる。しかし、完全曇天空であっても高度15°では天頂の約半分の輝度となる。また、南に向いた窓であれば、直射光の有無が室内の明るさに大きく影響する。

立体角投射率は、そういう変化を省略したものであり、実際の昼光照明環境を精度良くシミュレートしたものではない。

曇天空

CIE標準曇天空における天空輝度算出式

$$\frac{L_\theta}{L_z} = \frac{1+2\sin\theta}{3}$$

- L_θ：高度θでの天空輝度
- θ：高度
- L_z：天頂輝度

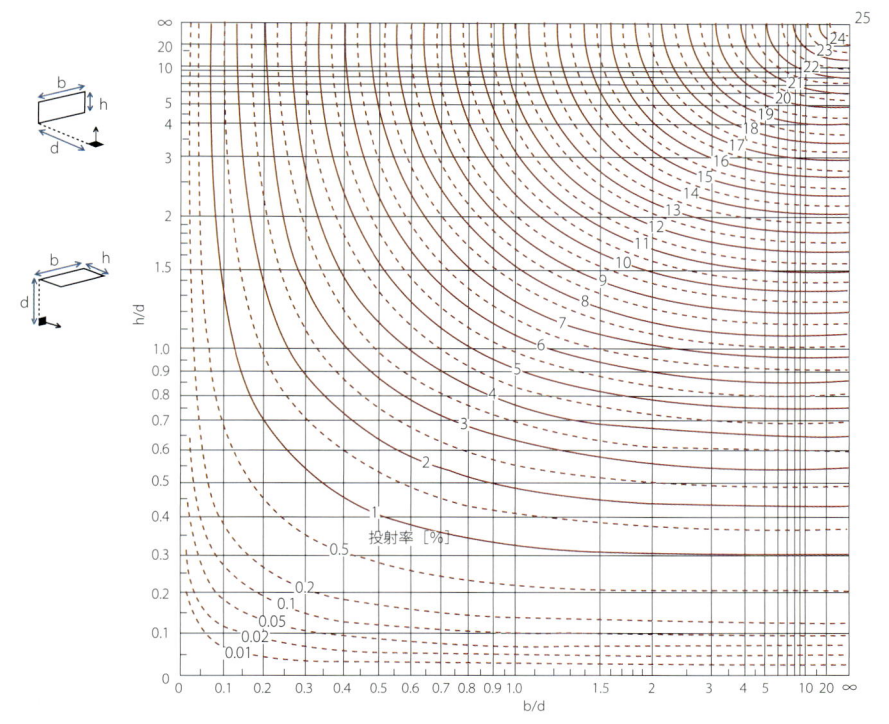

図48—立体角投射率（長方形光源面と受照面が垂直な場合）[3]
机上面と側窓、天窓と鉛直面のような位置関係

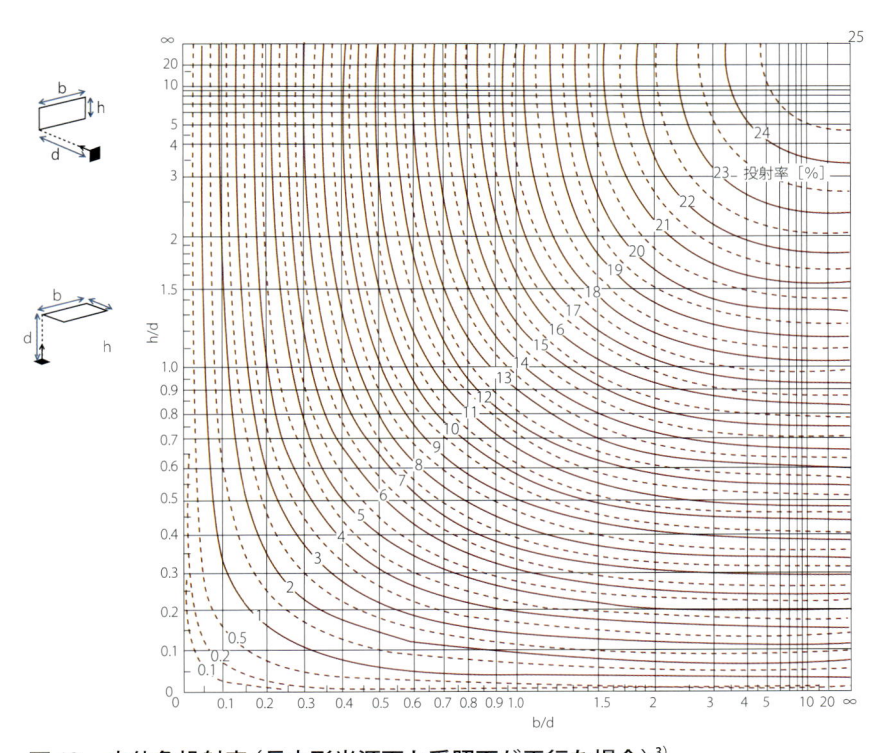

図49—立体角投射率（長方形光源面と受照面が平行な場合）[3]
机上面と天窓、側窓と鉛直面のような位置関係

●解説 11

立体角投射率の求め方

受照点から窓面への距離d、窓面の幅bと高さhからb/dおよびh/dを計算し、図48もしくは図49の対応する点の値を読み取る。側窓と机上面のような面が直交する位置関係の場合には図48、天窓と机上面、側窓と鉛直面のように面が平行な位置関係の場合には図49を使用する。

窓の位置が受照点の正面から始まっていない、高さが一致しないという時は、下図のように面を分解して計算する。

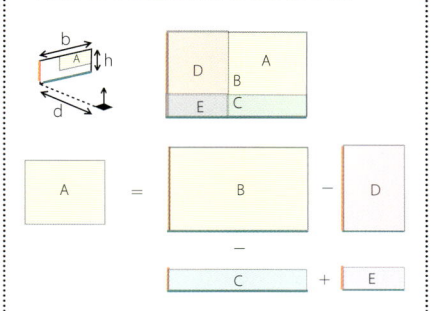

面の分解による立体角投射率の計算

Aの部分に窓がある場合、図48を用いてB、C、D、Eの値を求め、A＝B－C－D＋Eに代入する。

(Q-Q) Challenge ❺

直接照度の計算

(1) 側窓のみの居室
　b=2m、h=1m、d=2mの地点での昼光率を計算してみよう。

(2) 天窓のみの居室
　2m×2mの天窓の中央、床から1mの高さの昼光率を計算してみよう。天井高は2mとする。

(3) 上記の居室の「暗い日」と「明るい日」の直接照度を計算してみよう。

(3-1) 側窓
・暗い日の直接照度 ＝ 　　lx
・明るい日の直接照度＝ 　　lx

(3-2) 天窓
・暗い日の直接照度 ＝ 　　lx
・明るい日の直接照度＝ 　　lx

建築基準法の採光規定

最低採光面積の定め

表5のように、建築基準法には、居室の種類に応じて、床面積の1/5 ～ 1/10以上の**有効採光面積**を持った窓を設けることが定められている。

有効採光面積とは、窓ガラスの部分の面積をベースに、隣地境界線との距離や庇の有無を考慮に入れるための補正を行ったものをいう。

有効採光面積＝開口部面積×採光補正係数

この規定は眺望や開放感の確保にも有効だが、採光についての規定と捉え、4つのサンプルケースについて、室中央および室奥での昼光率を計算してみた（図50）。

単純な室形状でもあり、また窓中央に計算ポイントを設けたため、側窓の場合、計算された昼光率に室面積が及ぼす影響は小さい。窓からの距離と窓形状が昼光率を規定しており、壁際の昼光率は居室としての規準昼光率を下回ることもある。

建築基準法では、天窓（トップライト）の採光面積は、垂直窓の3倍にあたると見なされている。サンプルケースでは、室中央で3.3 ～ 21.6倍、室奥で5.2 ～ 15.0倍に相当するとの計算結果になった。3倍は最低ラインとして妥当な係数だと言えるのではなかろうか。

居室の種類		採光面積／居室床面積
(0)	住宅の居室で居住用のもの	$\geqq \dfrac{1}{7}$
(1)	幼稚園・小学校・中学校・高等学校・中等教育学校の教室	$\geqq \dfrac{1}{5}$
(2)	保育所の保育室	
(3)	病院・診断所の病室	$\geqq \dfrac{1}{7}$
(4)	寄宿舎の寝室、下宿の宿泊室	
	児童福祉施設等の寝室（入所者が使用するもの）	
(5)	児童福祉施設等（保育所を除く）の居室で、入所者・通所者の保育・訓練・日常生活に使用するもの	
(6)	(1) の学校以外の学校の教室	$\geqq \dfrac{1}{10}$
(7)	病院・診療所・児童福祉施設等の居室で、入院患者・入所者が談話・娯楽等の目的に使用するもの	
〔注〕①地階・地下工作物内の居室、温湿度調整を必要とする作業室、用途上やむをえない居室は、上表の制限を適用しない。 ②ふすま・障子等で仕切られた2室は1室とみなす。		

表5―採光が必要な居室の採光面積の割合 - 第28条令19条

サンプルケース (1-1)[#]
＜側窓＞ 中央での昼光率：3.6% 壁際での昼光率：0.6%
＜天窓＞ 中央での昼光率：10.0% 壁際での昼光率：5.0%

サンプルケース (2-1)[#]
＜側窓＞ 中央での昼光率：1.0% 壁際での昼光率：0.2%
＜天窓＞ 中央での昼光率：8.0% 壁際での昼光率：3.0%

サンプルケース (1-2)[#]
＜側窓＞ 中央での昼光率：2.4% 壁際での昼光率：0.4%
＜天窓＞ 中央での昼光率：34.0% 壁際での昼光率：2.2%

サンプルケース (2-2)[#]
＜側窓＞ 中央での昼光率：1.0% 壁際での昼光率：0.2%
＜天窓＞ 中央での昼光率：21.6% 壁際での昼光率：1.4%

左列は壁面もしくは天井面の中央に床面積の1/10相当の、右列は壁面もしくは天井面いっぱいに床面積の1/10相当の窓を設置したものである。

側窓の室中央が昼光率1.0 ～ 3.6、壁際が0.2 ～ 0.6と、室内の位置によって数値が大きく変化する。

一方、天窓においては、下段のケースで中央での昼光率が大きく、壁際でのそれが小さくなっている。大面積の部屋では、地点によって窓となす角度の変化が大きくなるためである。

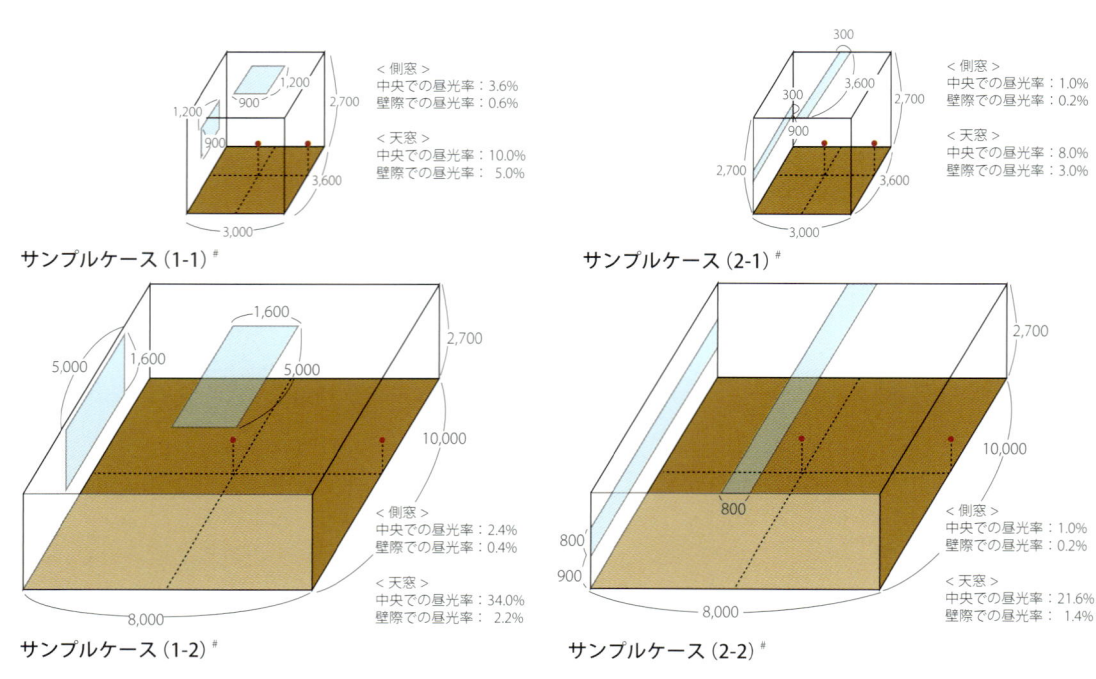

図50―窓取り付け位置と窓形状による昼光率の変化

窓面の位置と形状

窓の特徴と役割

　同面積であっても、側窓と天窓で昼光率は異なっていた。このように、窓の取り付け高さは取り入れ光量と関連している。それだけでなく、光の方向性や直射日光の入射においても違いをもたらす。

　図48、49の立体角投射率からわかるように、側窓(がわまど)の場合、縦長の窓を並べた方が照度の確保と均斉度の面では有利である。

　一般に壁面下部からの採光は不利だが、趣を好んで和室などに用いることがある。障子は拡散性の高い透過光を室内に導くが、これは下方だけでなく上方にも光を供給することを意味するから、均斉度は改善されるだろう。

　天窓は雨仕舞いの難しさや直射日光の入射に対する制御の必要性はあるが、水平面照度確保の手段として有効である（図51）。直射日光の制御としては、ルーバーを天井面に巡らしたり、ロールスクリーンを設置したり（図56）、ブラインドを組み込んだりする。

　頂側窓(ちょうそくまど)は、屋根面に垂直な窓を設置することで、天窓のデメリットである雨仕舞いやメンテナンスの問題を緩和するが、採光の効率においては天窓に劣る（図52）。頂側窓を連続させたのこぎり屋根は、工場で自然光を利用する時に用いられることがある。

　高窓(たかまど)は、天空光を導き入れる（図53）。とくに北窓は安定した天空光を導くことが可能なので、美術室や工房に用いられる。

図51―天窓

図52―頂側窓

図53―高窓

Column

光の演出――建築家の創意

　建築家は、昼光の取り入れ方に心を砕くことが多いが、名建築には、「頭上を覆う光」「空間に差し込む光」「拡散する光」「外と連続した風景の中で移ろう光」「色光で満たされた空間」など、いくつかのパターンがあるように思う。人工照明においても参考となるだろう。たとえば、壁面が拡散する光を放つオフィスなど、どうだろうか。

ウィーン郵便貯金局（Otto Wagner）

ロンシャンの教会（Le Corbusier）

バランツァーテの教会（A. Mangiarotti）

ファンズワース邸（Mies van del Rohe）

サント・シャペル

直射日光の制御
過大な輝度比は不可

　直射日光が入ると、途端に室内の輝度差・照度差が大きくなる。太陽を雲が隠しても同様である。昼光を照明に利用しようとする場合、基本的には直射日光を視野に入れない照明設計が求められよう。

　直射日光を遮るために考案された設備はさまざまだが、基本的には羽根状の面により直射日光を遮る、もしくは布地などで窓面を覆うものである。

　図54～56にその事例を示す。

図54—オーニング

図55—ブリーズソレイユ

図56—ロールスクリーン

シルエット現象
窓と人の輝度的な問題

　窓のある室内を撮影すると、壁面が真っ黒に写る。このことからわかるように、窓面と内壁面には相当な輝度差が存在する。

　図57に示すのは、**シルエット現象**と呼ばれるものである。窓面と人物の輝度差が大き過ぎるため、人物が黒い影のように見える現象である。これを防ぐには窓面輝度を抑えるか、人物を十分な明るさの照明で照らす必要がある。

　下の式を満たせば人の顔はシルエットに見えないと言われる。

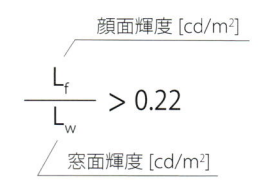

$$\frac{L_f \text{（顔面輝度 [cd/m}^2\text{]）}}{L_w \text{（窓面輝度 [cd/m}^2\text{]）}} > 0.22$$

シルエット現象を起こさないための条件

図57—シルエット現象
p13に示すように窓面輝度が1,000～10,000cd/m²程度だとすると、壁面輝度程度と思われる顔面輝度は上の式を満たさず、シルエット現象を起こすであろう。

Column

どの部屋も2面採光
——光の方向性を穏やかに

　アレグザンダー（C. Alexander）は、著書『パタン・ランゲージ』の中に、この名称のパタンを収録している。どの部屋でも窓のある壁面を2つ以上設けようという提案である。

　2面採光は、モデリングの改善やシルエット現象の解消、均斉度の増大などに寄与するであろう。

中世の窓の工夫
——エンタブラチュア

　エンタブラチュアは、ロマネスクの教会建築などに見られる傾斜面のある窓まわりである。これは窓を大きく見せる効果があると言われるが、光環境的に見れば、高輝度部分を小さくし、中間的な輝度部分を拡げる効果を持つ。

昼光利用の工夫
さまざまな光の取り入れ方

これまで見てきたように、昼光利用には安定性など課題も多いが、昨今の省エネルギーの風潮も手伝い、有効利用に向けた取り組みが進んでいる。

たとえば、光庭、アトリウムや光井戸のような上方からの光の導入は、目新しいものではないが考慮に値するだろう（図58、59）。ただし、建物が積層構造の場合、これを用いることは難しい。

最上階以外で光を得るためには側窓方向から調達するか、何らかの装置を用いて上方から引っ張ってくるしかない。

前者の試みとして、光ダクトやライトシェルフがある（図60、61）。光ダクトは、天井裏に反射素材でできたダクトを仕込んで、室奥まで運んだ光を天井に空けた穴から徐々に室内に放出するものであり、ライトシェルフは、庇で反射した光を天井面で反射させ、照明に利用するものである。どちらも平均照度と均斉度の改善につながるが、昼光の不安定さを取り除くことはできない。その点に関しては、光センサーを用いた調節に解を求める動きがあるけれども、人工照明と同程度の安定を得ることは難しい。また、天井裏の設備は階高が大きくなるので建設コストが高くなるのも難点である。

後者の試みとしては反射鏡を用いたものや光ファイバーを用いたものが実用化されている。

図58―光庭（ライトコート）

図59―光井戸（ライトウェル）

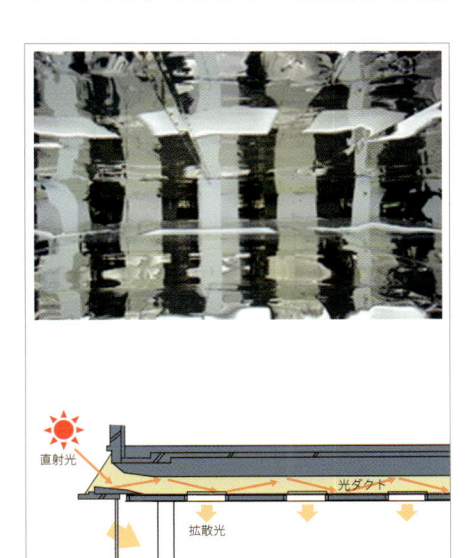

図60―光ダクト

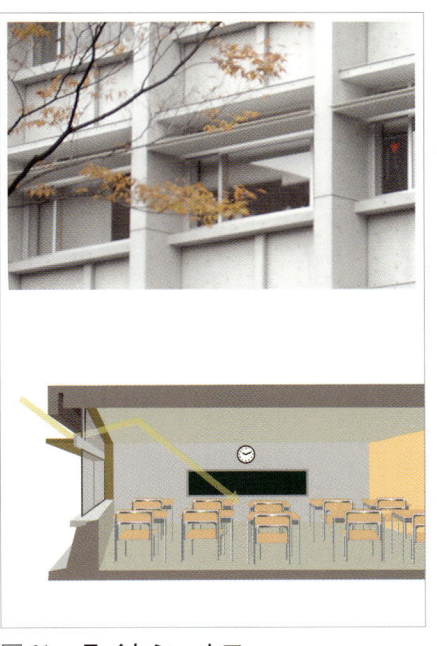

図61―ライトシェルフ

省エネルギーと昼光照明
これから考えるべきこと

最近は、ガラス建築と呼ばれるようなガラス・ファサードのビルが増えた（図62）。庇のないガラス壁面は、直射日光にもろにさらされる。熱環境としてはもちろん、光環境の意味でも、それを制御するシステムが必要となる。

どんな形態の建物にどんな設備を埋め込み、どう制御していくのか。今後、エネルギーの価格が上昇した時、生き残っていく建築というものを考えなければならない時期に差し掛かってきているように思う。

図62―**ガラス建築**

6 照明計画

ダウンライトの取り付け位置を変えると、壁面に照射された光の分布が変化する。そこにクーラーが取り付けられれば、また、変化する。照明計画では、そういった事柄にも気を配りたい。

照明環境のデザイン
照明デザインの5要素

　本章の中扉で、「明るさ」「光の分布」「光色」が印象の3軸と関連しているという実験結果を取り上げた。これらは照明器具とその配置によって決定付けられる要因である。そこに照らし出される側の要因、つまり空間やそこに置かれる物体の形状や表面の反射特性などが組み合わされ、私たちが目にする光の状態がつくり出される（図63）。

　実は、視環境の設計という意味では、照らされる環境側の影響は大きい。同じく照明されたオフホワイトのインテリアとブラックのインテリア、もしくは凹凸のある家具の多いインテリアと少ないインテリアを想像してみれば、それがわかるだろう。

　そこに時間帯や季節による変化、もしくは人の移動による変化を考慮に入れるとすれば、照明環境の視覚デザイン的側面を網羅したことになるだろう。

　さらに省エネルギーや経済性の側面、発熱量や安全性の側面、点灯・消灯のしやすさや自動調光など利便性の側面、ニーズ変化への対応の側面、メンテナンスのしやすさの側面などを加味し、具体的なデザインとしてまとめていく。

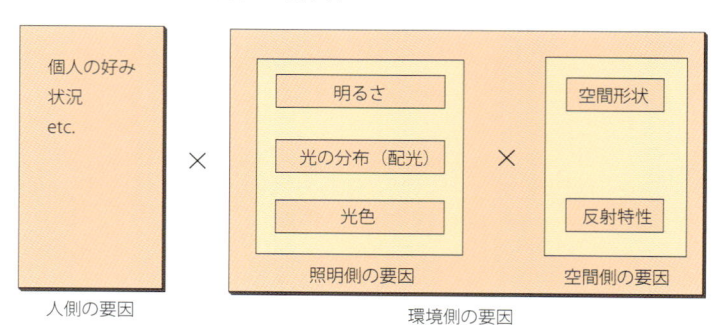

図63―照明デザインの5つの要素

雰囲気と意味
照明がつくり出す「行為」

　これまで触れてきた事柄は、機能的な側面からの考慮事項が多かった。一方、雰囲気づくりが大事になる場面もある。発熱電球の暖色系の明かりは、温もりを演出する。ぼんやりとした暗がりが落ち着きを演出する。そういったことである。

　図64に示すのは、照明状態を変化させ、どんな話をしていそうか訊ねた実験の映像であるが、左の写真が友達の話などをしているように見えるという回答が多かったのに対し、右の写真は別れ話や深刻な相談をしているように見えるという回答が多かった。これは行為に相応しい照明環境があることを示していると考えられる。

　それなら、一般には明るい方が好まれるとしても、意味付けがなされることにより、暗がりやコントラストの強い照明環境が好まれることもあり得るであろう。

図64—照明のつくり出す雰囲気の違い

Column

老人と視環境——その注意事項

　老眼と呼ばれるピントを調節する能力の低下がある。眼鏡である程度補正可能であるが、近くのものがぼやける状態になる。

　また、水晶体に老廃物が溜まり白濁する白内障や、短波長側の吸収が強まるため起こる黄変化によって、光量の不足や視野の黄変化が起こり、グレアを感じやすくなる。

　照明の光量を増やす（一般基準の2～3倍の照度と言われる）とともに、グレアを防ぐため不均一な照明を避ける。サイン計画においては、見づらくなる青系統同士、黄系統同士の配色を避けるなどの配慮が必要となる。

漏れる光——無駄とも言えない？

　外の光についても触れてみよう。

　シャンゼリゼなどヨーロッパの目抜き通りでは、夕方から夜にかけてもウィンドウショッピングを楽しむことができる。

　これに対し、日本ではシャッターが下りると、真っ暗になってしまう商店街も少なくない。また、住宅街においてもカーテンを閉めて光を漏らさないようにすることが多い。

　夜になると真っ暗になる街路はいただけない。街路に対して、光を放つような貢献はできないだろうか。

　しかし、最近はだんだんと変わってきて、夜もウィンドウショッピングが楽しめたり、クリスマスの頃、各住宅が窓際にイルミネーションなどを飾り付けてセンスを競うような現象が起きたりしている。

　これは、街路を歩く時の不安感の軽減にひと役買っている。

ウィーンの夕景

生活と照明
部屋ごとに変わる照明デザインの考慮点

ここで、住宅を対象としていくつかのスペースを取り上げ、具体的な考慮点を挙げてみる。

■玄関・廊下・階段

玄関を入ってすぐ廊下というようなケースでは、急な明るさの変化を避けたい。たとえば窓の設置を検討することになるだろう。正面に絵を飾るというような場合にはスポットライトを手前斜め上方から当てる手法がよく用いられる。

絵ではなく正面が窓の場合、シルエット現象が気になる。ベクトル照度を調節してもモデリングを適正にするとともに、鉛直面照度を確保し、応対に出た家人の顔が見えないなどということがないようにしたい。その時、光井戸などを用いた導光を考えてもよい。

夜中にトイレに起きるということを想定すると、廊下には人感センサーを備えた暗い足元灯があるとよい。

階段は踏み面が認識されるよう、光の当て方を考える必要がある。また、壁面にブラケット型の照明を取り付ける時は、上階側から直接ライトが目に入りグレアを感じることがありはしないか、チェックする。

■ダイニング

料理は暖色系のものが多い。素材の色をそのまま見せる演色性が高い照明だけでなく、肉や魚など赤みのある食材の鮮やかさを増して見せる電球色の照明も候補となる。

テーブルの上にペンダント型の照明を設置することは、テーブル上の明るさを確保すると共に、席に着いた人々の顔を照らし出してモデリングを改善することにもなるので薦められる。この時、複数のペンダントを用いると、光の指向性が弱まり、強い影ができなくなる。

ろうそくやスポットライトのような点光源を用いれば、グラスにきらきらとした輝きを与えることができる。時には周辺照明を落として、そのような雰囲気を楽しむのもいいだろう。そのために、調光できる照明にしておくことも薦められる。

■寝室

寝転がった状態では、天井が目に入る。そこに照明があればグレアの原因となる。ボウル型の照明にする、コーニスなどの間接照明を用いる、笠付きのスタンドなど低い位置に照明を設定するなどの対処が必要となる。

一般に、低照度の暖色の照明の方がリラックスして眠りにつきやすいと言われている。床に入ってから寝入るまでのひとときを読書で過ごすというようなことを考えると、手元に明かりが欲しい。配光を絞れば、夫婦が隣同士というような場合にも光が邪魔をしない。

朝日を浴びて気持ちよく目覚めたいということであれば、窓を東向きにすることが考えられる。

寝室では身支度することも多いだろう。この場合、照明の演色性に気を付けないと、出先で服の色の組み合わせがおかしく感じるとか、化粧の色や濃さがイメージと違うということになる。また、モデリングについても考慮し、濃い影ができない照明とすべきである。

■子供部屋

机の照明環境は、均斉度が大事である。タスクライトとアンビエントライトのバランスを考え、強い対比を感じないようにする。タスクライトの光源が直接目に入ってグレアを引き起こすのも避ける必要がある。

また、タスクライトや昼光は右手で書くと時には左肩口から当てて手暗がりにならないようにするなど、影の出方にも注意する。

図65—上階から見下ろした階段のボウル型の照明

照明設計の今後
照度から輝度へ

これまでの照明計算には多くの仮定が含まれていた。均等拡散面を仮定して照度を輝度に変換したり（→p13）、等間隔で並べることを想定して必要照明器具数を求めたり（→p17）といったことである。すでに始まっていることだが、今後はこういった仮定に頼らずコンピューターの力を借りて精度良く推定し、結果をわかりやすく呈示するソフトの開発が進むと思われる。つまり、シミュレーションの精度向上である。それによって、あらかじめ問題点を把握し、対処することで、よりきめの細かい照明設計が可能になるであろう。それは、人間の視覚的な特性を表現できるものになるはずなのだが、実現は簡単ではない。そのことを説明するために、カメラを取り上げてみる。

最近のデジタルカメラにはCamera Rawというフォーマットで画像を記録できるものがある。これはレンズに入射してきた光をそのまま記録したものであるが、そのままでは見た目と異なって見えてしまうので、いくつかのパラメーターを設定して見た目に近付ける処理をする。これは、人が目に入ってきた光そのままを感じ取っているのではないことを意味している。

とくに、明・暗順応、色順応、恒常性、対比などの特性が影響していることが知られている。

■明順応・暗順応

ノートパソコンを屋外に持ち出すと非常に画面が見づらくなる。しかし、暗がりでパソコンを開くと、最低輝度にしてもまぶしい。これは、目がその場の明るさに慣れる明順応、暗順応の結果である。

明順応は1〜1.5分程度の短時間でなされるのに対し、暗順応は10分以上の時間がかかる。急に暗くなる所に段差などあっては困るというのが計画的な意味合いになるが、照明計画的に言えば、どの部分がどういった明るさに見えているのかを推測するには、明順応、暗順応を考慮する必要があるということになる。

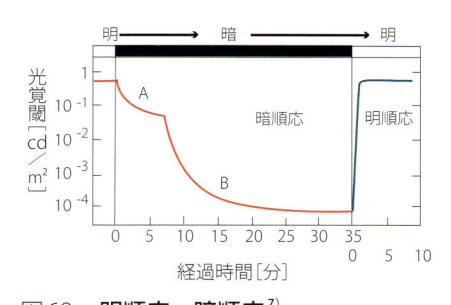

図68—明順応、暗順応[7]
Aが錐体が暗順応していく過程で、Bが桿体が順応していく過程。

■色順応

明るさだけでなく、色みについても順応が起こる。たとえば、視野全体を電球

図69—電球色蛍光ランプで照らしたインテリア模型
順応前に最も似ていると選んだ画像（上）と、順応後に選んだ画像（下）。色順応の結果である。模型と照明状態は、その間変化していない。

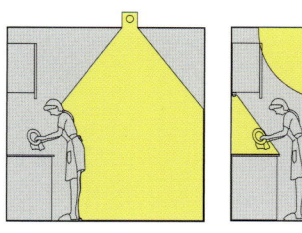

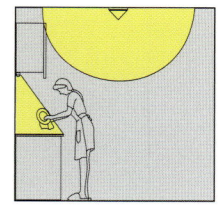

図66—キッチンの照明
（竹内義雄『ライティングデザイン』産調出版、1999）
天井照明だけでは、手元が暗くなりやすい。全体照明と手元を照らす部分照明を組み合わせると良いだろう。

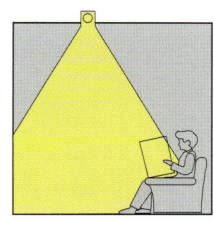

図67—読書の照明
（竹内義雄『ライティングデザイン』産調出版、1999）
手元を照らすということを考えると、家具の配置と照明位置の関係にも気を配る必要がある。壁際にソファを配置する場合には、上方斜め後方からの光があると十分な光量が得られる。一方、モデリングを考えると、前方からの光も必要と考えられる。ここでも、全体照明と部分照明を組み合わせることが考えられる。

色の照明光で照らすと、最初はオレンジがかって見えるが、1〜2分ほどの間にオレンジが抜けて白っぽく感じられるようになっていく。それに伴って、壁面色などは見え方が変化していく。見せたい色に見せるにはどうしたらいいかを考えるには色順応のデータが必要となる。図69は、順応前後の色の感じ方の違いを表している。

■恒常性

直射日光下の黒い紙と、ろうそくで照らした白い紙では、前者の方が輝度が高いことがある。それでも白は白、黒は黒と感じられる。

このように、輝度が異なっても同じ状態と感じられる性質を明るさの**恒常性**という。人の判断には周辺との相対的な違いが大きく関わっていることを示す現象である。

これも、照明と物体色の組み合わせがどのように見えるかを考えるために必要なデータである。

実際は、周辺の光の分布が関わるため、図70のように単純ではない。

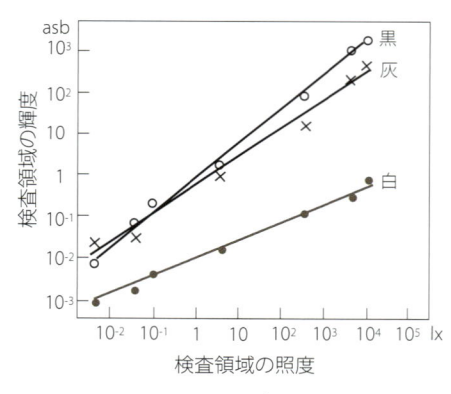

図70—明るさの恒常性[2]

照度の変化する小部屋の中に灰色の物体が呈示された時、同じ明るさと感じられる輝度がどう変化しているかを表している。黒背景、灰背景の小部屋と比較すると、白背景の小部屋では輝度の変化が小さい。恒常性が働いていることがわかる。

■対比

黄が紺の中に置かれた時、黄が薄紫の中に置かれた時より明るく感じられる（図71）。暗い色の中にあった方が明るく感じられるのである。

このように、2つの色が並置されている時、実際より差が強調されて感じられることが**対比**であり、この例は明るさの対比（明暗対比）ということになる。

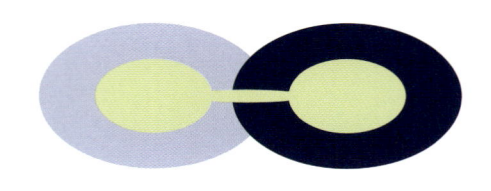

図71—明暗対比

■輝度分布という視点

これまで述べてきたような現象を予測するには、輝度分布画像そのままではだめで、人間の視覚特性に基づいた処理をシミュレートすることが必要となる。これまで、人が見る光に対応するのは輝度分布だと説明してきたが、実は輝度分布をさらに変換したものという方が正しい。

CADデータを用いたシミュレーションツールにそういった変換機能が組み込まれれば、グレアなどの問題点の発見、色の見え方の予測などが容易になるだろう。

そういった照明環境に対する人間の感じ方の予測に加え、昼光照明の重要性が増すためにその手法の改善（たとえば窓面の輝度抑制や導光手法の改善）、短時間での輝度変化への対応、直射光の照明への利用方法の模索、熱負荷を抑えつつ光を取り入れる手法などが今後の検討課題となるだろう。

Column

視覚現象の不思議
──本当に同じ色⁉

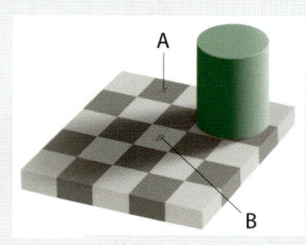

これは、アデルソンが考案した錯視図形である[8]。

見た目には明暗を感じるAとB。しかし、AとB以外の部分を隠してみると、同じ明るさであることがわかる。

これは、アンダーソンが考案した錯視図形である[9]。

実は同じ明るさの上下のチェスの駒が、白く見えたり黒く見えたりする。

このように、明るさの判断は、周囲の状況に大きく影響される。感覚は、輝度分布とイコールではないことがわかるデモンストレーションである。

2章 音環境のデザイン

「音の大きさ」「音の高さ」「音色」を音の3要素という。建築環境の側では、このうち「音の大きさ」の制御を主に行う。床・壁を通過してくる音、反射してくる音の大きさの制御である。

そのほか、床の振動による音の発生と伝搬、設備機器が発生する音など、建築に特有の音の制御も関わってくる。

これらは騒音の制御として括られることが多いが、心地良い音を紡ぎ出すための音響という分野もまた建築と大きな関わりを持つ。そのあたりから話を始めることにしよう。

＊Challengeと図表タイトルに「#」が付いている部分には、対応するExcelシートが存在する。著者ホームページよりダウンロードできるので、活用して欲しい（「基礎からわかる建築環境工学　ファイル」で検索のこと）。

1 音の響きのデザイン

大太鼓の音も、膜の振動が空気を動かした結果として生じている。

音は波である
音の3要素

音波（sound wave）という言葉がある。それは音が波であることを表している。

太鼓をドンと鳴らす。そうすると太鼓に張られた革が振動する。その振動が周囲の空気に伝わり、空気に疎密が生じる。それが音波となり、だんだん減衰しながら伝搬していく。そして音波が耳の鼓膜を振動させる。その振動を捉えたものが音として感じられる。

小太鼓は細かく震えるので疎密の周期が短く、大太鼓はゆっくり震えるので周期が長い。周期が短ければ高い音、長ければ低い音に聞こえる。単位時間あたりの**周波数**は**ヘルツ（Hz）**で表されるが、人は**20Hz**から**20,000Hz**ほどの音を聞き取ることができる。これが**可聴域**である。それより大きな周波数のものは超音波、短い周波数のものは超低周波音と呼ばれ、聞き取ることはできない。

さて、太鼓は強く打てば大きく揺れ、弱く打てば小さく揺れるが、その違いは波の振幅に現れる。それが音の大きさに対応する。

ただし、私達が耳にする音の大半は、図1のようなきれいなサインカーブを描かない。いくつかの波が混じり合った複雑な波形をしていることの方が多いのである。その混じり具合によって音色が変化する。

音の大きさ、音の高さ、音色を音の3要素という。

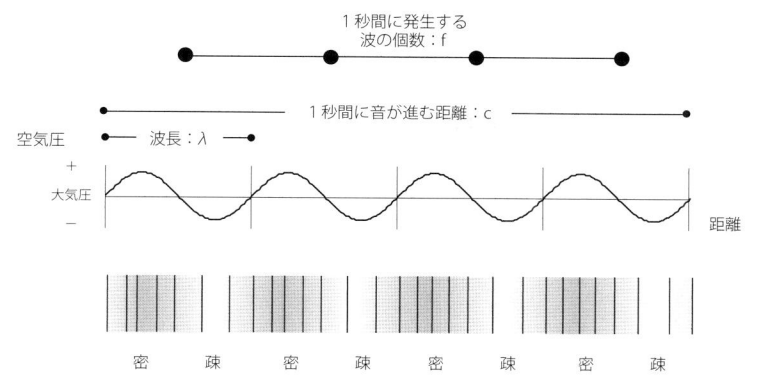

$$\lambda = \frac{c}{f}$$

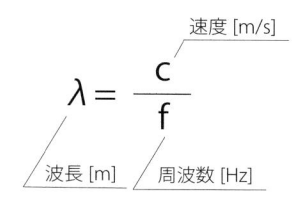

速度 [m/s] / 波長 [m] / 周波数 [Hz]

波長、周波数、音速の関係

1Hzは、1秒間に1サイクルの波を表す。音が1秒間に340m進むとすると、20Hzの時の波長は17m、1,000Hzの時は34cm、20,000Hzの時は17mmとなる。

図1—音波（純音）

音は疎密波である。波の高い部分は大気圧が高いこと、つまり空気の密度が高いことを表す。一方、波の低い部分は大気圧が低いこと、つまり空気の密度が低いことを表している。この図は4Hzを表しており、音が秒速340m/sで進んでいるとすれば、波長λは85mということになる。

Column

楽器の響き——音の混ざり具合

バイオリンやピアノは、弦を擦ったり叩いたりして振動させ音をつくる。それを共鳴させる箱で反射させて、さまざまな音色をつくり出す。

楽器の音（**楽音**）には、**倍音**と呼ばれる基音の整数倍（＝2倍、4倍…）の周波数の音が含まれる。このような構成の音では、一番低い周波数の音（**基音**）の周波数で音程が定まる。

基音以外の周波数成分を**上音**と呼ぶ。

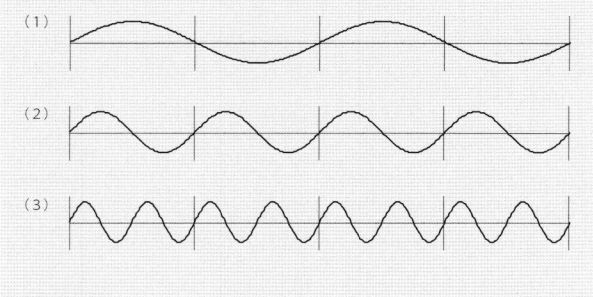

左のようなきれいな波形（正弦波＝サインカーブ）をした単一の周波数の音を**純音**という。

音叉を叩いた音は純音に近い。

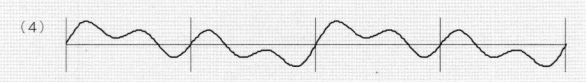

音（正弦波）の合成

（2）、（3）の波形は、（1）の波の2倍、4倍の周波数を持つ波を表している。これら3つの波を重ね合わせると（4）の波が生まれる。

バイオリンの音は、このような鋸形の波形を示す。

【関連用語】

音階

低いドと高いドというように、1オクターブごとに同じ音名の音が現れる。それは、周波数でみるとちょうど元の2倍になっている。

たとえば、3オクターブ上がると、周波数は$2^3=8$倍になる。

音速

空気中の音の伝搬速度（音速：c）は、圧力と気温で変わるが、気温 θ [℃]、大気圧での音速は下式で表される。

$$c \fallingdotseq 331.1 + 0.61\theta \text{ [m/s]}$$

15℃では約340m/sの速さで進むことになる。

粒子速度

音の伝搬速度をcで表すが、もう1つ、vという記号も速さ、ただし空気粒子の速度を表すのに用いられる。音は疎密波であるから（太鼓の革周辺の空気をイメージしてもらうといいと思うが…）、ある点の近くで行きつ戻りつしている。音圧のサインカーブはそれを表している。そのスピードはサインカーブの山や谷で遅く、その中間で最速となることが図1から読み取れるだろう。

雑音

雑音は、非周期的で同じ波形が繰り返されず、無数の周波数成分が混じっている音である。

とくに全周波数帯域で平均的にエネルギーが出ているものを**ホワイトノイズ**といい、テレビやラジオの放送終了後の砂嵐のような音である。音響測定時などに用いられる。一方、パワーが周波数に反比例し、ホワイトノイズが低音域ほど強くなったような特性を示すものを**ピンクノイズ**といい、音響調整時に用いられる。

建築がつくる響き

音波の反射と吸収

音の3要素は、建築と直接関係しない。どちらかと言えば、楽器やスピーカーから出る音、通過交通の騒音など、音源側の特性を表したものである。

それでは建築は何を提供しているのか。「響き」である。コンサートホールが一番わかりやすい例だが、コンクリート造の建物と木造の建物でも響きの違いを確認できる。前者の方が後者よりキンキンとした音に聞こえるに違いない。響きには、音の反射と吸収、直接音に間接音がどのように付け加わっているかが関係している(図2)。

それらをどのようにコントロールしていくか、見ていくことにしよう。

図2―ロマネスクの教会堂 (Le Trone)
中世のポリフォニー（多声音楽）は、反射性の高い石造の教会で育まれた音楽だと言えるかもしれない。

解説 1

三角関数――ベクトルの分解、波の形に関連して

余弦法則(→p11)やサインカーブ(→p52)という言葉に、三角関数が関わっている。sin、cos、tanは、それぞれ直角三角形を構成する3辺のうちの2辺の比である。

そのうちの1辺cの長さを1として、円を描くように一周させると、三角関数のグラフができる。これは、$2\pi(=360°)$ごとに同じ形が現れる周期関数である。

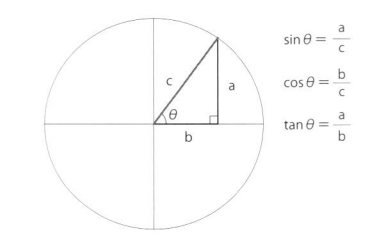

$$\sin\theta = \frac{a}{c}$$
$$\cos\theta = \frac{b}{c}$$
$$\tan\theta = \frac{a}{b}$$

三角関数の定義

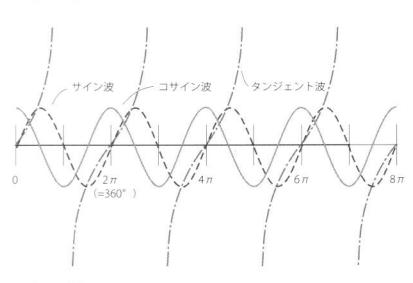

三角関数

解説 2

オクターブバンド――帯域ごとの特性で音の特徴を表す

周波数が2倍、$2^2=4$倍、$2^3=8$倍となるごとに同じ音名の音として聞こえるのであれば、周波数を1オクターブごとに切り分けて、音の特性を表現しようという考え方が出てきても不思議はない。切り分けられた1オクターブをオクターブバンド (octave band：周波数帯域) という。建築の世界では1,000Hzを基準に2,000Hz、4,000Hz…、もしくは500Hz、250Hz…というように、帯域の中心周波数が倍々となる系列として切り分けることが多い。後述するNC曲線(→p78)などに使用されている。

なお、1オクターブバンドだけでなく、1/3オクターブバンドもよく用いられる。

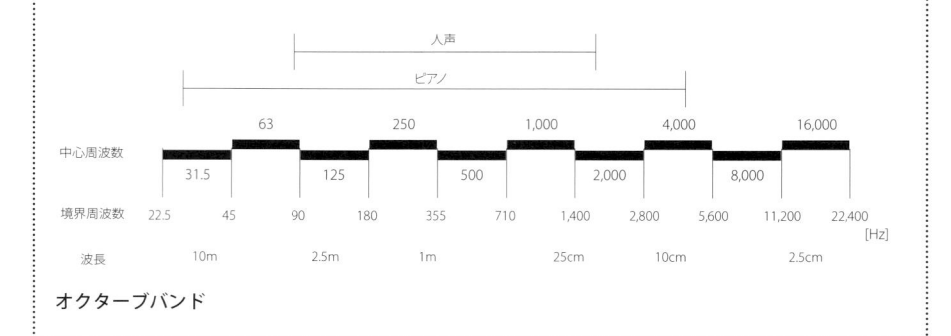

オクターブバンド

響きのコントロール

直接音・初期反射音・残響音の制御

部屋で発生した音は、部屋の中にいる人に直接届くだけでなく、天井や側壁に当たって返ってくるもの、一度後ろの壁に当たり戻ってきたもの、天井に当たって側壁に当たってというように複数回反射されて届くものなど、さまざまな面で反射を繰り返し、さまざまな方向から聴取者に到達する。その過程で吸収されるので、音は徐々に減衰していくのだが、このメカニズムが音の余韻を生み出す。したがって、ホールの音響は、楽器から直接耳に届く音（＝**直接音・直達音**）に壁・床・天井などから反射して届く音（＝**間接音・反射音**）をどのように付加するかが重要となる。

音の響きのコントロールは、大まかには**直接音の制御**、**初期反射音の制御**、**残響音の制御**の3つに分けて考えることができる（図3）。

直接音は最初に耳に届き、音の大きさを規定すると共に音の聞こえる方向を定位させる。

少数回の反射を経て届く特徴的な反射音を**初期反射音**といい、直接音の音量を補強すると共に、音の拡がりを感じさせる重要な役割を持つ。

人は1/20秒（50ms）以内に届く2つの音を区別できない。壁や天井で1～2回反射しただけの初期反射音であれば、それ以上の時間差の場合に分離して聞き取ることが可能なケースも存在する。しかし、多次反射音はさまざまな方向から届くことになり、分離して知覚することはできなくなる。これが**残響**である。

コンサートホールでは、その時間が長めの方が、音に包まれた感じを与え、余韻が残ってよい。一方、会議室や講演会場などでは、残響は音の重なりを生み、言葉が聞き取りにくくなるという弊害を生む。残響を短めに設定した方が、言葉が明瞭に聞き取れてよい。

このように、反射音が付加されることで豊かな音場が演出されたり、聞き取りにくい音場がつくり出されたりする。

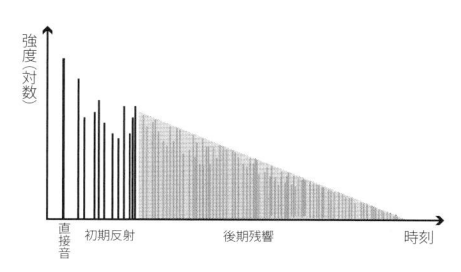

図3―直接音、初期反射音、残響音[1]

初期反射音の制御

音の経路差を考える

音は毎秒340m程度の速さで進むので1/20秒で約17m進むことになる。幅20mのホールであれば、中央にある音源の3m手前で聞く側壁からの反射音は、直達音から1/20秒ほど遅れて届く。一方、音源近くのステージ裏手に設置された反射板で反射した音は、経路差が小さいから遅れはそれより小さい。

さて、後部座席では、直接音と反射板からの音との時間的なずれは前方座席と変わらないが、直接音と側壁からの反射音とのずれは小さくなる。このことは、図4、5のように音の到達面（波面）を作図してみると理解しやすい。

直接音に対する初期反射音の遅れは音質評価に大きなウェイトを占める。1/20秒内外に収めるとよいと言われる。

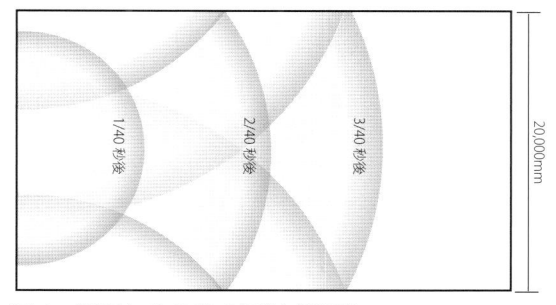

図4―壁面からの音の反射（波面）

この図は、直接音および壁面反射音が到達するポイントを結んで作成したものである。
音は、室内を構成する1つ1つの面が波長に比べ十分小さいと拡散し、大きいと正反射する。この図の場合は、壁面で正反射すると仮定して作図している。

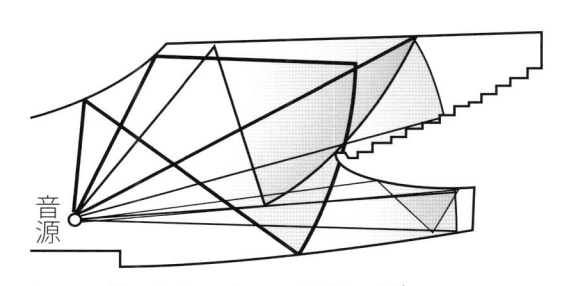

図5―天井面からの音の反射（波面）[2]

この図は、ある時間を経過した時、音源から発せられた音がどこまで到達するかを表している。天井面で反射された音が直接音から遅れて到達する様が見て取れる。
また、62頁のホール断面と比較すると、音の影が生じにくいことにも注目して欲しい。

残響時間

音の減衰と響き

残響時間というのは、一定の音を出している状態から音を止め、音圧レベルが60dB（デシベル→p65）減少する、つまりエネルギーが1/1,000,000=1/10^{6}になるまでに要する時間として定義されている。音が吸収されてだんだん小さくなっていく、その程度を表す指標である。

ベラネック（Beranek）やヌートセン（Knudsen）が経験的に割り出した最適残響時間は、図6、7に示すように、コンサートホールで1.5～2.5秒、会議室や講演会場で0.5～1.0秒ほどであり、室容積が大きくなると長めが好まれる傾向にある。

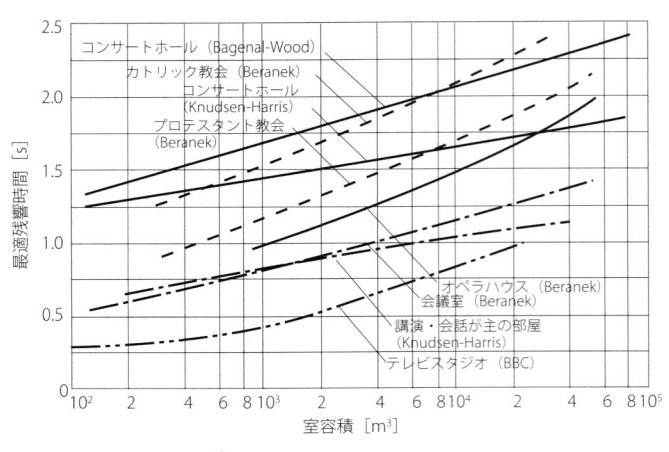

図6―最適残響時間[3]
図は、500Hzでの最適残響時間を示したものである。コンサートホールや教会では長め、会議室やスタジオでは短めが適していることがわかる。また、室容積が大きくなると最適残響時間が長くなることも読み取れる。

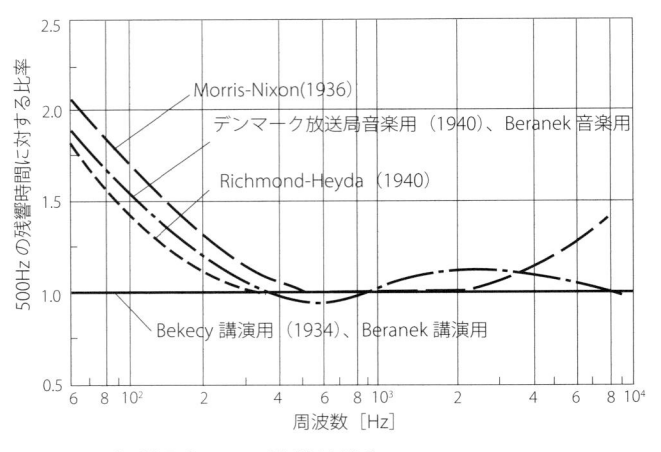

図7―最適残響時間の周波数特性[3]
図は、1,000Hzを基準とした最適残響時間の周波数特性を示している。音楽用ホールの場合、それより小さな周波数では、周波数が小さいほど、つまり低音ほど最適残響時間は長めになることがわかる。
一方、講演用ホールでは、フラットな特性が適している。

残響時間の計算

-60dBになるまでにかかる時間

残響時間を推定する式がいくつか提案されている。基本的には室容積が大きくなると残響時間が長くなり、表面積が増えたり平均吸音率が上がると残響時間が短くなる。残響時間は、音が吸収される度合いの逆数として定義されるのである。

なお、表1の式は拡散音場を前提としたものである。

提案者	残響式	特徴
セービン	$T=\dfrac{0.161V}{\bar{a}S}$	吸音力の小さい残響時間の長い室の計算に適する 完全吸音である$a=1$でも$T=0$にならない矛盾がある
アイリング	$T=\dfrac{0.161V}{-S\log_e(1-\bar{a})}$	上式とほぼ同じであるが、aが大きい場合実際とよく一致する 上式の矛盾を解決
ヌートセン	$T=\dfrac{0.161V}{-S\log_e(1-\bar{a})+4mV}$	空気による吸音が無視できない場合（大容積の室、吸音力の小さい室）の計算に適する

T:残響時間[秒] V:室容積[m^3] S:室内総表面積[m^2] $\bar{a}$:室内平均吸音率
m:単位長(1m)あたりの空気吸音による音の減衰計数[m^{-1}] $\log_e(1-a)≒2.3\log_{10}(1-a)$

表1―残響時間の推定式[4]

Ǫ_Ǫ Challenge ❶

残響時間の計算

(1) セービン式を使用して、下の部屋の残響時間を求めよ。

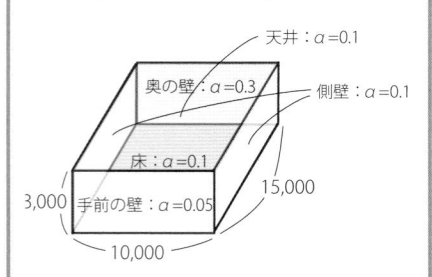

天井：$a=0.1$
奥の壁：$a=0.3$　側壁：$a=0.1$
床：$a=0.1$
手前の壁：$a=0.05$
3,000　15,000　10,000

(2) 50名座ったと仮定し、残響時間の変化を求めよ。人（椅子着席）の吸音率は0.4/人として計算し、吸音力に加算する。

反射と吸収

床・壁・天井の吸音率を求める

サンプルケース（1）においては、最適残響時間となるよう吸音を施すことを考えた。0.5秒後に60dB下げるために床・壁・天井の平均吸音率を0.26程度にする必要があるとの結果が出ている（図8）。

ただし、響きのコントロールにおいては、平均的に音を吸収するのではなく、音を反射させることも重要である。一般に、音源側の壁で反射させ、反対側の壁で吸収する **live end & dead end** が良いと言われる。これは、部屋の後部まで十分な強さの音を届けると共に、長時間遅れの反射音を発生させないことを考えた仕組みである。

サンプルケース（2）において、ステージ側は完全反射、室奥の壁は床・側壁・天井面の2倍の吸音率と仮定すると、残響時間を2秒とするには側壁の吸音率を0.14程度にする必要があることがわかった（図9）。

※周波数によって吸音率は異なる（→p58）から、総合吸音率の計算は、本来、オクターブバンドの代表値ごとに実施する。

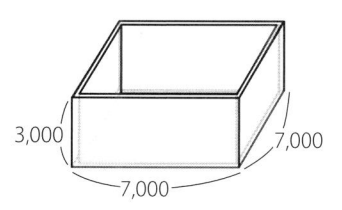

図8—サンプルケース（1）#
$7.0 \times 7.0 \times 3.0m = 147m^3$ の部屋。セービン（Sabine）の式を変形し、$\alpha = 0.161 \cdot V/(S \cdot T)$ とする。T=0.5とすると、$V=147m^3$、$S=182m^2$ を代入して平均吸音率 $\bar{\alpha} = 0.26$ が求まる。

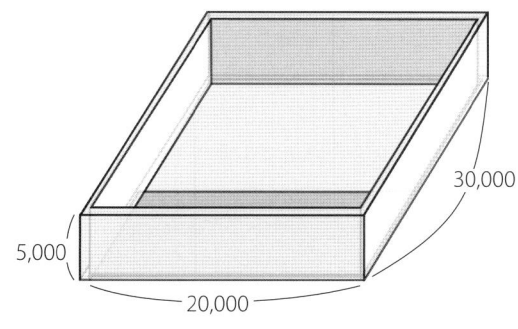

図9—サンプルケース（2）#
$20 \times 30 \times 5m = 3,000m^3$ の室を想定し、ステージ側を完全反射、室奥壁は側壁・床・天井の2倍の吸音率とした。$\alpha = 0.161 \cdot V/(S \cdot T)$ においてT=2.0とすると、$V=3,000m^3$、$S=1,700m^2$ 相当となり、計算により側壁の吸音率 $\alpha = 0.14$ が求まる。
実際のホールでは観衆による吸音や空気の吸音も無視できない。αは上記より若干小さな値となるだろう。

Column

自由音場と拡散音場——音の反射

直接音だけで反射音がない状態を**自由音場**と呼ぶ。一方、反射音に満ちた状態、音のエネルギー密度が均一で、直接音の影響が小さく、まんべんなく音がやってくる状態を**拡散音場**と呼ぶ。

ホールのステージ上では、直接音が大きく、反射音の影響は小さいため、自由音場に近い特性を示す。一方、後部座席側では、直接音のほかに反射音が四方八方から届くため、特性が拡散音場に近付く。演奏家の聞いている音と聴衆が耳にするそれはまったく異なった性質を持っているのである。

演奏家は、聴衆が耳にする音をイメージしながら、ホールの特性に合わせて、演奏を変化させると言われる。

建築材料の吸音率

音を吸収する度合い

表2、3に、主な吸音材料のオクターブバンドごとの吸音率を示す。また、それをグラフ化したものを図10に示す。

グラスウールに代表される**多孔質型吸音材料**は、他の材料と比較して吸音率が非常に高いこと、**板振動型吸音材料**は低音側の吸音率が高いこと、**共鳴器型吸音材料**は中音域の吸音率が高めであることなど、吸音材料の特性がわかる。

125Hzあたりの低音域を大きく減衰させる材料は見当たらない。中高音と比較し、低音のコントロールは難しいと言える。

表面を布で覆った多孔質型吸音材料

石膏ボード

孔あき板

1 一般建築材料

No.	材料名	125	250	500	1000	2000	4000
1	ガラス（大版）	0.18	0.06	0.04	0.03	0.02	0.02
2	コンクリート打ち放し、同モルタル金ごて仕上げ、同タイル張り、平滑石張り	0.01	0.01	0.02	0.02	0.02	0.03
3	板張り床（木造下地）、縁甲板張り（舞台床など）	0.15	0.12	0.10	0.08	0.08	0.08
4	ニードルパンチカーペット（3.5mm）	0.03	0.04	0.08	0.12	0.22	0.35
5	吸音用カーテン（0.25〜0.3kg/m²）2倍ひだ 空気層厚さ 50〜100mm	0.10	0.25	0.55	0.65	0.70	0.70

2 多孔質型吸音材料

No.	材料名	厚さ[mm]	密度[kg/m³]	空気層厚さ[mm]	125	250	500	1000	2000	4000
1	グラスウール（フェルト）	25	16〜24	0	0.12	0.30	0.65	0.80	0.80	0.85
2	〃	25	16〜24	100	0.25	0.65	0.85	0.80	0.80	0.85
3	グラスウール（ボード）	25	32	0	0.12	0.32	0.65	0.82	0.80	0.82
4	グラスウール（フェルト）	50	16〜24	0	0.20	0.65	0.90	0.85	0.85	0.85
5	ロックウール（ボード）	25	40〜160	0	0.10	0.35	0.75	0.85	0.85	0.85
6	石綿吹付け	12			0.05	0.12	0.37	0.55	0.68	0.70
7	細木毛セメント板（剛壁密着）	25			0.03	0.10	0.24	0.64	0.69	0.74

3 板振動型吸音材料

No.	材料名	厚さ[mm]	空気層厚さ[mm]	125	250	500	1000	2000	4000
1	石膏ボード / フレキシブルボード	9〜12 / 3〜5	45	0.26	0.13	0.08	0.06	0.06	0.06
2	同上	同上	90	0.23	0.13	0.08	0.06	0.06	0.06
3	合板	6	45	0.18	0.33	0.16	0.07	0.07	0.07
4	〃	6	90	0.25	0.20	0.12	0.07	0.07	0.07
5	〃	9	45	0.11	0.23	0.09	0.07	0.07	0.08

4 共鳴器型吸音材料

No.	材料名（孔径ーピッチ）	裏打材 厚さー密度[mm] [kg/m³]	開孔率[%]	厚さ[mm]	空気層厚さ[mm]	125	250	500	1000	2000	4000
1	孔あき板 5-15	裏打ち材なし	9	5	45	0.02	0.08	0.20	0.35	0.18	0.12
2	6-15	〃	13	5	45	0.02	0.08	0.16	0.31	0.20	0.18
3	8-16	〃	20	4	45	0.02	0.08	0.25	0.20	0.20	0.21
4	6-15	〃	13	5	90	0.06	0.10	0.33	0.29	0.21	0.12
5	6-15	グラスウール 50-20	13	5	45	0.13	0.32	0.78	0.69	0.40	0.31
6	6-15	〃	13	5	90	0.18	0.43	0.82	0.60	0.42	0.30

表2─**各種材料の吸音率**[5]

5 椅子・人体

No.	種別	125	250	500	1000	2000	4000
1	劇場椅子 モケット張り	0.13	0.22	0.28	0.30	0.30	0.30
2	劇場椅子 ビニールレザー張り	0.04	0.13	0.12	0.17	0.16	0.11
3	人物（劇場椅子モケット張り着席）	0.25	0.34	0.41	0.43	0.42	0.41
4	人物（木製椅子に着席）	0.10	0.19	0.32	0.38	0.38	0.36
5	木製椅子（教室用）	0.02	0.02	0.02	0.04	0.04	0.03

表3─**椅子・人体の吸音率**[5]

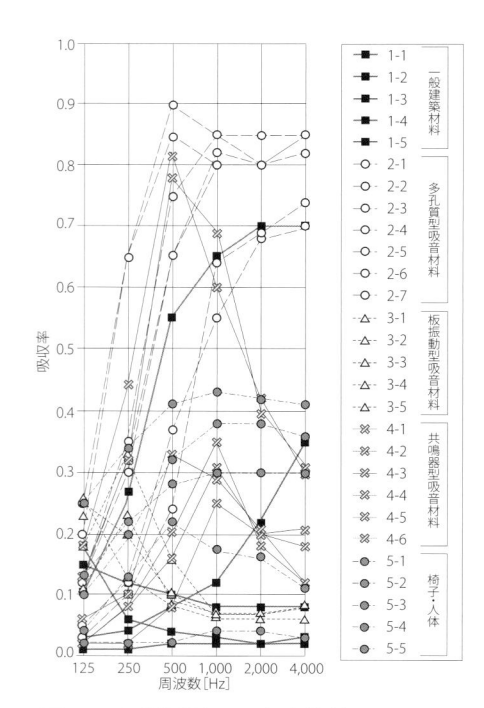

図10─**各種材料の吸音率特性**

吸音のメカニズム

音はどうして吸収されるか

音が吸収されるのは、音のエネルギーが摩擦などにより熱エネルギーに変わるからである。吸音機構として次の3つが挙げられる（図11）。

■多孔質型吸音機構

綿やスポンジのように小さな穴だらけの材料では、隙間の空気が音で振動しても、材料の摩擦や粘性抵抗、振動ですぐに熱エネルギーに変わってしまう。材料が厚いほど、また高音域ほどよく吸収する。グラスウールやロックウール、木毛セメント板などの吸音材がある。

内部で吸音するからといって、表面を塗装してはならない。通気性が必要なので、表面は布などで覆われる。

■板（膜）振動型吸音機構

板や膜が振動して、音を運動エネルギーに変え、板や膜の固有振動数の周辺である低音域において、共鳴して大きく吸音する。合板や石膏ボードによる吸音材がこれにあたる。薄い部材ほど吸音力が高い。

■共鳴器型吸音機構

孔あき板による吸音で、孔の部分の空気が重り、閉じこめられた空気がバネのような働きをして共鳴・振動し、音のエネルギーを摩擦熱に変える。孔の大きさや後ろの空気層の厚さで共鳴周波数が変わり、吸音率の大きい周波数が変わる。吸音周波数は計算で求めることができるため、特定の波長をターゲットに調整したい場合に有効である。

空気層に多孔質材料を充填するとさらに効果的である。

（1）多孔質型吸音機構

空気層が厚いほど、材料が厚いほど、吸音率は大きくなる。表面素材や塗装の影響は、高音部の吸音率低下となって現れる。オーディオルームや映画館などで使用例を見かける。

（2）板（膜）振動型吸音機構

低音域で吸音するが、板の背後に多孔質吸音材料を充填すると、高音側でも吸音するようになる。

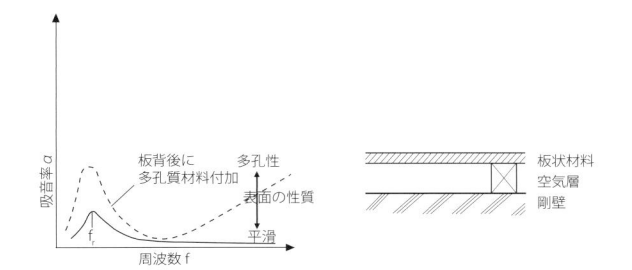

（3）共鳴器型吸音機構

空気層の厚さが小さいと高音、大きいと低音を吸収する。また、開口率によって吸音率は変化する。多孔質材料の充填の効果は大きい。音楽室や講堂、一般教室などで使用例を見かける。

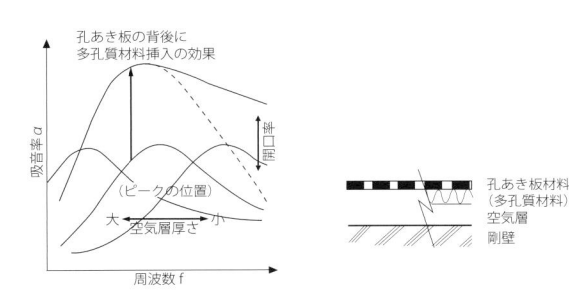

図11─吸音機構[5]

Column

東京カテドラル──コンクリートで囲まれた室内の残響

丹下健三が設計した東京カテドラル聖マリア大聖堂は、近代教会建築の傑作と言われる。

8面のHPシェルで構成される壁面の外部はステンレスで覆われているが、教会堂の内部はコンクリート剥き出しのままである。

そのままでは長大な残響時間をもたらすことになるので、設計時の検討により、2,000個もの共鳴吸音器（レゾネーター）が打ち込まれた。

その結果、残響時間は空席時で7秒、1,500名収容時で3.5秒になったという。

音響障害

部屋の形が響きの歪みを生む？

これまで、残響時間を適正な値に保つという観点から、吸音力の調整について考えてきた。ここでは、部屋の形状が音響に及ぼす効果について検討していく。

■音の特異現象

反射音が原因で下に示すような特異現象が起こることがある（図12）。通常の音の聞こえ方と異なるので違和感が大きく、室内音響を著しく悪化させるものが多い。音響障害を引き起こさないよう、室形状や吸音などを十分検討する必要がある。

◇ブーミング現象を防ぐには正方形などの縦横比が簡単な整数比となる形状を避けることが有効である。

◇ロングスパンエコーに関しては、後方の壁面に吸音性を持たせることが考えられる。

◇フラッターエコーを避けるには、かまぼこ形の天井や正対した平面の天井と床・壁の組み合わせを避ける、吸音性の材料で表面を覆うなどの対策が考えられる。

◇音の焦点やデッドスポットを避けるのであれば、円弧型の天井面や壁面を避ける。

◇ささやきの回廊現象を避けるのであれば、壁面を拡散反射させたり、吸音材料で覆ったり、壁面の途中に障壁を設けることが有効である。

残響が響く車庫

ブーミング現象
直方体の部屋の形状比が単純な整数比になる場合に、特定の周波数だけ共鳴が強くなり、話し声の語尾が異常に響く現象。
ノーマルモードの解説参照。
※booming：ブーンと鳴る

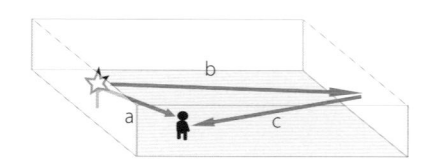

b+c−a>17m

反響（ロングスパンエコー）
初期反射音以外の音（直接音の約1/20秒以降に届く音）が大きいと、音が分離して聞こえ、音の明瞭度が低下する。
直接音（a）と反射音（b+c）の行程差が17m以上あると、1/20秒以上のタイムラグが生じる。

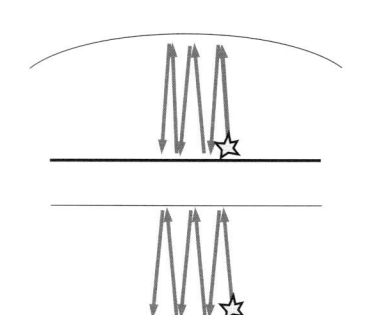

図12—**音の特異現象**

日光東照宮の鳴竜

フラッターエコー
向かい合う壁同士もしくは床と天井が、平行またはかまぼこ形で反射性が高い場合、音が反射を繰り返し、ビンビンとした音となって聞こえる現象。
意図的に設計されたものもあり、日光にある東照宮薬師堂の鳴竜が有名。

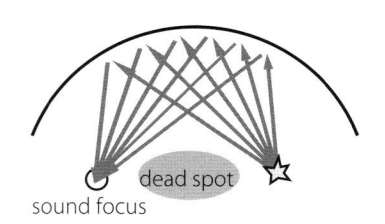

sound focus / dead spot

音の焦点とデッドスポット
反射性の高い凹面壁で反射した音は、光のレンズと同じようにある一点に集まって大きく聞こえることがある。これを音の焦点という。同じ理由で反射音が来ずに音が聞こえにくい場所を、音のデッドスポットという。

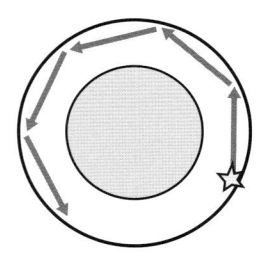

セントポール寺院のささやきの回廊

ささやきの回廊
反射性が高い大きな曲面壁では、曲面壁に沿って反射を繰り返して、小さな音でも遠くまで伝わることがある。ロンドンのセントポール寺院大ドームの回廊が有名。

■ノーマルモード

壁に垂直に入射した音波が壁に当たって跳ね返るという状況を考えてみる（図13）。

壁で反射した波は、入射波よりも振幅が小さくなり、位相が変化する。音の波長λは変化しないから、壁に入射する波と反射して返ってくる波が**干渉**を起こし、場所ごとに一定の音圧となるため、見かけ上進行しない波（＝**定常波**もしくは定在波と呼ぶ）を形成する。

さて、ここで平行な2つの剛壁の間で反射した音を考えてみる。壁面から反射された2つの波は、位相が異なれば弱め合うが、λ/2の整数倍が壁間距離lと等しい場合には強め合うことになる。何度も反射を繰り返すと、この条件を満たす波長は他の波長から突出した音の強さを持つようになる。これを**ノーマルモード**（＝固有振動）と呼ぶ。

同様のメカニズムで、これを3次元に拡張した時にもノーマルモードが発生することがある（図14）。簡単な整数比の直方体の部屋では、同じ位置にいくつもの方向からモードが集中し、飛び飛びの周波数の音圧が強まるという現象（**縮退**）が起きることがある。

その結果、特定の周波数が増幅され、音がブンブンとうなるように聞こえる。これが**ブーミング現象**である。

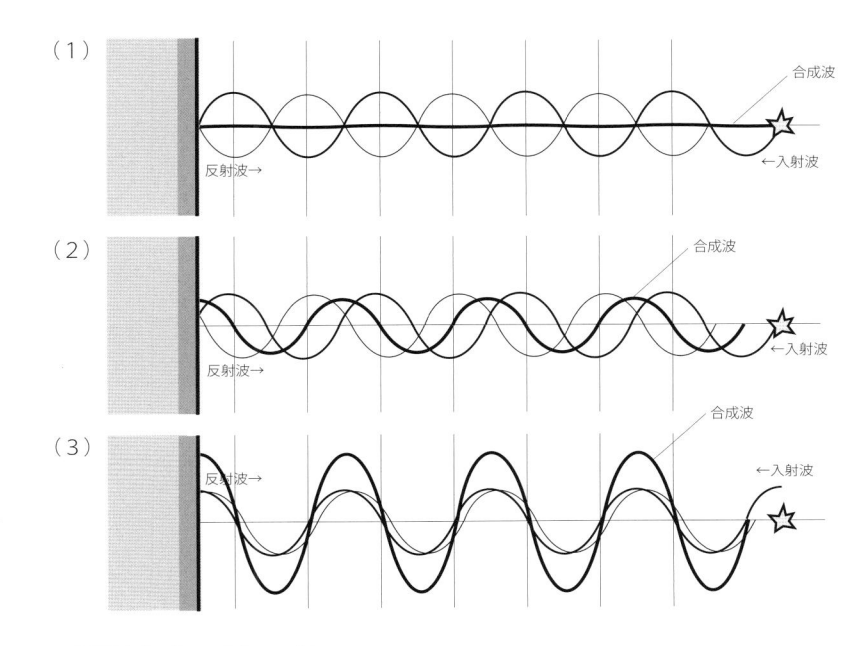

図13—定常波生成のメカニズム
ここでは、入射波と剛壁にあたって反射してきた波の振幅が同じ（反射波の振幅が小さくならない）として図を作成している。
（1）→（2）→（3）と時間が経過するに従って、入射波が右から左に進行している。それが反射波と干渉しあって合成波を生み出す。
合成波は、（1）では入射波と反射波が打ち消し合うことで、ほぼフラットな状態となっている。（2）では中間的な振幅、（3）でほぼ最大振幅となっている。
このとき、縦線の位置ではいつも振幅が0であることに注目して欲しい。この部分（節）では音が聞こえず、その中間（腹）では音が大きく聞こえるという現象が発生するのである。

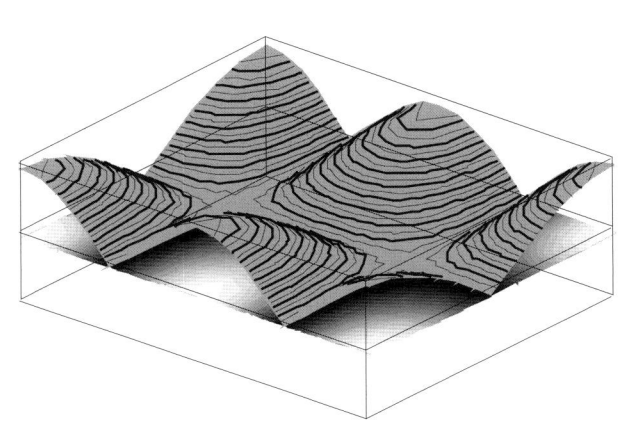

図14—ノーマルモードの音圧分布（n=2）

Column

共鳴——音はうなる!?

物体には自然に振動する周波数がある。バイオリンのボディは弦の振動に共鳴し、倍音を強調する。それが弦だけの時とは全く別の音色を生み出すのである。

一方、コンサートホールは音を反射したり吸収したりするけれども、特定の周波数の音を増幅したり減じたりするわけではない。共鳴現象が生じてしまうと、それはうなりとなって聞こえ、耳障りである。

コンサートホールの室形状
なぜ、シューボックス型に名ホール!?

ブーミング現象やフラッターエコーなどの音の特異現象による音響障害を避けるためには、直方型でないコンサートホールの方がいいように思われる。しかし、ウィーンのムジークフェラインスザールをはじめ、シューボックス型の名ホールは多い（図15）。

そこには、側壁面を反射性にすることにより、豊かな初期反射音を得ることができ、側方からの音の拡がりを感じられることが関わっている。深い奥行きは直接音の減衰を考えると不利であるように思われるが、これも天井面や側壁を反射性にすることである程度補え、十分な残響時間を確保することにもつながる。ただし、後方を吸音とすると共に、壁面に凹凸を付け音を十分拡散することによりフラッターエコーを回避する必要がある。

このほか、アリーナ型、扇型のホールも存在する（図16）。それらは、「見る」という要素とキャパシティを重視しているが、それだけでない。音響的には、奥行きを抑えることで、どの座席にも十分な直接音を届けられるというメリットがある。ただし、初期反射音は天井面に期待することになり、十分な量を確保することが難しい。

ムジークフェラインスザール（ウィーン）
シューボックス型

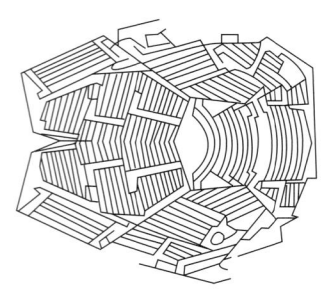

ノイエフィルハーモニー（ベルリン）
アリーナ型

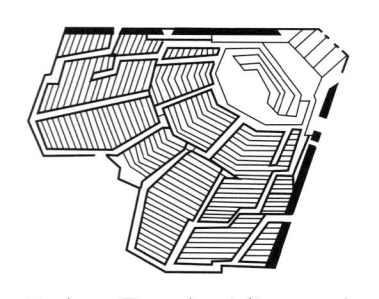

フィルハーモニーホール（ミュンヘン）
扇型
図16—**コンサートホールの形状**[6]

図15—**シューボックス型のコンサートホール**
ウィーンフィルハーモニー交響楽団がニューイヤーコンサートを行うことで有名なムジークフェラインスザールの平面系は、長方形である。

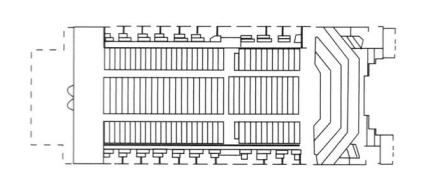

音響計画
適度な響きを得るために

これまで述べてきたように、残響時間の調整および直接音と初期反射音の増強によって、コンサートホールは豊かな響きをつくり出している。そのためには十分な気積（≒室容積）が必要である（大まかには10m³/席程度が必要と言われる）ため、高い天井が必要となる。

ステージ近くの天井付近に、客席に向かって十分な反射音を届けるために、反射板が設置されることがある。これは、クラシック、ポップス、ロックといった音楽ジャンルで異なる適正な残響時間にアジャストするためにも用いられる。多目的ホールではさらに広い用途への対応を要求されるため、可変式の反射板で音場を調整する。この時、反射音が集中するのを避けるため、反射板は一般に凸状となり、低音を拡散させるため、大きさもある程度以上のものとなる。

室内壁も、凹状の形態は避け、凸状の拡散体を設置して音を拡散させることが多い（図17）。拡散体は、大小混ざっていた方がさまざまな波長を拡散できる。

このような仕掛けを住宅や屋外で設けることは難しい。楽器の練習室であっても、残響時間は短めで、くっきりと感じられる音のつくりになるだろう。屋外で

Column
コンサートホールの音響障害——その鉛直面形状の検討

ロングスパンエコーにあたる①、②。デッドスポットと音の焦点に当たる③と④。

2階デッキが邪魔をして1階奥の座席に天井からの反射音が届かないことを避けるため、その形状を工夫するなど、均一な強さの音が座席に届くよう配慮する。

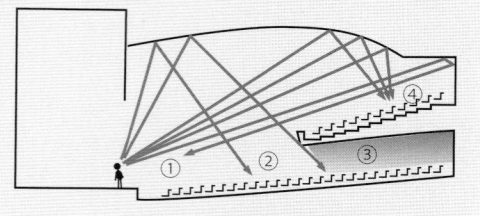

①エコー ②長時間遅れ反射音
③音の影 ④音の集中
コンサートホール形状の検討

あれば、スピーカーを多く設置し、あらかじめ響きの要素を加えて聴衆に届ける形式となるだろう。そうなってくると、建築というよりは電気音響技術の分野の話である。

さて、オフィスや店舗などではどうだろう。スピーカーから流れる案内放送がキンキン響いて聞き取れないという経験がある人も多いのではないだろうか。一般的な建物でも、音響計画に基づいてきちんとした吸音処理を行う必要があるということである。とくに会議室などはそれが求められる。

音節明瞭度や**文章了解度**は、それに関わる指標である。

図17―**音を拡散させるホール室内壁**
天井面、右手壁面に大きさが不揃いの凹凸がある。これが、さまざまな波長の音を拡散反射するのに役立つ。

●解説 3

音節明瞭度、文章了解度
――聞き取りやすさの指標

音の聴き取りやすさを評価する指標に、音節明瞭度と文章了解度がある。

音節明瞭度は、意味のない単音（キ、バ、リュといったもの）を発声し、聴き取れた割合で表す。ヌートセンによれば、音節明瞭度は音圧レベルが大きいほど高く、残響時間が長いほど低く、暗騒音が大きいほど低くなる。

文章了解度は、文章を発声した時に理解できた割合を表すものである。一般に音節明瞭度より高い値を示すが、日本語より英語などの方がその傾向が強い。日本語より英語の方が、はっきり聞き取れなくても通じやすいということになる。

暗騒音――背景となる音

暗騒音（Back Ground Noise）は、対象としている音があるとき、その音以外の音のこと。電話をしている時の周囲の家族の話し声、音楽を聴いている時に聞こえてくる車の音など。

10dB以下であれば影響は無視できると言われる。

Column

住宅でのリスニング――十分な室容積が得られない時、できること

56頁の最適残響時間のグラフの左端は100m³程度である。それより小さな容積の部屋では、どの程度の残響時間が適当なのだろうか。

同頁の残響時間の推定式は、拡散音場を前提としている。4畳半～10畳程度の広さでは、音源に近すぎて拡散音場とは言えないので、グラフを外挿した結果に基づいて吸音しても、適当な響きを得ることはできない。直接音に適当な間接音を付加するには、コンサートホールのような大きな室容積が必要なのである。

居室程度の大きさの部屋で、響きの感覚と対応がよいのは残響時間ではなく吸音率だと言われる。一般室は0.25～0.35程度の吸音率になるとされ、0.25だとliveな、0.35だとdeadな音になる。

リスニングルームでは、live end & dead endにするためにスピーカーと反対側に吸音材を配置したり、低音の吸収を目的として天井隅部に吸音スペースを設けるなどの対処が為される。また、矩形の部屋では音響障害が起こりやすくなるので、部屋を不整形にすることもある。

こういった音響特性の調整以外で最も重要なのは、遮音であろう。音が筒抜けになるようでは臨場感溢れるサラウンドシステムでの映画鑑賞やオペラ鑑賞も、周囲に気を遣った小音量に変更せざるを得ない。もちろん、外部騒音の遮断という意味でも遮音は重要である。壁や床を厚くして振動を伝えないようにすることも重要である。

住宅にはガラス窓、ドア、換気口と、音の抜け穴候補が目白押しである。振動を抑え、隙間を防ぐことから考えるべきかもしれない。

2 音の強さ・大きさ

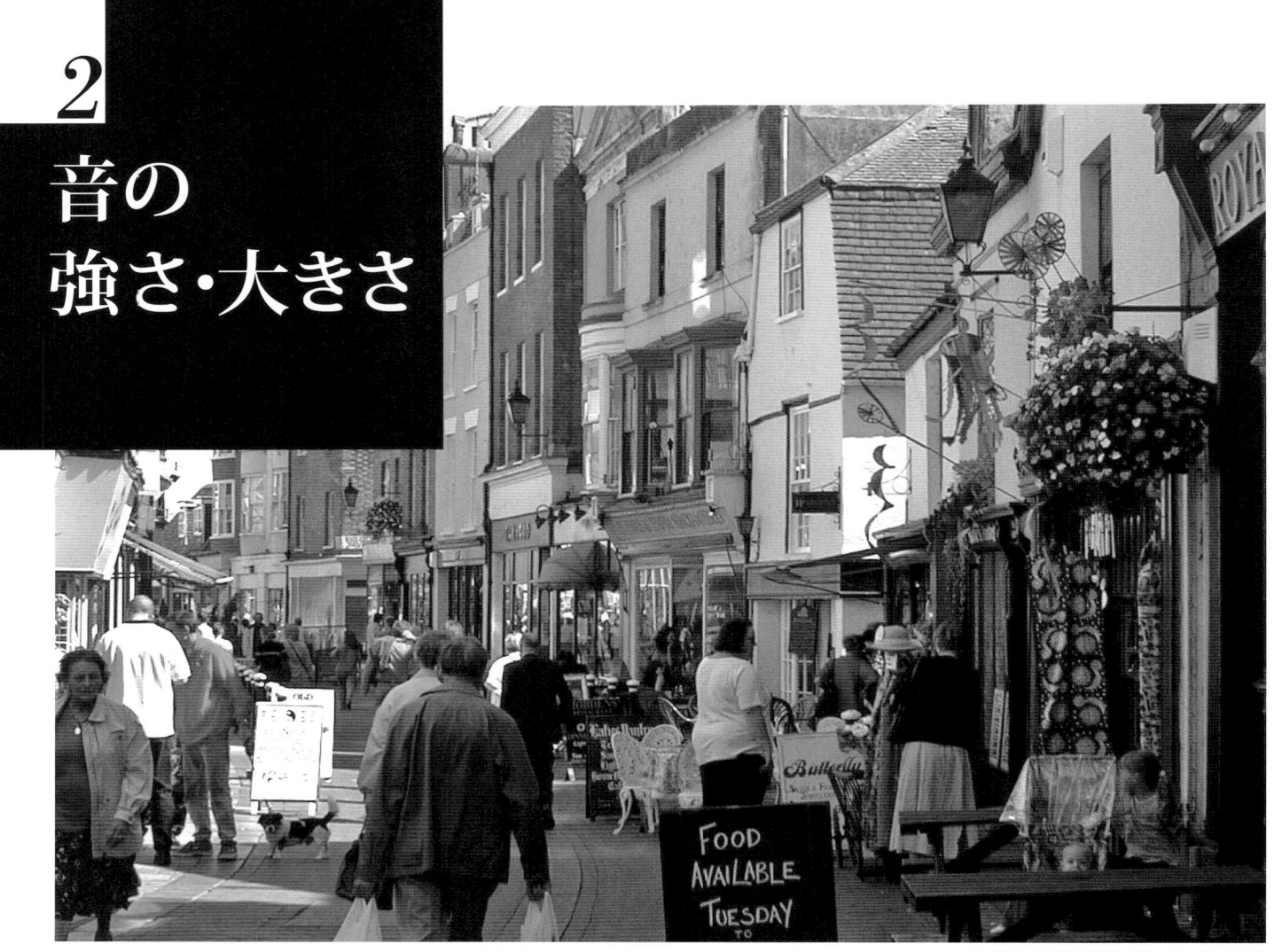

にぎやかな目抜き通り（Hastings, England）

音圧・音の強さ
空気の圧力変動を指標化

　音は空気の圧力変動であり、サインカーブで表されているのは、ある地点に圧力の高い時と低い時が交互に訪れるということである。その時の単位面積あたりの圧力が**音圧（p）**であり、音圧変化に伴って通過するエネルギーを**音の強さ（I）**という。これは、音圧（p）とその場所での粒子の変動の速度（v）の積として表現される。

　しかし、粒子の変動はある点の周囲を行ったり来たりしているだけだから、音圧および音の強さの時間平均を取ると振幅の大きさに拠らず0になってしまう。そこで**実効値**なるものを定義する（→解説4）。これは瞬間の音圧を2乗して時間平均を算出し、1/2乗したもの（root mean square）である。

　音の強さの実効値（I）を求める際には、音圧の実効値（P）を用いる。

$$I = \frac{1}{T}\int_0^T pv\, dt$$

I：音の強さ [W/m²]
T：継続時間 [s]
p：音圧 [Pa]
v：粒子速度 [m/s]

音の強さ

$$P = \sqrt{\frac{1}{T}\int_0^T p^2\, dt}$$

P：音圧の実効値 [Pa]
T：継続時間 [s]
p：音圧 [Pa]

音圧の実効値

音圧レベル、音の強さのレベル

音の大きさの感覚は対数的

音の大きさの感覚はウェーバー・フェヒナーの法則（→p13）に従うと見なせる。そこで音の大きさの感覚差に対応した尺度とすべく、音圧や音の強さは対数化して表現されることが多い。対数化したものを**音圧レベル**（Sound Pressure Level）、**音の強さレベル**（Sound Intensity Lavel）という。単位は**デシベル[dB]**である。

ベル[B]は10を底として対数を取ったものであり、デシベルはそれに10を掛けた値である。そうすることで、人が聞き取ることができる音圧や音の強さの非常に大きな違いも、0〜120デシベル程度の範囲で表現でき、都合が良い。

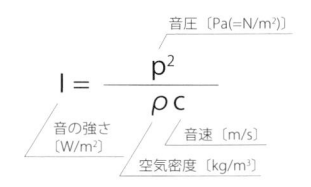

$$I = \frac{p^2}{\rho c}$$

- I: 音の強さ [W/m²]
- p: 音圧 [Pa(=N/m²)]
- ρ: 空気密度 [kg/m³]
- c: 音速 [m/s]

音の強さと音圧の関係
空気密度と音速を掛け合わせたもの（ρc）を特性インピーダンスと呼ぶ。

●解説 4

実効値

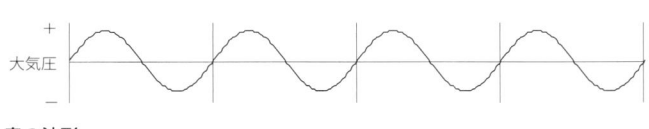

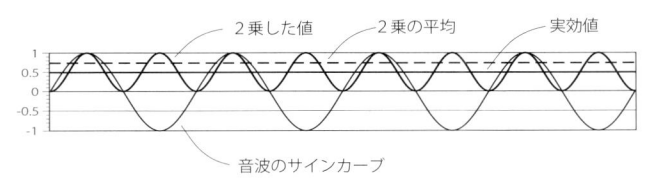

（音の波形図：大気圧を中心としたサインカーブ、2乗した値、2乗の平均、実効値、音波のサインカーブ）

実効値の概念

これは純音の波形であるが、平均を取ると0になってしまう。空気の粒子がある点の周りを行ったり来たりしているのだから、平均を取れば0になってしまうのである。

そこで、平均を取る前に2乗するというプロセスを導入する。

2乗すると波の形は絶対値とは若干異なってしまうが、ひとまず、そうすることで平均が0になることは防げる。

最後に1/2乗することでディメンジョンを合わせる。

●解説 5

対数とレベル

$y = a^x$ の関係があるとき、「aを底としたとき、xはyの対数である」といい、$x = \log_a Y$ と表現する。

$1 = 10^0$	$0 = \log_{10} 1$
$10 = 10^1$	$1 = \log_{10} 10$
$100 = 10^2$	$2 = \log_{10} 100$
$1,000 = 10^3$	$3 = \log_{10} 1,000$

この時のxに[B]という単位を付けてレベル化したことを表す。

※dBの「デシ」は1/10ということを表す。10dB = 1Bである。

$10^0 = 0$ [B] = 0 [dB] = 1
$10^1 = 1$ [B] = 10 [dB] = 10
$10^2 = 2$ [B] = 20 [dB] = 100
$10^{12} = 12$ [B] = 120 [dB] = 1,000,000,000,000

この場合、10を底にしているので、x [B]は桁数を表していると考えることもできる。（x' [dB]の場合は、桁数の10倍）

人が0〜120 [dB]（0〜12 [B]）の音を聞き取れると書くと、狭い範囲を扱っているようだが、$10^0 \sim 10^{12}$、つまり1〜1,000,000,000,000という広い範囲の音を聞き取れることを表しているのである。

人が対数的に知覚するのであれば、ベルやデシベルでの表現で等間隔である場合に、同程度の大きさの違いと認識するであろう。（→p13）

【関連用語】

音の強さレベル
$L = 10 \log_{10} I/I_0$ [dB]
$I_0 = 10^{-12}$ [dB]（人が聞き取れる最小の音の強さとほぼ等しい）

音圧レベル
$SPL = 10 \log_{10} P^2/P_0^2 = 20 \log_{10} P/P_0$ [dB]
左式に示すように、音圧の2乗が音の強さと比例関係にあることが知られている。そこで、音圧のレベル化では、単にレベル化するのではなく、音圧を2乗してレベル化している。そのことにより、音の強さレベルとの対応が取れる。
$P_0 = 2 \times 10^{-5}$ [dB]（この値にしておくとI_0と対応が取れる）

レベル化
ある物理量を、基準値と物理量の比の対数として表すことをレベル化という。単位はBやdB。音の大きさを表す単位として耳慣れているが、それ以外にも使われることがある。
レベル化するには基準値を定める必要がある。P_0やI_0がそれである。これらは、論理的にはどんな値でもいいが、便宜的に人が聞き取れる最小の音をもとに定められている。
基準値が定まれば、それと物理量の比を取り（音圧レベルや音の強さレベルでは、P/P_0とかI/I_0がそれ）、対数化する。

ラウドネスレベル（音の大きさ）

音の大きさは音圧×聴覚特性

音の大きさは感覚量である。人の聴覚は周波数によって感度が異なるので、同じ大きさに聞こえる1,000Hzの音圧レベルの値を指標とする**ラウドネスレベル**というものが考えられている。単位は**ホン[phon]**である。

たとえば、100Hzの音圧レベル60dBは、1,000Hzの50dBと同じ大きさと感じられるので、50phonとなる。

0phonはやっと聞こえる程度の小さい音である。大きい方では120phonを越えると耳が痛くなり、140phonが人体にとっての限界と言われる。120phon以上の音を連続的に聞いていると、永続的な聴力障害が発生すると言われる。

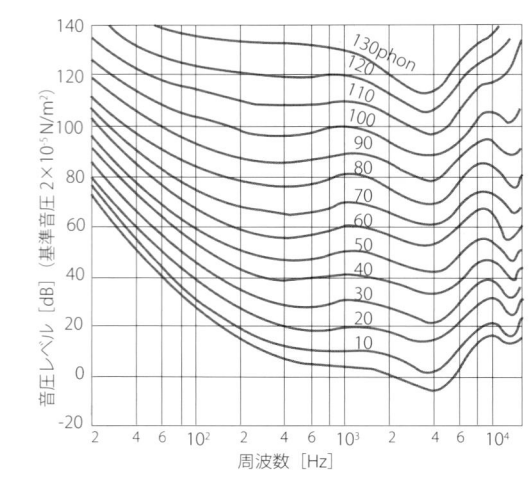

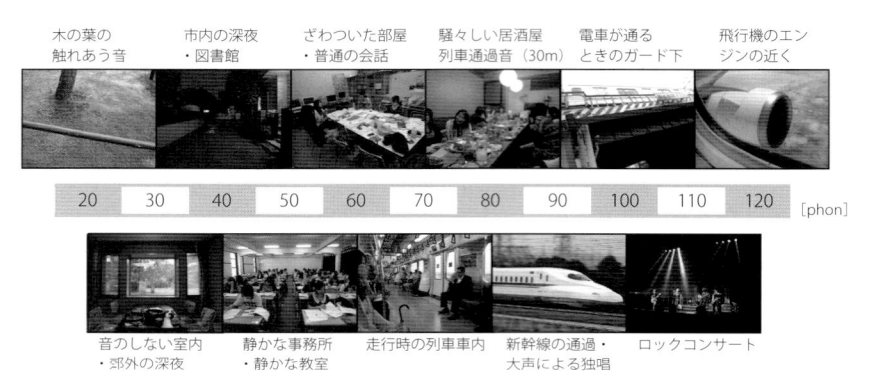

図18―対数とレベルラウドネスレベル
やっと聞こえる音＝0phon
0ホンの10倍のエネルギーの音＝10phon
0ホンの100倍のエネルギーの音＝20phon

※周波数が対数表現になっているのは、音の高低の感じ方が周波数の対数（→p65）にほぼ比例するためである。

図19―**等ラウドネス曲線（聴感曲線）**[1]

図は1,000Hzの聞こえ方を基準に、さまざまな周波数と音圧レベルの音がどんな大きさに感じられるかを表現したものである。

一番下の線が聞き取れる最小の音（**最小可聴閾**）を表している。最も小さな音圧レベルで聞き取れるのは4,000Hz付近、それより高い音・低い音は、4,000Hzより大きな音圧レベルでないと音を聞き取れない。

ちなみに、プップップップーという時報の音は最初の3音が440Hz、最後の1音が880Hz（どちらも「ラ（＝A）」の音）である。

騒音計

騒音の特性を考慮して測る

音の大きさを測る装置を騒音計という。**騒音計**（Sound Level Meter）にはいくつかのフィルターが用意されており、特性の異なる音の大きさを計測することができる。

A特性で測定すると、普段人間の感じる音の大きさに近い**騒音レベル[dBもしくはdB（A）]**を測ることができる。これは騒音レベルとして騒音の測定に用いられている。

可聴域付近がフラットな特性を持つ**C特性**に合わせると、可聴域付近のエネルギーをそのまま測定するので、物理的な音の強さレベルに近い騒音レベル[dB（C）]を知ることができる。

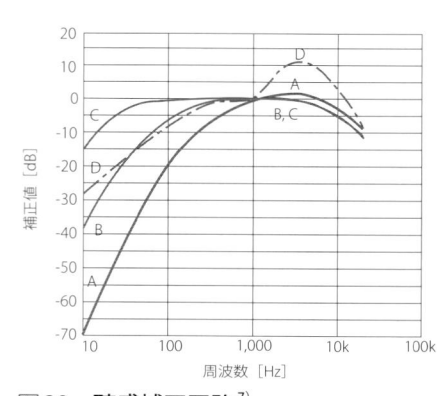

図20―**聴感補正回路**[7]

一般の騒音計はこの2つのフィルターが装備されている。

A特性は、40phonの等ラウドネス曲線を逆にしたような形状をしている。このフィルターを掛けることで、感度が鈍い低音は小さく、感度が高い中・高音部は大きく変換され、人の感じる音の大きさをシミュレートできる。
C特性は、フラットでありながら可聴域外の音を減衰させることで、音圧レベルと類似した特性を示す。
AとCの中間特性を示すB特性や航空機騒音の評価に用いられるD特性の使用頻度は低い。

音の合成
対数表現だと、ややこしい

デシベルによる表現もいいことばかりではない。対数表現になるので、音圧と音圧レベル、音の強さと音の強さレベルの変換、合成された音の大きさの計算は複雑になる（解説6）。

変換については、音圧や音の強さが2倍になるとレベルは＋約3 dB、3倍になると＋約5 dB、10倍で＋10 dB、100倍で＋20 dBという具合になる。

音の合成については、大きい方の音の影響が大きく、たとえば2音のレベル差が3 dB以上ある時には、小さい方の音を加えても2 dB未満の増加に留まる。

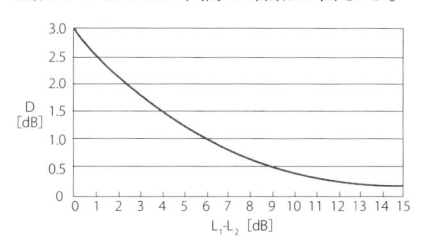

図21─音の合成[1]

2つのスピーカーから出力された音を合わせたときの音の大きさを計算するというようなケースを考える。Dは、2音を合成した音が、合成前の大きい方の音よりどれだけ大きな音になるかを表している。以下を目安として用いることができる。

$L_1 \geq L_2$ として、
- $L_1 - L_2 = 0$ 程度　$L_{1+2} = L_1 + 3$
- $L_1 - L_2 = 3$ 程度　$L_{1+2} = L_1 + 2$
- $L_1 - L_2 = 6$ 程度　$L_{1+2} = L_1 + 1$
- $L_1 - L_2 > 9$　　　 $L_{1+2} = L_1$

$$L_{1+2} = 10 \log_{10}(10^{\frac{L_1}{10}} + 10^{\frac{L_2}{10}})$$

音の合成式

Challenge ❷
音の合成
50 dBと59 dBの音を合成すると、何dBになるか

Column

高齢者の聴覚特性──高周波音の聴力低下

公園やコンビニに集まる若者を追い払うのに、若者だけに聞こえる高周波音を発生させる装置を設置したことが話題となったことがある。

高齢者になるととくに5,000 Hzを越えるような高い音が聞き取りづらくなる。また、音の弁別能力も低下するため、同じような音量の音の判別や類似した高さの音の判別が難しくなる。

建築的な配慮としては、吸音をしっかりして残響による音のかぶりをなくす、遮音・防音をして暗騒音のレベルを下げるといったことが重要となる。

カーペットを敷き詰めて高音を吸収することは、高齢者にとって贅沢ではないと言えるだろう。

時間変動と騒音レベル──変動する音の大きさの指標

身の回りの音は、ホワイトノイズのような特殊例を除けば、大きさが時間的に変動する。音楽はもちろんだが、通過交通のような騒音源も間欠的な音の発生が見られることが常態である。したがって、騒音を規制するというような場合には、これを人の感覚に合わせて均すことが必要になる。**等価騒音レベル**（L_{Aeq}）はその代表的な指標である。

これは、音の強さのレベルを平均したのではなく、エネルギーとして平均を取り、レベル表示に直したものである。

このほか、全計測時間の5％が超える強さのレベルをL_5と表現するように、全計測時間に占める割合で表す**時間率騒音レベル**も利用されることがある。

$$L_{Aeq} = 10 \log_{10}\left(\frac{1}{T}\int_0^T 10^{\frac{L(t)}{10}} dt\right)$$

等価騒音レベル

解説6

対数の加減算とは

下の2つのグラフを見て欲しい。対数表現の場合には、xの間隔が同じでも10^xの間隔は不均一であることがわかるだろう。対数として1増えることの意味が、0→10の時は9増えることであるのに対し、10→100の時には90増えることになるのだから、ややこしい。

1 [B]と3 [B]の平均は2 [B]になる？

いや、(10+1000)/2 = 505となるので、対数表現するならば$\log_{10} 505$ [B] ≒ 2.7 [B]になってしまうのである。

対数の加減算は難しい。図21の使用は、その簡便な解決策である。

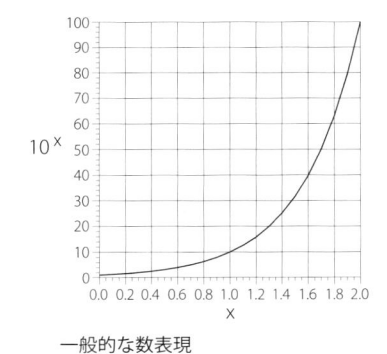

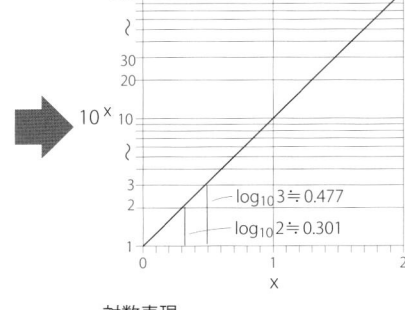

$\log_{10} 3 ≒ 0.477$
$\log_{10} 2 ≒ 0.301$

一般的な数表現　　対数表現

3 静かな環境をつくる

静けさを感じさせる風景（土門拳記念館、酒田市）

騒音を防ぐ
室内を静かに保つ

　すばらしい音響のホールは、そのベースに静寂がある。外の通過交通の音が漏れ入ってきては、せっかくの音響効果も台無しだ。一般的な室内を考えても、上階や隣室から入り込んだ音には、不快を憶えることが多い。

　ここでは、騒音を防ぎ、室内を静かに保つためにはどうすればいいかを考えていく。

距離による音の減衰
音源から離れるほど音は小さくなっていく

　まず、交通騒音のような外部の音の性質について考える。

　点音源から発せられた音のエネルギー密度は、自由音場（→p57）であれば、距離の2乗に比例して減衰していく（図22）。点音源から等距離の球面を考えた時、表面積は距離の2乗に比例することになる。そのときに生じる音の拡散により、音は減衰していくのである。

　地上であれば地面があるため、音が拡散する場は半分になる。このような音場を**半自由音場**と呼ぶ。地面が音をすべて

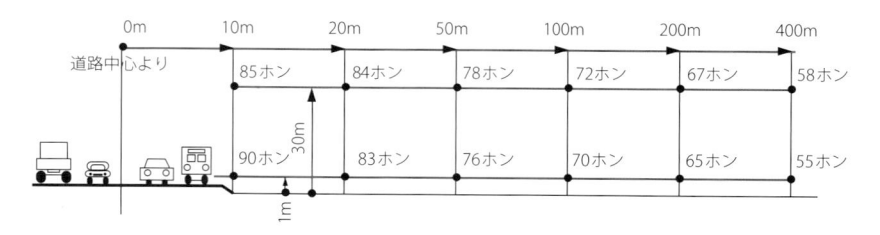

	0m	10m	20m	50m	100m	200m	400m
道路中心より		85ホン	84ホン	78ホン	72ホン	67ホン	58ホン
	90ホン	83ホン	76ホン	70ホン	65ホン	55ホン

図22—距離減衰のモデル[8]
このモデルは通過交通2,000台/分を想定しているが、点音源的な減衰傾向を示している。

反射すると仮定すれば、音源のエネルギー量が倍になったと見なせるだけで、距離の2乗に比例して減衰していくのは同じである。自由音場、半自由音場共に距離が約3倍になるとエネルギー密度が$1/10$ ($10\log_{10}3.162^2 = 20\log_{10}3.162 ≒ 10$)になるので、10m離れた場所のレベルを基準とすると、

　　30mで約10dB減（1/10）
　　100mで20dB減（1/100）
　　300mで約30dB減（1/1,000）

となる。

ただしこれは音源が点と見なせる場合で、間断ない通過交通のある道路のような線音源では、距離による減衰が小さくなる。

解説 7

点音源の距離減衰

本文中にあるように、点音源の音の拡がりは球の表面積の拡がりとして捉えることができる。図・式で表せば下のようになる。

$$I = W/4\pi d^2 \text{ [W/m}^2\text{]}$$

式に出てくる音響パワー〔W〕というのは、音源から単位時間あたりで放出される音のすべてのエネルギー（Iの総和）のことで単位はW（ワット）である。

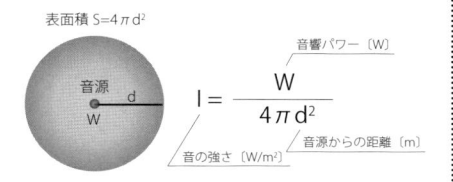

この式をレベル表示すると、$10\log 4\pi ≒ 10.99$なので、

$L = L_w - 10\log(4\pi) - 10\log d^2$
　$= L_w - 11 - 20\log d$
　L：音の強さレベル
　L_w：音源の音響パワーレベル
　d：音源からの距離

距離が異なる2地点でのレベル差は、
$\Delta L = (L_w - 11 - 20\log d_1) - (L_w - 11 - 20\log d_2)$
　$= 20\log d_1 - 20\log d_2 = 20\log(d_1/d_2)$

と、距離の比の対数となる。

$20\log 2 ≒ 6.02$、$20\log 3 ≒ 9.54$だから、距離が2倍になれば約6dB、3倍になれば約10dBの減衰となる。

線音源の距離減衰

無限遠の線音源では、音源の見かけ上の寸法を$dx\cos\theta$とし、$-\infty\sim+\infty$まで積分することにより減衰を計算する。計算過程は省略するが、次のようになる。

$I = W/2\pi d \text{ [W/m}^2\text{]}$
$L = L_w - 8 - 10\log d$
（$10\log 2 ≒ 7.98$）

実質的な変数は$10\log d$部分であるから、距離2倍で約3dB、3倍で約5dB減となる。

回折

音は回り込む

波の進行方向にある障害物に隙間を作ると、障害物の裏側にまで波が回り込む。これを**回折**という。一般に、波長が長い時には回折の程度が大きく、短い時には小さい。したがって、高周波音であれば音の影ができるが、低周波音は回折によって障害物の裏側にまで到達する（図23）。

道路騒音を防ぐために塀を建てたというケースを考えてみる。自由音場での薄い半無限障壁による減衰についての理論は、音源と聴取点の直線距離と障壁上部を通過する経路との行路差（δ）および周波数が、回折による音の減衰を規定することを表している（解説8）。

高さ2mの塀を道路脇に立てた設定のサンプルケース（1）でも、13dBほどの減衰が見られる。6階建てのビルが並んでいると想定したサンプルケース（2）では、33dB程度という大きな減衰が見られる（図24、25）。

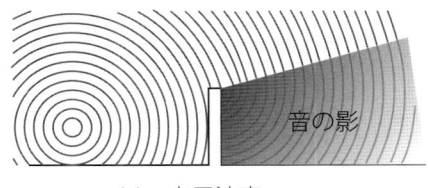

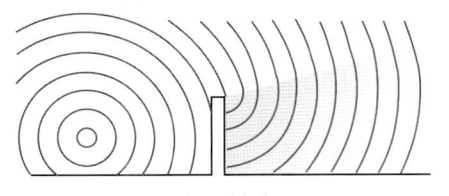

サンプルケースの計算においては基準周波数を500Hzとしたが、周波数による違いは大きく、125Hzと2,000Hzの減衰量に10dB程度の相違がある。音の影が認識される源泉である。

ただし、通過交通が多い道路のような場合で、点音源ではなく線音源であると見なせる場合には5dB程度減衰が小さくなる。サンプルケースの値もそれに従って、小さめに見ておく方がよいだろう。

とはいえ、距離減衰のほかにこれだけの減衰が見込めるのであるから、障害物を受音点の近くに設けて音源を隠すことは、騒音対策として有効であると言える。ただし、後述するように隙間があると効果は激減する。

図23―周波数による回折程度の違い
(a) 高周波音
(b) 低周波音

音波は図のように線で表されることが多いが、その線をそれぞれ点音源の集まりと見なす。そうすると、塀の上部に到達した音波から塀の裏側に音が到達することが理解できるだろう。詳しくは、ホイヘンスの原理の解説を見つけて読んでみて欲しい。

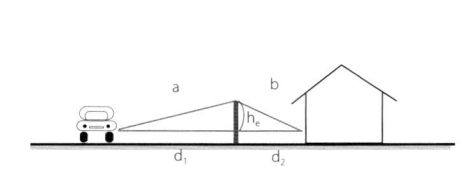

図24—サンプルケース（1）#
2mの塀を建てた。
d_1=4m, d_2=2m, 受音高さを1mとしてh_e=1m と置くと、δ =(a+b)−(d_1+d_2)=0.36m。500Hz においてはc=340mと置いて、N=1.06, λ =0.68 となり、p70の解説⑧より、約13dBの減衰が 期待できることがわかる。

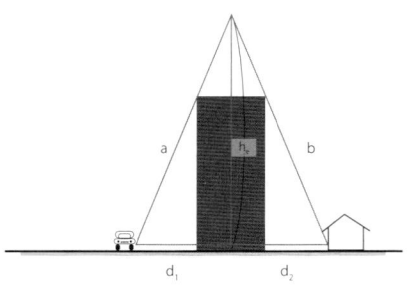

図25—サンプルケース（2）#
ビルの高さは21m、幅10mとする。ビルは厚い 障壁であるので、図のように線を伸ばし、薄い 障壁と見なす。d_1=15m, d_2=15m, 受音高さを 1mとしてh_e=30mと置くとδ =37.1m。500Hz においてはc=340mと置いて、N=109.1, λ =0.68となり、約33dBの減衰が期待できること がわかる。

音の透過と吸収
通り抜ける音の割合、反射されない音の割合

■**透過損失**

今度は外部騒音が壁体を透過してくることを考えてみよう。

音が壁にぶつかる（投射される）と、一部は反射し、一部は壁体に吸収され、残りが向こう側へ透過する。

壁に投射された音のエネルギーの何割が透過したかを示すのが**透過率**（τ）である。また透過率の対数を取ったものを**透過損失**（Transmission Loss）といい、透過損失が10dBだと透過率1/10、20dBだと透過率1/100である。

$$R = 10\log_{10}\left(\frac{1}{\tau}\right)$$

透過損失〔dB〕／透過率

室全体の**総合透過損失**は、壁体、天井、床といった部位の透過損失を合計して算出する。

室の外に音源がある場合に、透過損失を小さくする（=遮音性能を向上させる）と室内の音圧レベルは低下する。そのほか、室内側の吸音力をアップさせることでも音圧レベルを低下させることができる。外壁の遮音性能が高く、壁内側の吸音性能が高い部屋ほど総合的な遮音性能が高く、外部の音を室内に持ち込まないと言えるだろう。

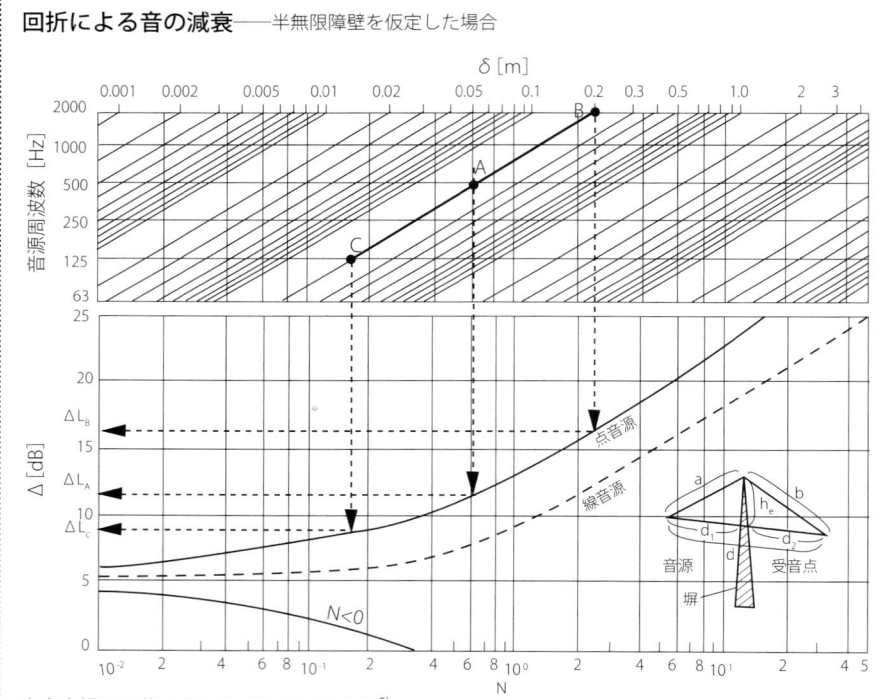

●解説⑧
回折による音の減衰——半無限障壁を仮定した場合

自由音場での薄い半無限障壁による減衰[9]

図を用いた減衰量の求め方
点Aはδ =0.2となった時の500Hzの音を表している。そこから下の点音源もしくは線音源のラインに垂直線を下ろし、交点から左に水平線を引いてΔの値を読み取る。125Hzの時はC点、2,000Hzの時はB点から垂直線を下ろし、同様に読み取ればよい。

回折による音の減衰式#
行路差δと波長λを用いてフレネル数Nを算出し、Nの値に応じて、減衰量を求めることもできる。図は、下式を図化したものである。

$$N = \frac{2}{\lambda}\delta \qquad \lambda = \frac{c}{f}$$

$\Delta =10\log_{10}N+13$ （$N \geq 1$）
$\Delta =5 \pm 9.1\sin h^{-1}(|N|0.485)$ （$-3.22 \leq N < 1$）
$\Delta =0$ （N<-0.322）
N=2δ/λ

(Q_Q) Challenge ❸
回折による音の減衰量の計算
サンプルケース（1）#について、音の減衰を、125Hzと2,000Hzについても計算してみよう。

■吸音率と透過率
──吸音率は反射されない音の割合

吸音率は、物体の中に吸収されていくものと物体の中を通り抜けていくものを加えたものとして定義されている。吸収されるものだけではないのでややこしい（図26）。

さて、コンクリートは遮音材料としては優れているが、吸音力は低い。吸音材料は、多孔質のものなど隙間が多くて、遮音性能は低いことが多い。うまく組み合わせる必要がある。

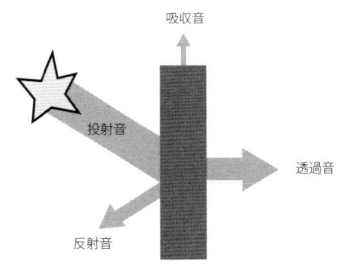

$$吸音率 = \frac{投射音 - 反射音}{投射音}$$

$$透過率 = \frac{透過音}{投射音}$$

（1）透過率：大、吸音率：大

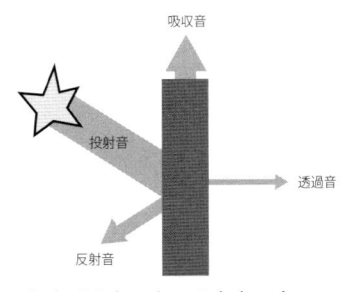

（2）透過率：小、吸音率：大

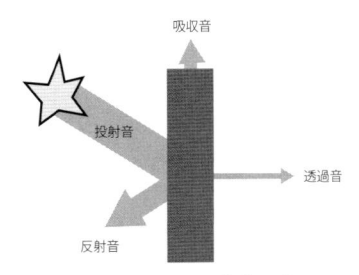

（3）透過率：小、吸音率：小

図26─音の反射、吸収、透過

壁体の透過損失
音が通り抜けるメカニズム

透過損失の基本法則として**質量則**がある。これは、物体の**面密度**と周波数に比例して透過損失は大きくなるというものである。

壁が薄っぺらだと、隣の部屋の音がよく聞こえるが、壁の厚さが増すほど透過損失が大きくなり、音は聞こえづらくなる。また、木造や鉄骨造より、コンクリート造で遮音性能が高いというように、密度の高い材料ほど透過損失は大きくなる。この2つの事例からわかるように、重い物ほどよく遮音するので、これを質量則というのである。式に示されるように、面密度が2倍になると透過損失が約6dB増大する（$\log_{10}2 ≒ 0.3 → 20\log_{10}2 ≒ 6$）。

質量則がそのまま成り立つのは主に中音域で、高音域では**コインシデンス効果**によって透過損失が低下することがある。また、二重壁や二重窓では**共鳴透過現象（スティフネス）**が発生すると、透過損失が低下する。

なお、図27図中のラインが右上がりなのは、周波数が大きいほど透過損失が大きいことを示している。反対に言えば、低音ほど遮音が難しいことを表している。

図28に、壁の遮音性能の目安を掲載する。

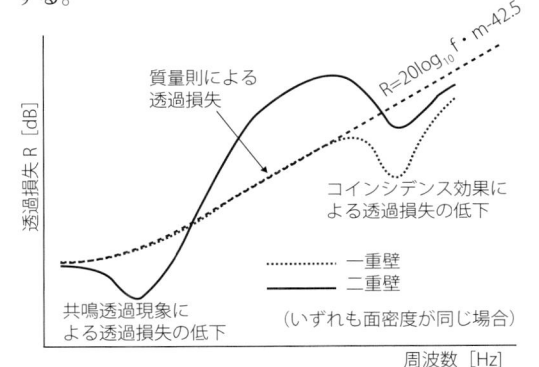

図27─**透過損失の一般的傾向**[5]

【関連用語】

質量則

質量則は下式で表される。

$$R_0 = 20\log_{10} f \cdot m - 42.5$$

垂直面から入射する音の透過損失［dB］　　面密度［kg/m²］

実際には、周壁の面積の大小、全方位から均等に音が投射されているという仮定の影響（5dB程度）を差し引いたものが用いられることが多い。

$$R_0 = 20\log_{10} f \cdot m - 47.5$$

面密度

体積あたりの重さを表すのが一般的な「密度」。それに対し、面密度は面積あたりの重さである。壁の表面積が1m²となるよう壁をくり抜いたことを想定すれば、高密度の物体の場合か、壁が厚い場合に面密度が大きな値となることが理解されよう。

コインシデンス効果

材料には、共振を起こしやすい固有周波数が存在する。
壁の曲げ振動波長と入射音の波長が一致すると、壁が振動して、質量則より音を透過する割合が増える。これをコインシデンス効果といい、主に中・高音域で発生する。
コインシデンス効果の影響を低減するには、コインシデンス効果の発生周波数をできるだけ高くするようにする。密度が高く、剛性が小さく、薄い壁材ほど、コインシデンス効果の発生する周波数は高くなる。

共鳴透過現象（スティフネス）

二重壁やペアガラスは、中空である。そのため、空気層を介した2枚の板材・ガラスが共鳴を起こす周波数領域では、音が抜けやすくなる。これを共鳴透過現象という。
低音域で発生するが、可聴域より低い周波数で発生した場合には、問題とならない。

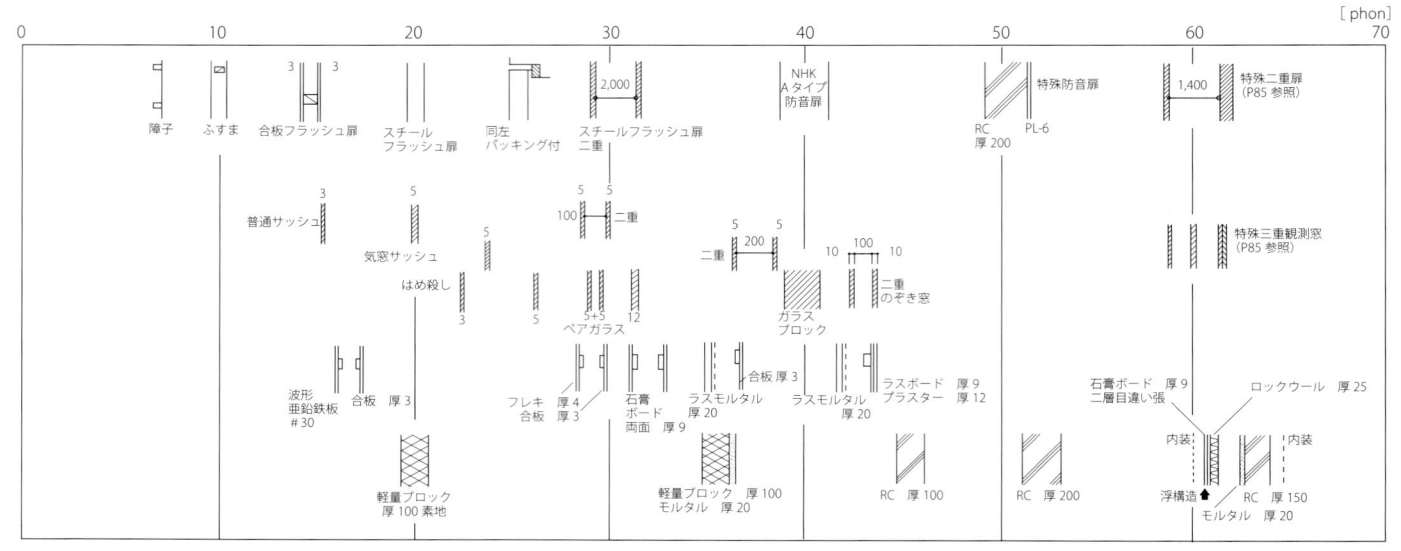

図28—壁の遮音性能の大まかな目安[8]

壁の向こう側で発生した音が、壁を通過することにより、どの程度減衰するかを表す。ふすまは10phon（1/10）程度にしかならない。音を1/1,000以下とする（30dB以上の減衰を得る）ためには、面密度の大きなRC造とするか、二重壁構造とする必要があることがわかる。

二重壁による遮音

効果は2倍以上

コンクリート壁は木造壁より重いので、一般にコンクリート壁の方が遮音性能が高い。しかし、木造壁でも二重構造にすることで遮音性能を上げることが可能である。図29の解説にあるように、二重にすると厚みを2倍にするより大きな透過損失を得ることができるためである。

しかし、2枚の壁が構造的に結合されていれば振動が伝わりやすくなり、厚みを2倍にした時の効果に近付いてしまう。間柱が音を伝達する抜け穴（音橋：サウンドブリッジ）となって遮音性能を低下させるのは、その一例である。

結合されていなくとも、空気層を介して共振を起こすことで音を伝えてしまうこともある。空気層内で定在波をつくる周波数で、音の透過が大きくなることもある。

したがって、質量則から期待される性能を確保するには、空気層を十分取り、間柱を独立させ、多孔質吸音材を入れて吸音処理することで定在波を生じさせないようにする。

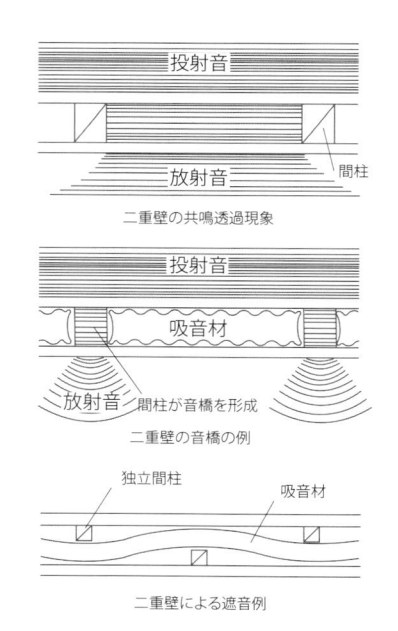

図29—二重壁[4]

質量則からわかるように、壁の厚みを2倍にすると透過損失は$10\log_{10}2$＝約6 dB増えるだけだが、二重壁では透過損失が2倍になる。一重での透過損失が20dBの壁で20＋20－26＝14dB、30dBの壁では30＋30－36＝24dBのさらなる性能向上が期待できる。

Column

ペアガラス
――窓ガラスの共振を防ぐ

窓は建物の熱的な弱点となりやすいため、ガラスを二重にして断熱性能を向上させることがある（→p95）。

その時、音的には二重壁と同様の障害が生ずる可能性がある。共鳴透過現象が起こりやすいのである。

このとき、内側と外側のガラス窓の厚みを変えることで、それを緩和することができる。厚みの違いにより、2枚のガラス板の共振周波数が異なるようにするのである。

開口部、隙間の影響

遮音性能を著しく低下させる

外壁の遮音性能を上げても、換気口を設ければ、全体の遮音性能は著しく低下する（図30）。

200×200mmの換気口を設けた外壁の総合透過損失を計算したサンプルケース（1）では、壁体の透過損失を30dBから40、50dBに上げていっても、総合透過損失がほとんど変化しない。

窓面は一般的なもので20dBほどの透過損失を期待できるが、換気口よりも面積が大きくなるため、換気口と同様、総合透過損失を規定してしまう。サンプルケース（2）では、30dB内外の透過損失を示している。

ドアの周囲に隙間が生じたというようなケースも、透過損失を大きく下げる可能性がある。サンプルケース（4）は、ドア周囲の隙間を3mmと仮定したものであるが、透過損失を20dBと仮定したドアの影響もさることながら、隙間が換気口の半分近い面積となり、総合透過損失を規定している。

このように、壁体の遮音性能にかかわらず、換気口、窓、ドアのような遮音性能が弱い部位が室全体の遮音性能を規定する。

なお、窓を開け放ったサンプルケース（3）では17dBほどの透過損失しか得られていない。風を通しつつ、遮音することはあきらめるしかないということになろう。

室内の音圧レベル

$L = L_o - R - 10 \log(A_e/S_i) + 6$
$= L_o - R - 10 \log A_e + 10 \log S_i + 6$

L：室内の音圧レベル
L_o＝外周壁に入射する外部音の音圧レベル
R：外周壁の総合透過損失
A_e：室内の吸音力
S_i：外周壁の面積

Column

換気口の遮音——孔は塞げない

リスニングルームやピアノの練習室などでは換気口の遮音性能が重要となる。換気口に遮音性能を持たせるには、グラスウールなどの吸音材を内側に貼ることなどが考えられる。

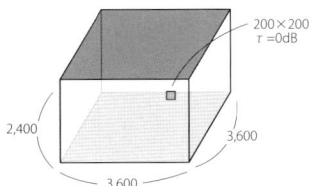

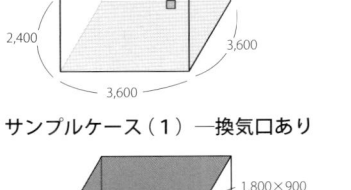

サンプルケース（1）―換気口あり
200×200 τ=0dB

壁体の透過損失	総合透過損失
τ=30dB	26.7dB
τ=40dB	29.0dB
τ=50dB	29.3dB

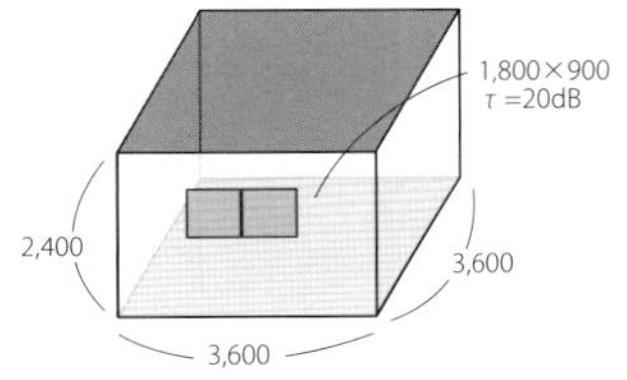

サンプルケース（2）―窓あり
1,800×900 τ=20dB

壁体の透過損失	総合透過損失
τ=30dB	28.5dB
τ=40dB	32.5dB
τ=50dB	33.2dB

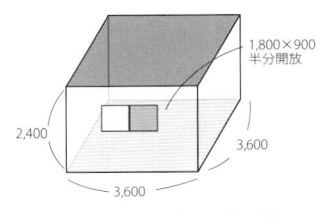

サンプルケース（3）―窓開放
1,800×900 半分開放

壁体の透過損失	総合透過損失
τ=30dB	16.1dB
τ=40dB	16.2dB
τ=50dB	16.3dB

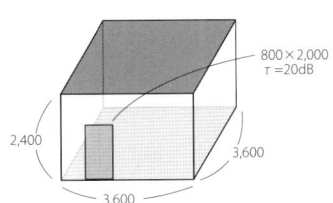

サンプルケース（4）―ドアあり
800×2,000 τ=20dB

壁体の透過損失	総合透過損失
τ=30dB	27.2dB
τ=40dB	29.8dB
τ=50dB	30.2dB

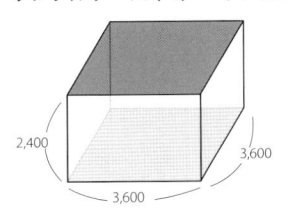

サンプルケース（5）―開口なし

壁体の透過損失	総合透過損失
τ=30dB	30.0dB
τ=40dB	40.0dB
τ=50dB	50.0dB

図30―総合透過損失計算サンプルケース
壁体のみに着目して、総合透過損失を計算してみた。

遮音等級
音を遮断する度合い

これまで、透過損失をひとつの値に代表させて話を進めてきたが、実際には遮音性能は周波数によって変化する。

遮音等級（D値）は、周波数特性に基づいた基準曲線を定め、オクターブバンドごとに音圧レベルを測定した結果すべて下回る基準曲線のうち最大のもので表される（図31）。最低を保障するという考え方に基づいたものと言える。表記は、Dの後に基準曲線の500Hzの値をつける。

振動数（単位：Hz）	透過損失（単位：dB）
125	25
500	40
2,000	50

表4―長屋・共同住宅の界壁の透過損失
長屋、共同住宅の各戸の界壁は、小屋裏または天井裏まで達するものとし、遮音性能については上に掲げる技術的規準に適合しなくてはならない。
建築基準法第30条、同施行令第22条の3

建築基準法施行令では界壁（住戸を隔てる壁）については、その透過損失を500Hzで40dB以上とすることを定めている（表4）。普通のコンクリート壁であれば、D-40程度は満たすだろうが、木造や鉄骨造の軽量な壁では二重壁にするなどの措置が必要となる。

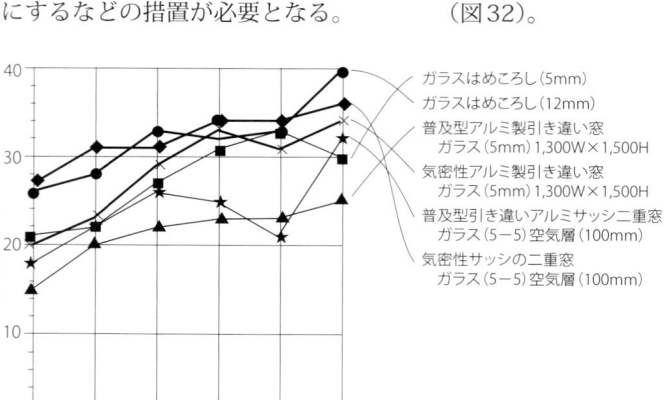

図32―窓の遮音性能
隙間の少ない構造のものが、遮音性能が高くなっている。

それでも、計算上の遮音性能と実際に施工された時の遮音性能に差が生じることがある。とくに隙間の存在は厄介で、その幅が数ミリであっても遮音性能面では大きなマイナスとなる。しっかりと隙間が生じないように施工する必要がある（図32）。

【JIS A 1419】
建築物の遮音等級
（D値、L値）

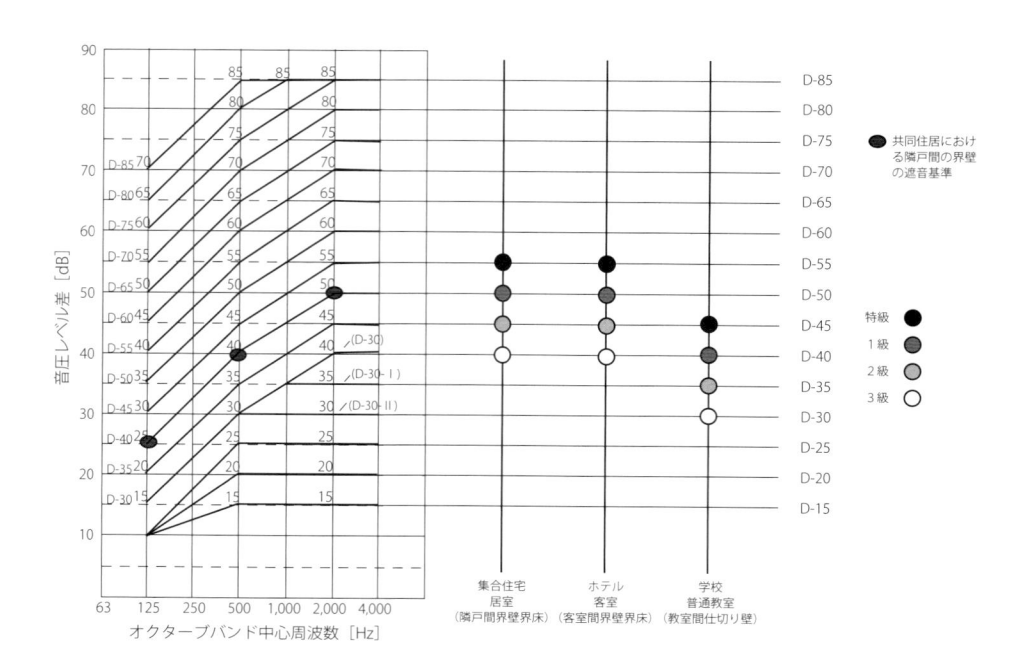

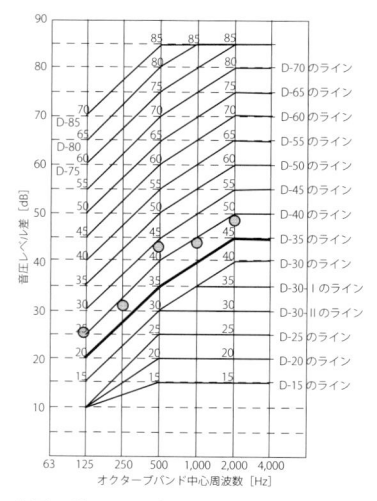

左図の読み取り方
上図のような測定結果であれば、そのすべてを下回るラインで最大のものはD-35ということになる。

図31―室間音圧レベル差に関する遮音等級（D値）の基準周波数特性および壁の遮音等級

固体音
物体の中を伝わる音

これまでは、空気中を伝搬してくる音が壁という物体をすり抜けてくる度合いを制御する話であった。しかし、壁を直接叩くと、その振動は壁体内を伝わり、音として空気中に放射される。椅子を引きずると、床の振動が床下、つまり下階の天井面から空気中に放射される。このような固体中を伝搬する音（**固体音、固体伝搬音**）は、伝搬速度が速く、減衰が少ないために遠くまでよく伝わり、そこで空気中に放射されることで広い範囲に影響を及ぼす厄介な存在である。

ホテル、オフィス、マンションなどでは、他人が使用している上下階や隣室に影響を及ぼすため、クレームにつながりやすいという側面もある。たとえば、フローリングの床が増え、ハイヒールのコツコツという音、椅子を引く時のギーギーいう音などが下階でのクレームとなる可能性は増した。

次に、このような床にまつわる音の問題を取り上げる。

重量衝撃音と軽量衝撃音
重い音と軽い音は伝わり方が違う

子供が飛び跳ねると床スラブ（slab：床面に使用されるコンクリートの厚い板）が直接振動し、「ドンドン」という固体音が発生する。このように重い物が落ちた時に発生する固体音を**重量衝撃音**（L_H）という。

ペンを落とした、椅子を引きずったという時にも固体音が生じる。こちらは**軽量衝撃音**（L_L）と呼ばれる。

重量衝撃音は、床自体が揺れ、音が下階に放射されるものであるので、床を動かないようにすることが基本的な対策となる。つまり、コンクリート造であればスラブ厚を増す、柱のスパンを短くする、小梁を入れるといったことである。しかしこれを竣工後に実施することは困難なケースがほとんどであろう。新築時の対応が重要となる。

軽量衝撃音はスラブの揺れと関係しているわけではない。床表面で発生した音がスラブを透過し、下階に放射されるというメカニズムである。したがって、絨毯やマットを敷いて振動を吸収する、家具にゴムカバーを取り付けるといった対応で緩和することができる（図33）。

【JIS A 1418】
建築物の現場における床衝撃音レベルの測定方法

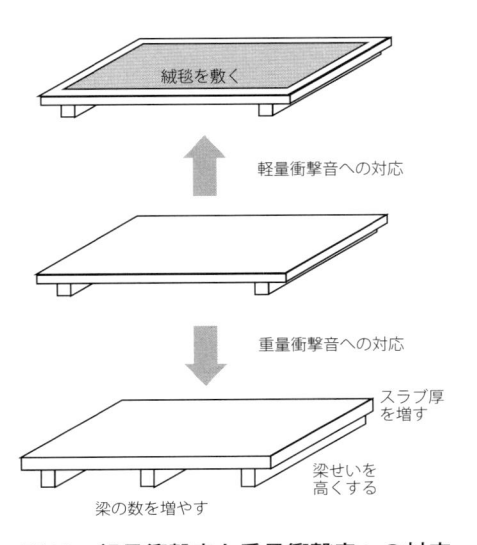

図33—軽量衝撃音と重量衝撃音への対応

Column
床衝撃音の測定
――タッピングマシンとバングマシン

JIS A 1418 に規定されている床衝撃音レベルの測定では、**タッピングマシン**および**バングマシン**と呼ばれる機器が使用される。

タッピングマシンは、500gのハンマーを連続して自由落下させる機構を持ち、軽量衝撃音を発生させる。

バングマシンは 7.3kg のタイヤを自由落下させ一度だけ床を叩く機構を持ち、重量衝撃音を発生させる。

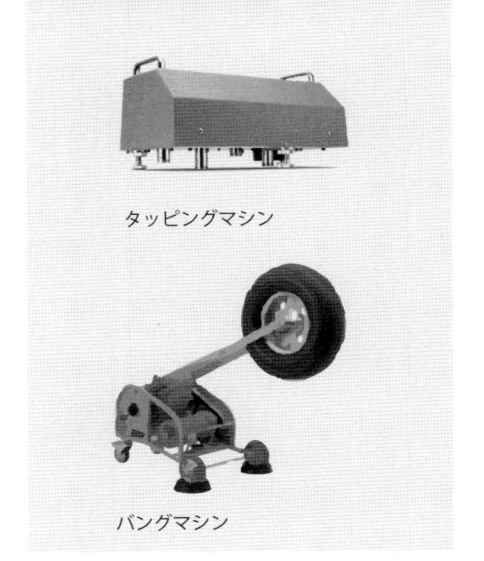

タッピングマシン

バングマシン

3　静かな環境をつくる

床衝撃音の遮音等級

JISの定め

床衝撃音にも遮音等級（L値）が定められている（図34）。測定値をすべて上回る基準周波数特性のラインの中でもっとも下に位置するラインを選び、L値を決定する。しかしほとんどの場合、L値は63Hzで規定されているとも言える。重低音の遮断が最も困難だからである。

下に、遮音等級、およびいくつかの仕様とL値の対応を示す（図35）。

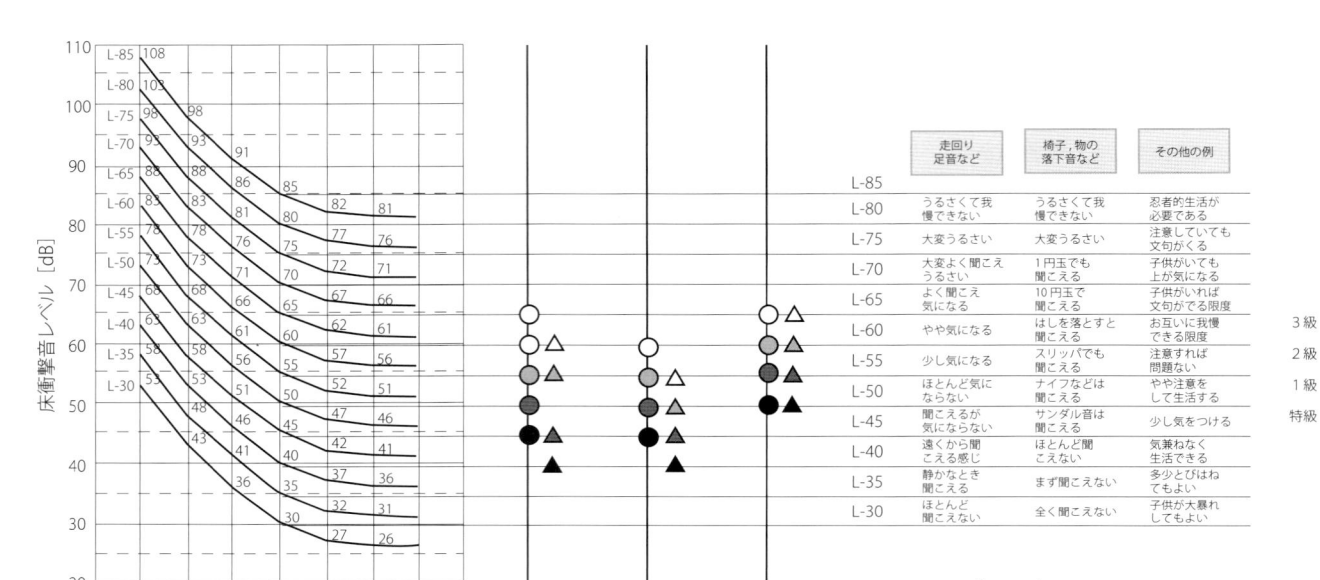

図34―床衝撃音レベルに関する遮音等級（L値）の基準周波数特性と遮音等級

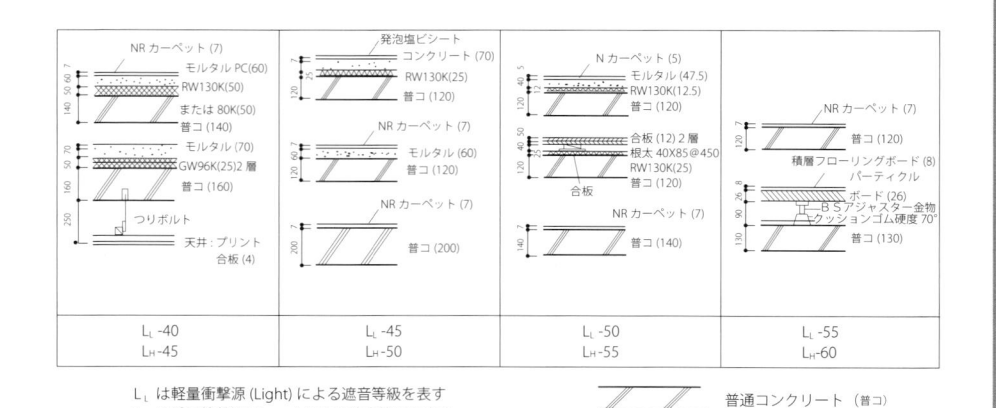

図35―床衝撃音に対する遮音性能の例[10]
各遮音等級を実現する床構造の例示である。図中の数字は、材の厚み（mm）を表している。

L_Lは軽量衝撃源（Light）による遮音等級を表す
L_Hは重量衝撃源（Heavy）による遮音等級を表す

NR カーペット：ニードルパンチラバー
N カーペット：ニードルパンチ
RW：ロックウール
GW：グラスウール

Q_Q Challenge ❹

遮音等級（D値）

（1）以下の室間音圧レベル差測定結果から、遮音等級を判定せよ。

125Hz	30dB
250Hz	35dB
500Hz	40dB
1,000Hz	40dB
2,000Hz	50dB

床衝撃音の遮音等級（L値）

（1）以下の床衝撃音計測値から、L値を判定せよ。

125Hz	60dB
250Hz	55dB
500Hz	45dB
1,000Hz	40dB

床と天井の実際
動かさない、吸収する

コンクリートスラブの上に細い根太材を配し、フローリングを張った場合などは、根太材とコンクリートがこすれて音が発生することがある。対応策として、防振ゴムを挟んだり、コンクリートスラブの上にグラスウールを敷いてその上に軽量コンクリートを打設するなどの**浮き床構造**が取られることがある（図36）。

床の下は下階の天井である。天井裏に吸音材を敷き詰めることで遮音性能を上げることは可能だが、効果は限られる。一方、天井自体を防振支持するなどの配慮を行うことで、影響を緩和するなどの措置も考えられる。

しかし、空調ダクトの開口が存在すれば、遮音性能は大幅に低下する（図37）。

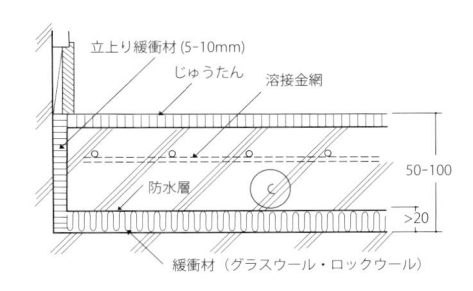

図36—**湿式の浮き床の例**[1]

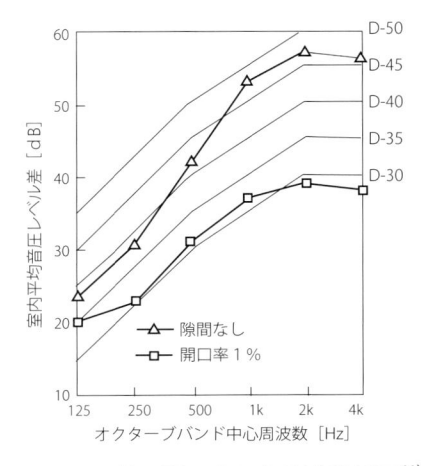

図37—**天井の開口率による遮音低下**[11]
隙間なしと１％の開口率の天井を比較すると、中音域で10dB程度の音圧レベル差が存在している。

設備騒音対策
建築的な音の発生源

これまで壁・床・天井の騒音対策を中心に解説してきたが、ここでは設備騒音の問題に触れる。

建築設備による騒音には、
◇空調機、揚水モーター、冷蔵庫などの機械騒音
◇給排水の流水音やウォーターハンマー音（水を急に止めた時に発生する音）
◇ダクト騒音
などがあり、振動が固体伝搬すると、躯体を通じて遠くまで伝搬することがあり、問題である。

以下のような対策が考えられる。
◇機械騒音では、低騒音型の機器を採用したり（たとえば水道栓の場合、減圧弁の使用、コマ形状の変化、泡沫式給水栓の使用など）、防振ゴムや防振コイルで振動を床に伝えないようにする
◇配管やダクトでは、流れを乱す形態の分岐や断面変化を避ける
◇配管の取り付け部分に配慮し、躯体に振動を伝えないようにする（給水管の防振支持など）（図38）
◇躯体と接する部分（床、壁の貫通部分）に緩衝材を詰める
◇パイプシャフトを設け、内側に吸音材を貼ることで、音の伝わる範囲を限定する

このように、設備騒音対策においては、騒音を発生させない、伝えないという姿勢で臨む必要がある。

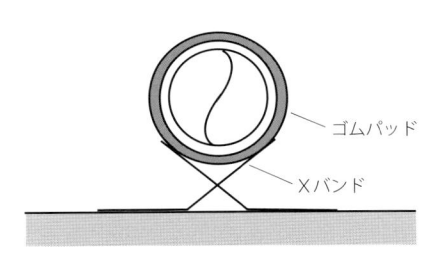

図38—**給水管の防振支持例**[1]

騒音の許容値

発生する音の問題

騒音の感じ方については個人差が大きいと言われるが、どの程度の騒音なら許容されるかについては、いくつかの基準が示されている。

NC値は、ベラネックにより提案された（図39）。1オクターブごとに音圧レベルを測定して下図に書き込んだ時、そのすべての点を上回る曲線のうち一番下にあるもので規定される数値である。空調騒音のクライテリアとして用いられる。

騒音等級（N値）は、日本建築学会により提唱されている指標である（図40）。基本コンセプトはNC値と同様であるが、聞こえ方の目安が示されている（表5、6）。

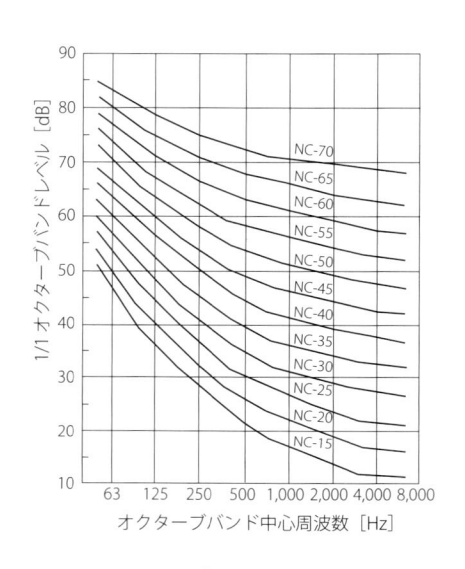

図39—NC曲線[12]

図40—建物の内部騒音に関する騒音等級の基準周波数特性および室内騒音レベルの許容値（N値）

dB（A）	20	25	30	35	40	45	50	55	60
NC〜NR	10〜15	15〜20	20〜25	25〜30	30〜35	35〜40	40〜45	45〜50	50〜55
うるささ	無音感	ーーーー	非常に静か	ーーーー	特に気にならない	ーーーー	騒音を感じる	ーーーー	騒音を無視できない
会話・電話への影響			5m離れてささやき声が聞こえる	ーーーー	10m離れて会議可能 電話は支障なし	ーーーー	普通会話（3m以内）電話は可能	ーーーー	大声会話（3m）電話やや困難
スタジオ	無響室	アナウンススタジオ	ラジオスタジオ	テレビスタジオ	主調整室		一般事務室		
集会・ホール			音楽堂	劇場（中）	舞台劇場 映画館・プラネタリウム		ホールロビー		
病院		聴力試験室	特別病室	手術室・病院	診察室	検査室	待合室		
ホテル・住宅				書斎	寝室・客室		宴会場 ロビー		
一般事務室					重役室・大会議室	応接室	小会議室	一般事務室	タイプ・計算機室
公共建物					公会堂	美術館・博物館	図書閲覧	公会堂兼体育館	屋内スポーツ施設
学校・教会					音楽教室	講堂・礼拝堂	研究室・普通教室	廊下	
商業建物						音楽喫茶店 宝石店	書籍店 美術品店	一般商店 銀行・レストラン	食堂

表5—室内騒音の許容値[1]

地域の類型	基準値	
	昼間	夜間
療養施設、社会福祉施設等が集合して設置される地域など特に静穏を要する地域	50dB 以下	40dB 以下
専らもしくは主として住居の用に供される地域	55dB 以下	45dB 以下
相当数の住居と併せて商業・工業等の用に供される地域	60dB 以下	50dB 以下

表6—騒音に係る環境基準[11]

環境基本法に基づく基準に上記の記載がある。生活環境の保全、人の健康の保護を目的としている。

なお、JIS Z 8731に騒音レベル測定方法が定められている。

騒音・振動を抑える

実際に気をつけること

騒音を抑えるために、次の4項目について検討し、総合的な対策を考える。

◇音源対策
低騒音型機器を使用するなどして、音を出さないよう配慮する。

◇吸音計画
騒音源のまわりで吸音する。音源対策の補助的手段である。

◇配置計画
騒音源は遠くに配置する。

◇遮音計画
面密度の大きな壁を採用する、遮音壁を設けるなどして、音を遮る。隙間や回折に注意する。

以下、集合住宅の配置計画・遮音計画を中心にそれらの具体的な事項について触れることで、知識の確認としたい（図41）。

■配置計画

比較的規模の大きな集合住宅では、道路と住棟の間に比較的音の問題が少ない施設、たとえば商業施設や集会場などを設けて音を遮断したり、緑地を設けたりすることは有効であろう。コの字型の住棟は、音が反射して逃げない。プライバシーの面で問題が発生する可能性がある（図41）。

エレベーターは住戸に接しないように、できれば別構造で取り付けられると振動が伝わらずに済む。階段も同様の配慮があるとよい。

オフィスや商業施設に設置されるクーリングタワーを隣地境界から遠ざけるなど、音の発生源についても配置を考慮する必要がある。アップライトのピアノを寝室や子供室の境壁に向けて置かない、トイレは寝室から離れた位置に設けることなども、考慮したい。

■壁と床の遮音

オフィスや結婚式場などでスライディングウォールを使用する場合、隙間の有無が遮音性能に大きく関わる。一般には、必要に応じて二重にすることができる構造を取る必要がある。

人の話し声は、母音が500Hzあたり、子音が1,000Hzあたりだと言われる。この帯域を遮音しないと、プライバシーの問題やいらだちにつながりやすい。

コンセントなど設備を埋め込んだ場合、壁が薄くなるので遮音上の弱点となりやすい。コンセントの位置を左右の部屋でずらすなどの方策が取られる。

ステレオ、カラオケ、バンド演奏など

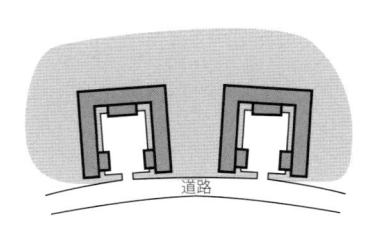

（1）コの字型の住棟配置
音が反射して逃げないため、プライバシーの面で問題につながりやすい。

（2）住戸壁に接しない階段

（3）若松団地（千葉県船橋市）の配置

若松団地では、400m以上の長さの遮蔽棟が道路側に設けられており、図右手の団地部分に音が入り込みづらくなっている。また、音の反射を考慮し、住棟の配置も平行にしていないところが多い。

図41—配置計画上の配慮

の音源は、低音成分を多く含む。浮き床構造にしないと、下階で必ずクレームとなるだろう。

■ **窓まわり・天井裏の遮音**

集合住宅において、ベランダの間仕切りに隙間がなければそれなりに遮音に寄与する。ただし、隙間があると効果は著しく減少する。ベランダの壁面を雁行させることも伝達音を減少させることに繋がる（図42）。

窓は透過損失が小さいので、ベランダまわりは基本的には遮音上の弱点となる。窓の遮音性能は、壁体の遮音性能とのバランスを考え、場合によってはワンランクアップさせた方がよい。

天井裏のダクトが隣室の音を伝えてしまうことは多い。また、壁の遮音が天井高さまでしかなされていないと、天井裏から音が漏れ伝わることになる。

このように戸境壁（もしくは間仕切り壁）以外から音が伝わってくることを**側路伝搬**という。

■ **ドアまわり・廊下まわりの遮音・吸音**

1〜3mm程度の隙間があるだけで、透過損失は25dBが限界である。ドアパネルおよび枠の反り・ねじれがないこと、きちんと水平・垂直に取り付けられていること、パッキン取り付けで隙間がないよう枠の裏側にモルタルを充填してコーキングすることに留意し、きちんと施工することが重要である。

廊下を吸音性とすることも効果がある。ホテルで廊下に絨毯が敷いてあるの

図42―雁行型の住戸配置

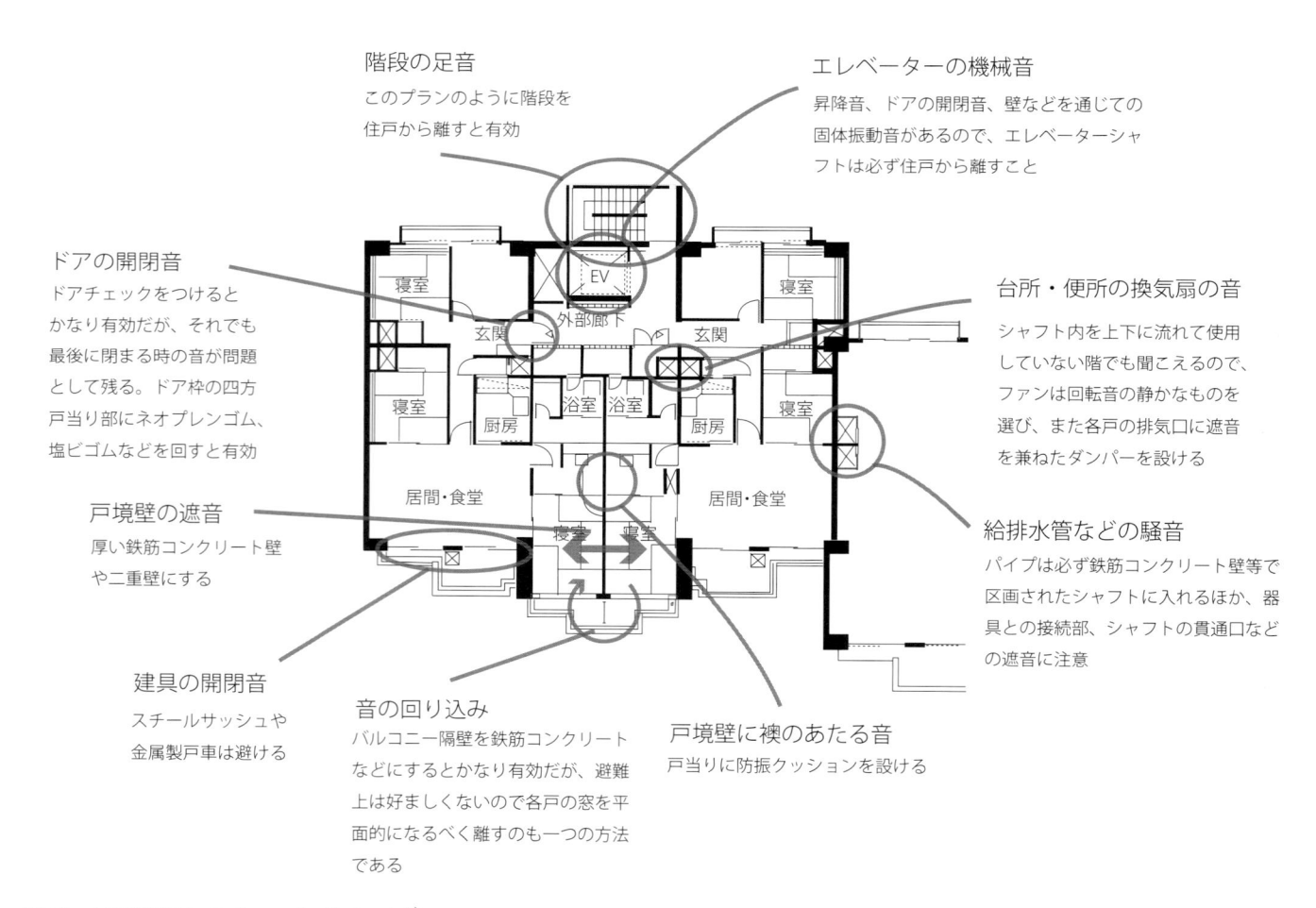

階段の足音
このプランのように階段を住戸から離すと有効

エレベーターの機械音
昇降音、ドアの開閉音、壁などを通じての固体振動音があるので、エレベーターシャフトは必ず住戸から離すこと

ドアの開閉音
ドアチェックをつけるとかなり有効だが、それでも最後に閉まる時の音が問題として残る。ドア枠の四方戸当り部にネオプレンゴム、塩ビゴムなどを回すと有効

台所・便所の換気扇の音
シャフト内を上下に流れて使用していない階でも聞こえるので、ファンは回転音の静かなものを選び、また各戸の排気口に遮音を兼ねたダンパーを設ける

戸境壁の遮音
厚い鉄筋コンクリート壁や二重壁にする

給排水管などの騒音
パイプは必ず鉄筋コンクリート壁等で区画されたシャフトに入れるほか、器具との接続部、シャフトの貫通口などの遮音に注意

建具の開閉音
スチールサッシや金属製戸車は避ける

音の回り込み
バルコニー隔壁を鉄筋コンクリートなどにするとかなり有効だが、避難上は好ましくないので各戸の窓を平面的になるべく離すのも一つの方法である

戸境壁に襖のあたる音
戸当りに防振クッションを設ける

図45―**平面計画上のチェックポイント**[8]

には、靴音を減らす効果だけでなく、音の吸収の意味がある（図43）。ホテルでは、単純にドアの間隔を離すことも考えたい。

コンサートホールや映画館の部屋への入り口が二重扉になっていることがある。これを**サウンドロック**と呼ぶ（図44）。壁面の二重構造において、部材の間隔を大きく取ったものと考えることができる。内部には吸音材が貼られており、遮音性能を高めている。

住宅への応用として、人通りのある外廊下側に住戸内廊下や納戸、玄関などを配置し、居間や個室との距離を置くことで、サウンドロック的な効果を持たせることが考えられる。

ドアの開け閉めや襖の開け閉めが固体音を発生させ、問題となることもある。戸当たりの材質も考慮したい。

下に示すのは、計画上のチェックポイントを図化したものである（図45、46）。

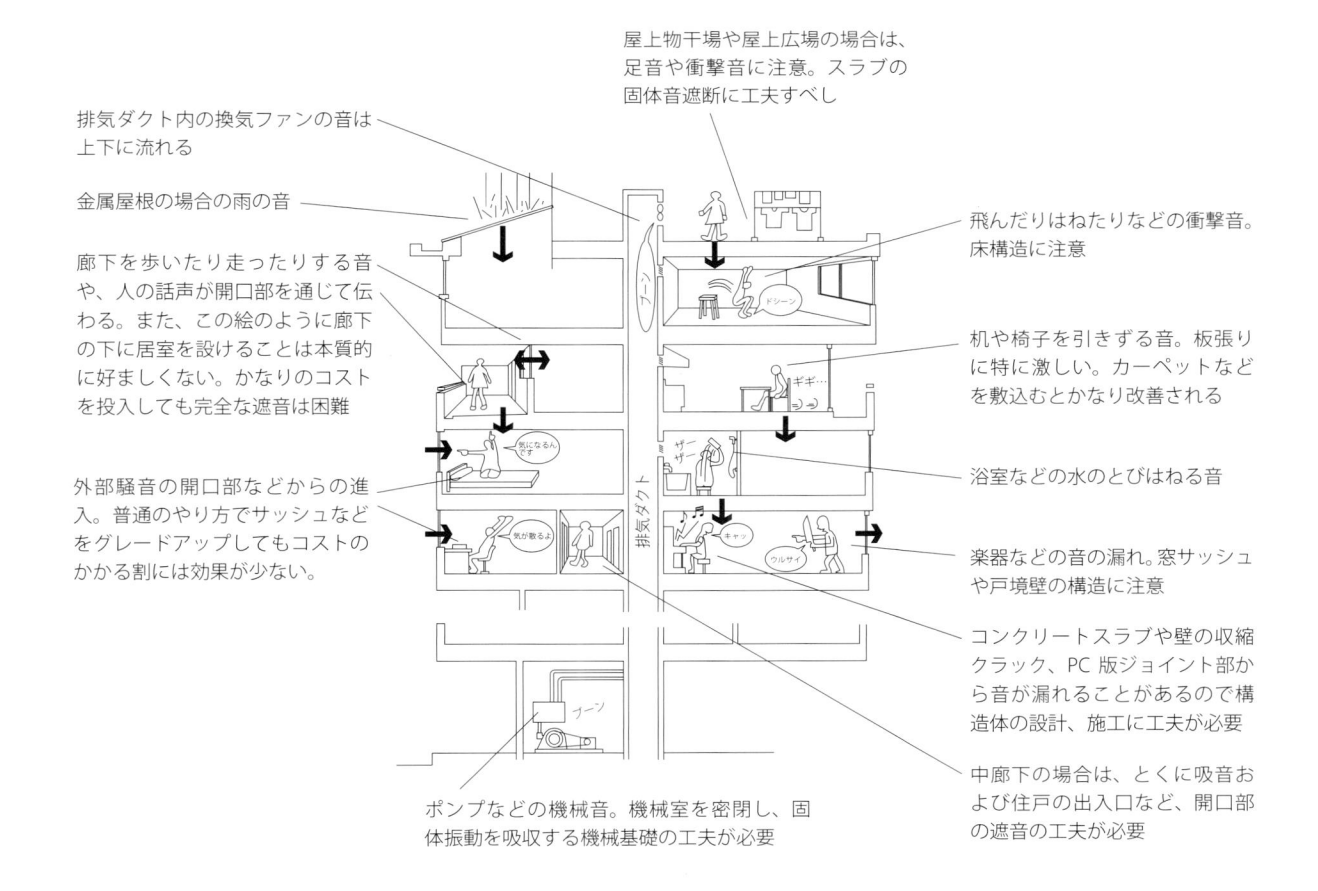

図43—絨毯を敷き詰めたホテル廊下

図44—サウンドロック

図46—断面計画上のチェックポイント[8]

4 音の意味

ヴェストポケットパークの傑作「ペイリーパーク」。人工滝の音が騒音をマスキングする。

騒音といらだち
音量だけでは説明できない

騒音は、聞きたい音を聞くのに邪魔になる音、聞く者が不快を感じる音全般を指す。したがって、人によって、場合によって、どんな音でも騒音になり得る。

騒音から感ずるいらだち（annoyance）のうち、騒音レベルで説明できたのは30％に過ぎないという結果が得られたこともある。環境心理的な研究からは、自分に利益をもたらすか否かといった音の意味（エアコンの騒音など）、窓の開け閉めできる状態かといったコントロールの可能性、騒音源発生者と知り合いかどうかなど、多くの要因が関わっていることが明らかにされている。

音の選択
音の質的な側面

好みでない音が騒音なのだとすれば、必要な音だけを取り出したい。しかし、これまで見てきた建築的な検討は、音の周波数に応じた吸収・反射による音の大小のコントロールであり、好みに応じてコントロールすることはできていない。機械的な仕掛けであれば、ノイズキャンセリング機能を持ったヘッドフォンなども登場しているけれども、それとて定常的なノイズを除去するだけである。

結局、私達ができるのは、ステレオのスイッチを切ったり、話をしないようにお願いしたりという騒音源への働きかけ、別室への移動といった場所の選択などである。

そうでなければ、好みの音を身にまとって騒音から逃れるしかない。ヘッドフォンステレオはそれを可能にする装置だ。好きな音に浸れる。それがヘッドフォンステレオが支持される理由だろう。

環境音楽

音でつくる環境

　場所の雰囲気をつくったり、精神をリラックスさせるために、BGMとして静かな音楽が流されることがある。また、リズミカルな音楽のBGMは、作業効率の向上やスポーツトレーニングの効率化などの効果があるとも言われる。

　このように、人に心理的効果を与えようと意図した音を**環境音楽**という。

　鳥の声や川のせせらぎ、波の音といった自然の音には、精神をリラックスさせる効果が高いということがわかってきた。都市に設けられた人工の滝は、心理的リフレッシュ効果だけでなく、雑踏の騒音をマスキングすることも狙っている。

　音をうまくデザインすることができれば、もっと豊かな環境が得られるかもしれない（図47）。

鹿威し
農業に害を及ぼす鳥獣を威嚇するための装置一般を鹿威しと言うが、その中でも添水が代表的である。これは、竹に水が溜まると傾き、戻る時に石を叩いて音を発する。

鶯張り
床板がきしんで音を出す。侵入者の存在を知らせるための仕掛け。

水琴窟
地中に瓶を埋め、水がしたたり落ちる時に琴のような音色を響かせるようにしたもの。

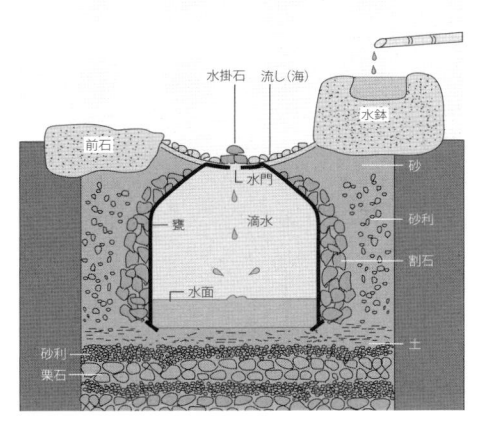

図47―音による環境演出

Column

マスキング効果――音で音を覆う

　ほかの音がうるさくて、目的の音が聞こえにくくなる現象を**マスキング効果**という。これは、ほかの音の発生によって、目的音を聞き取れる最低の音の強さが上昇したために生じる現象である。

　一般にマスキング効果は、音の高さが近いほど起こりやすく、また低音は高音をマスキングしやすいと言われる。

　マスキング効果には、暗騒音（→p63）によって会話が妨害されるという状況もあれば、心地よい音を流して騒音を気にならないようにするという使い方もある。

　喫茶店で流れるBGMは、他者の会話をかき消す効果があると言えるだろう。

カクテルパーティー効果
――意味のある音を拾う

　マスキング効果が存在する一方で、ワイワイガヤガヤとうるさい中でも、話し相手の声だけはちゃんと聞こえたり、隣で話している自分に興味のある話題が何とはなしに耳に入ってきたりする。これを**カクテルパーティー効果**という。

　人は、漫然と大きな音に注意を払うのではなく、たくさんの音の中から自分に意味のあるものを選択して聞いているということであろう。

　界壁を通じて、もしくは側路伝搬により漏れてくる隣戸の話し声が耳につくのは、それが意味を持つからである。

サウンドスケープ
音の風景

　ここのところ、**サウンドスケープ**なる言葉が聞かれるようになってきている。日本語に訳すなら音風景とか音景色となろうか。カナダの作曲家マリー・シェーファーが1980年頃に提唱した概念である。

　シェーファーは、ヨーロッパのある村でビール工場、ガラス工場のサイレン、隣村にある教会の鐘の3つの音について音量を測定し、住民へのヒアリング結果と比較した。すると、音量では最小であるはずの鐘の音が、住民の感覚では最も遠くまで聞こえていることがわかった。

　このずれは、教会を共同体の象徴として位置づけてきたヨーロッパ文化を背景として、鐘の音が無意識に高く評価されたためと解釈されている。

　このような音の風景は、せせらぎの音、列車の発車ベル、鐘の音、商店街の音楽、車の通過音など、さまざまに存在するだろう。家の中でも、お湯の沸く音、テレビの音、食卓での話し声など、さまざまな音の風景がある。蝉の声、虫の声、風鈴の音など、季節を感じさせてくれる音も多い。耳を澄ませば、聞こえてくる音は、意外に多いかもしれない。

音を計画する
音の魅力の付加

　住宅における不満を挙げてもらうと、騒音は今でも上位に食い込む。それだけ、音の問題は厄介なのだろう。自分の出す音には寛容でも、人の出す音は気になるものだ。

　日常で耳を澄ましていても、ずっと聞いていたいと思わせる音に出合うことは稀である。不快な音の方が断然多い。まずは、静けさを取り戻すことから始めざるを得ない。

　さて、そこにどんな音を加えたらいいだろうか。音楽はひとつの選択肢だが、風景に馴染んだ音をさりげなく演出するのもいい。

　コラムに紹介する「残したい日本の音風景100選」などを参考にしながら、音のデザインについて、考えてみたい。

(Q_Q) Challenge ❺

気になる音の風景を集めてみよう
（1）身の回りの音を集めてみよう。耳をそばだてて。
（2）できれば、それを音の地図として表現してみよう。

Column

残したい日本の音風景100選——音が主役、名脇役？

　環境省が選定した音風景がある。
　選定された音風景には、祭りの喧噪、鐘の音、動物の鳴き声、労働と結び付いた音、川のせせらぎや滝の音など、さまざまな音が登録されている。

100選のひとつ、成蹊大学（東京）の並木

3章 熱環境 空気環境 のデザイン

氷点下の寒さや灼熱の砂漠、室内での一酸化炭素中毒など、熱や空気の環境によっては、私達は生命の危険にさらされる可能性がある。しかし、「光」や「音」で、すぐ死に至るような状況はまずない。

「光」や「音」では、人間は数万倍の違いにも対処できた。一方、熱については数℃の気温の違いでも着ている服の枚数が変わるほど適応範囲は狭い。

したがって、熱や空気の制御は、建築環境工学の中でも最も重要な問題として取り扱われてきた。

熱・空気に関する環境は、大まかに言えば温熱、結露、換気に分けられるが、これらは密接に関係してもいる。

＊Challengeと図表タイトルに「#」が付いている部分には、対応するExcelシートが存在する。著者ホームページよりダウンロードできるので、活用して欲しい（「基礎からわかる建築環境工学　ファイル」で検索のこと）。

1 温熱感と空気調和

❶ 五箇山（日本）
❷ ヤオトン（中国）
❸ アイト・ベン・ハッドウ（モロッコ）
❹ キューロス（スコットランド）
❺ チチカカ湖（ペルー、ボリビア）
❻ イバン（マレーシア）
❼ コン・ムアン（イラン）

世界の住居
バナキュラーな建物の工夫

クーラーも石油ファンヒーターもない頃、建築は今よりも気候に適応させてつくる必要があった。その名残を各地に残るバナキュラー（vernacular：土着的）建築に見ることができる。

たとえば、中国北部黄土高原にあるヤオトンは、地面に穴を掘って中庭とし、その四周に掘った横穴を住居としたものである。一日の気温の変化が激しい乾燥した気候の中で、地中の温度変化が小さいという特性を利用したものと言える。

東南アジアに見られる水上住居を見ると、高床で床下が開放されている。これは、水上で冷やされた風を通すための形態だと考えられる。そのことにより体感温度が下がっているという実測結果がある。[1]

五箇山の住居の屋根は、その厚みと勾配が特徴的である。厚みは断熱性と、勾配は雪を落とす必要性と関係があろう。

このように見てくると、さまざまな特色を持った建築があることがわかる。

これらの建築は、気候の特徴と関連している訳だが、南北に長く、四季の変化に富んだ日本の住居の特徴は、どんなところにあるだろうか。

古民家の熱環境
日本の家は、夏を旨とすべきか？

「家のつくりやうは夏をむねとすべし。冬はいかなる所にも住まる。暑き頃わろき住居は堪へがたきことなり」
―『徒然草』第55段より

元来、日本の家は夏の暑さをしのぐことを第一につくられていたようである（→解説①）。冬は火を焚けばなんとか暖は取れる。しかし、クーラーなどなかった鎌倉時代、暑さは我慢するしかなかっただろう。日射を避ける大きな屋根と深い庇、風の吹き抜ける開放的な開口部、湿気の上がらない高床。考えてみれば、確かに伝統的な民家は夏快適に過ごすのに適しているようだ。一方、冬は日が入り込まず、床下に外気が入り込み、風が抜けるのでは寒そうである。

700年を経て、最近の住まいは、夏も冬も快適に過ごせることを考えたものになってきている。クーラーやヒーターなどの設備が一役買っている場合も多いが、石油や電気のエネルギーをできるだけ使わず、太陽の熱や夜の冷気をうまく利用して、夏涼しく、冬暖かい住まいを目指したものもある。

そういった温熱環境のコントロールに果たす建築の役割は大きい。そのメカニズムについて学んでいくにあたって、温熱感を規定する6要素の話題から始めよう。

温熱6要素
暑さ・寒さを規定する要因

暑さ・寒さに関わる環境要素として、まず挙げられるのは気温であろう。夏は気温が高く、冬は気温が低い。しかし我々の温熱感は、**気温**以外にも、**湿度**、**気流**、**放射**、**着衣量**、**代謝量**の影響を受けると言われる。これらを**温熱6要素**と呼ぶ（図1）。

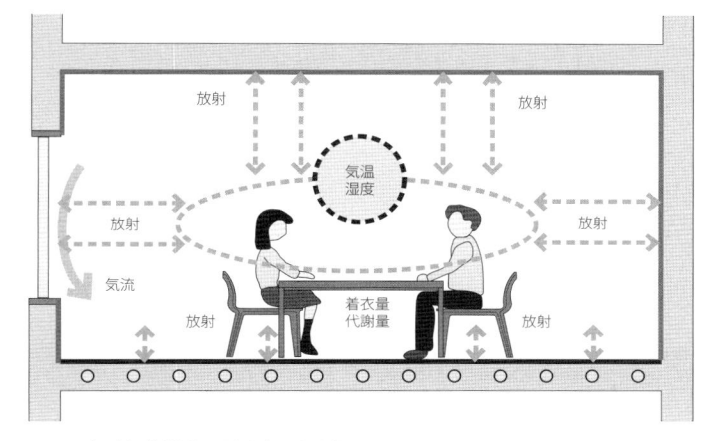

図1―**温熱感覚と関係する要素**

☀ 解説 ①

伝統的な和風木造住居の熱環境――日本のバナキュラー建築の熱環境的特色
伝統的住居について、熱・空気の環境はどうであったか見てみよう。[2]

【夏】
◇建物の周囲の開口部が大きい
　　→風が通る
◇部屋と部屋の間仕切りは襖
　　→風が通る
◇庇が深く、縁側がある
　　→直達日射が差し込まない
◇屋根が高く、藁葺きや瓦葺きで
　断熱がよく、天井裏の換気も良い
　　→屋根から熱が入ってこない
◇床が高く、床下の換気が良い
　　→地中からの湿気が入りにくい
◇コンクリート造や石造に比べて
　熱容量が小さい
　　→夜間まで熱が残らない

茅葺き屋根は優秀な断熱材
藁はストローというくらいだから中空になっている。藁や茅は動かない空気を溜め込んだ優秀な断熱材なのである。
断熱材としてよく用いられるグラスウールと同程度の断熱性があるという。

【冬】
◇建具の周囲や柱と土壁の間に
　隙間がある
　　→隙間風が通る
◇庇が深い
　　→直達日射が少ない
◇いろりの煙出しとして
　屋根に孔が設けられている
　　→暖かい空気が屋外に逃げる
◇天井は張られていないか、竿縁天井である
　　→暖かい空気が天井裏・屋外に逃げる
◇熱容量が小さいので蓄熱されない
　　→夜間に冷え込む

環境側の4要素
気温、湿度、気流、放射

■気温
熱は高温の物体から低温の物体に流れる。人体と人体を包んでいる空気においては、体温と空気温度の差が大きいほど多くの熱が流れることになる。気温は、熱の移動に関わる最も基本的な要素である。

■湿度
「梅雨時はじめじめして蒸し暑い」などと言う。汗は、蒸発する時に体から**気化熱**（潜熱）を奪うことで、体温を下げる働きがある。湿度が低いと水分が蒸発しやすく、高いと蒸発しにくくなるため、温熱感に影響を及ぼす。

なお、発汗していない状態でも、**不感蒸泄**と呼ばれる人体表面や呼気からの水分蒸発が起こっており、それに伴い放熱が起こっている。発汗のない状態での熱放散は、約30％が不感蒸泄による。

■気流
冬、塀を風除けにすると暖かい。体の周りには滞留している空気の層があり、体温に近い温度になっている。気流はそれを吹き飛ばす。塀はそれを防いでくれるのである。

夏の夜などに風が吹くと「ああ、いい風だ」などと言ったりする。こちらは汗が蒸発して湿度の高くなった空気を人体周囲から剥ぎ取ることにより、さらなる蒸散を促す効果がある。

■放射
冬、風呂場が寒いと感じるのは、気温が低いためだけではない。壁や床の温度が低いため、体から熱を奪われることも関係している。

すべての物体は温度に応じて赤外線などの電磁波を**放射**（輻射）している（→p102：ステファン・ボルツマンの法則）。自分が放射している熱より周囲から受け取る熱の方が大きければ暖かく感じ、逆なら熱を奪われるので寒く感じる。

日光や炎、電気ストーブ、ハロゲンヒーターが暖かいのも、放射による。

人体側の2要素
着衣量、代謝量

人体側にも温熱感覚に関わる2つの要素がある。

■代謝量
運動や作業をすると暑くなる。これは、体を動かす時に熱が発生するためである。人体はその時の作業内容と程度によってエネルギー発生量＝代謝量が変化する。ある作業時のエネルギー代謝量と椅座安静時のエネルギー代謝量の比を**エネルギー代謝率**（RMR：Relative Metabolic Rate）と呼び、作業の強弱の目安としている。単位は**met**（図2）。

■着衣量
着衣量が多ければ保温性が高く、人体の熱は逃げにくくなる。

着衣の断熱量の指標として**clo値**（clothing insulation）がある（図3）。気温21.2℃、相対湿度50％、気流速度0.1m/sの状態で、椅座安静状態（1met）の成人男性が快適な状態でいられる衣服の熱抵抗を1cloとした。裸は0clo、半袖シャツ姿が0.6clo、スーツ姿が1.0clo程度である。

エネルギー代謝率
$1\text{met} = 58.2\,[\text{W/m}^2]$
$\quad\quad\quad = 50\,[\text{kcal/m}^2\text{h}]$

睡眠時：0.7met
椅座安静時：1.0met
一般事務作業時：1.1～1.4met
歩行時：2.0～2.6met
テニス：3.6～4.7met
バスケットボール：5.0～7.6met

椅座安静時の人体の発熱量
日本人成人男子の体表面積は平均1.69［m²］、日本人成人女子の体表面積は平均1.50［m²］ほどだと言われる。
人1人の熱負荷はだいたい100Wと見積もることが多いが、これは58.2×1.69=98.4Wとなるためである。

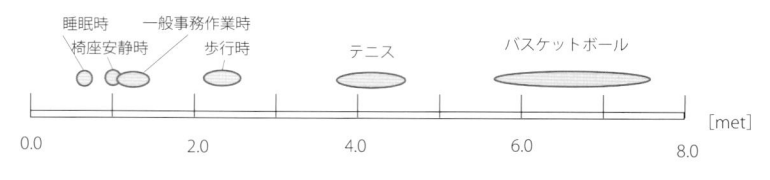

図2―エネルギー代謝率（RMR）

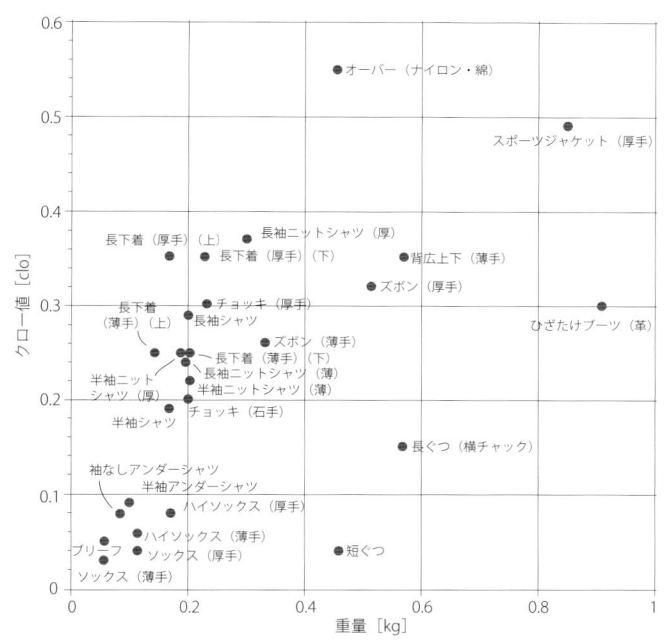

図3―クロー値と重量
いくつかの系列は見られそうであるが、基本的には重量が増すとclo値が大きくなる傾向がある。

【関連用語】

1W（ワット）＝ 1 J/s ＝ 0.860 kcal/h
1J（ジュール）＝ 1 N・m
1N（ニュートン）＝ 1kg・m/s^2
ニュートンは力の単位。1kgの物体に1m/s^{2}の加速度を生じさせる力。
ジュールはエネルギー、仕事、熱量、電力量の単位。1ニュートンの力が力の方向に物体を1メートル動かすときの仕事と定義される。1 kJの熱量で、0℃、10 gの水を約24℃上げることができる。
ワットは、仕事率の単位。1Wは毎秒1Jに等しいエネルギーを生じさせる仕事率。

1clo ＝ 0.155 [m^2・K/W]
　　 ＝ 0.18 [m^{2}h℃ /kcal]

温熱感覚指標

6要素と寒暑感の関係

上記のように温熱感には6つの要素が関わっているが、温熱感自体は「暑い―寒い」という一次元的評価になる。そうなると、「気温1℃は気流何m/sに相当するか」といったことが知りたくなる。

6要素と温熱感の対応関係を扱った研究が提唱した指標について概説する。

■平均放射温度と作用温度

一般に、夏は窓面が壁面より高温になり、冬は低温となる。このように、部屋の天井、壁、窓、ドア、床などは、必ずしも同じ温度ではない。

平均放射温度（MRT：Mean Radient Temperature）は、まわりにあるさまざまな物体からの放射と同じだけの放射を与える、温度分布が均一な天井・壁・床面を持った部屋の平均温度である。近似的には、測定場所を取り囲む物体（床・壁・天井）の表面温度を見かけの面積を考慮して加重平均（変数に重みづけして平均）したものとなる。

作用温度（OT：Operative Temperature）は、気温に放射による影響を加味するもので、気温と平均放射温度の加重平均を取ったものである。下式に現れる対流熱伝達率（→p96）と放射熱伝達率（→p96）は、静穏な環境ではほぼ等しい。その場合、作用温度は気温と平均放射温度の平均値と見なせる。

$$OT = \frac{a_c t_a + a_r t_r}{a_c + a_r}$$

気温 [℃]
平均放射温度 [℃]
放射熱伝達率 [W/m^{2}K]
対流熱伝達率 [W/m^{2}K]

作用温度

直径15cmの黒く塗装した金属球に温度計を挿入したものを**グローブ温度計**という。静穏な状態では、グローブ温度が近似的に作用温度を表す（図4）。

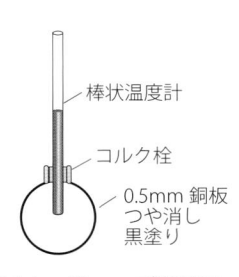

図4―グローブ温度計

■新有効温度 (ET*：イーティースター)

有効温度（ET）、修正有効温度（CET）を経て、1972年から使われている指標。気温のみ変動する基準室（湿度100％、無風）と気温・湿度・気流速度を変動させた部屋を比較し、温熱感が最も近くなった時の基準室の気温が有効温度である。さらに、気温に放射の影響を加味するため、グローブ温度計を用いたのが修正有効温度である。

新有効温度 (ET*：New Effective Temperature)は、生理学の理論に基づく人体熱

収支モデルに基づいて計算されたもので、着衣量、代謝量、風速が同じ条件で放熱量が等しくなる相対湿度50％の気温である（図5）。

標準新有効温度（SET*：Standard New Effective Temperature）はそれを発展させ、着衣量、代謝量の影響を見られるようにしたもので、着席状態、0.6clo（薄着、ブラウス程度）で静穏な気流（v=0.1m/s）、相対湿度50％の環境を標準とした時、比較対象の環境と同等の温熱感となる気温である。

■ **PMV**

これまで解説してきた温熱感覚指標は体感温度を導くものであったが、暑さや寒さの感覚を直接表現する試みもある。

PMV（Predicted Mean Vote：**予測平均温冷感申告**）は温熱6要素（→p87）をさまざまに変えて被験者に体験してもらい、温冷感を〈＋3〜−3〉の7段階で評価してもらった結果から温冷感を予測しようというものである（図6）。

不満に感じる人の割合を表すPPD（Predicted Percentage of Dissatisfied）は、PMVの値によって右図のように変わるが、全体の10％以下しか不満に感じないPMV−0.5〜＋0.5の範囲が推奨されている。

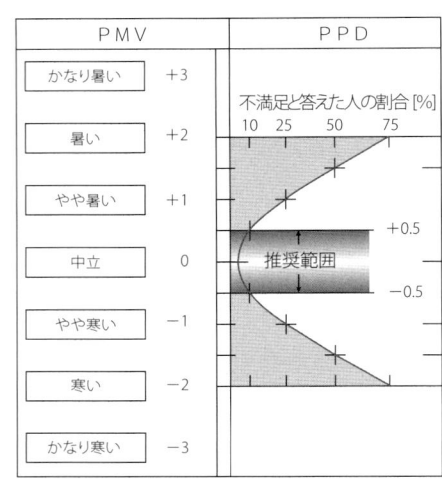

図6―PMVとPPD
PMVと温熱6要素に関わる変数との関係を表す式は、大変複雑である。
引用文献［3］などを参照のこと。

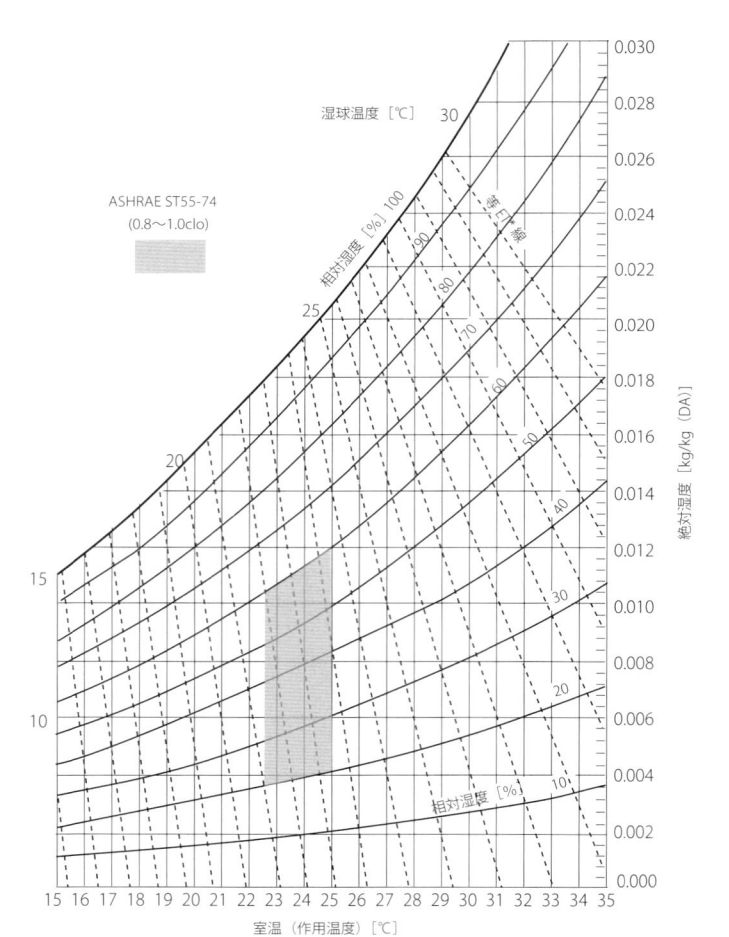

図5―新有効温度（ET*）におけるASHRAEの快適域[1]
着衣量の変化（夏：0.6clo程度、冬：1.0clo程度）を考慮して快適域を設定している場合もある。

Column

不快指数――気温と湿度をもとにした不快の指標

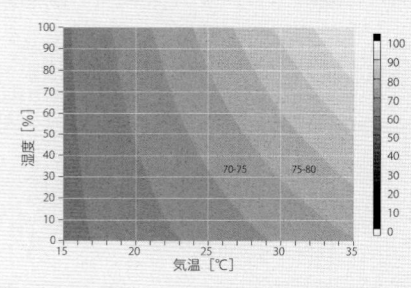

不快指数（DI：Discomfort Index）はET*の一部、気温と湿度を数式化したものである。

$DI = 0.81 t_a + 0.01 \varphi (0.99 t_a - 14.3) + 46.3$

t_a [℃]：気温　　φ（ファイ）[％]：相対湿度

不快指数70で10％の人が不快と感じ、75で半数、80では全員が不快と感じる。

高齢者の体感温度――温度変化への対応に遅れ

高齢者と若年者が快適に感じる気温に差はないと言われる。しかし、高齢者の方が温度変化への適応能力は劣ることが多い。

たとえば、寒暑温熱感覚が鈍るため、重ね着するといった対応が遅れる。自律的な反応である震えが遅れ、皮膚表面温低下が小さいために放熱量が大きくなり、低体温症となりやすい。

反対に、暑熱環境では発汗量の減少により体温調節がうまくいかないということが起こる。

夜間に温かい布団を抜け出して冷えたトイレに行くことは、このような特性を考えると危険であることがわかる。

反対に夏には、断熱が不足している室内で高体温となり、熱中症となりやすい。高齢者の熱中症の5割は室内で発生しているという報告もある。

一定の温熱環境を目指して

環境4要素の制御

空気調和（空調：Air conditioning）のひとつの目標として、**ASHRAE**（アシュレー）(Americacn Society of Heating, Refrigerating and Air Engineers：アメリカ暖房冷凍空調学会）が設定したET*上の快適域、作用温度22.9〜25.2℃、相対湿度20〜60％の範囲に温熱環境を収めることが挙げられる（図5）。

空気調和計画は、暖房・冷房・加湿・除湿を行って範囲内に気温と湿度を収めるようコントロールし、気流・放射については、その影響が感じられないよう制御すること、つまり一定で一様な状態をつくり出すことが制御のベースとなる。

■気温は一定に保つ

外気と接する壁面は熱が侵入しやすいため、壁面付近のペリメーターゾーン（外周部）については、室内と分離して調整することが行われる（図7）。

壁面以外では、デパート、オフィスの入口も問題となりやすい。風除室を設けたり、エアカーテンを設置したりする（図8）。

その他、換気により外気を導入する際には、室温との差にあたる熱を加える必要がある。

室内における気温の分布も考えなくてはならない。暖かい空気は軽く、室内の上下で温度差ができがちである。冬季には天井付近に溜まった暖気を穏やかに吹き下ろしてやると効果的である。夏季に冷気流を吹き出す際には、周辺の空気を誘引したり、天井近くに吹き出して混合することにより、室内の空気とミックスしてから人の活動高さに下りてくるようにしたい。

なお、温度分布の不均一があると、不快に感じると言われる。ASHRAEは、床上0.1mと1.7mの気温差を3℃以内に納めることを推奨している。

■湿度は一定に保つ

人の活動を通じて呼気から水蒸気が発生するし、台所や湯沸かし室などでは、火気の使用により水蒸気が発生する。これらを排出する必要がある。また、換気による空気の入れ換えが発生するため、外気との絶対湿度の差分を加湿する（冬季）もしくは除湿する（夏季）必要もある。

後述するように、温度が変化すれば湿

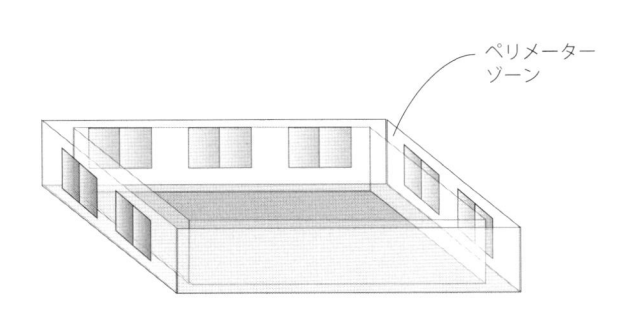

図7―ペリメーターゾーン――外周部と室内の分離

温熱要因のコントロールは大きく2つに分けて考えることができる。内部で発生する熱的要因への対処と、外部から入り込んでくる熱的要因への対処である。

オフィスであれば、人が放出する熱、パーソナルコンピューターが放出する熱などが内部で発生する熱である。在籍者全員がパーソナルコンピューターを使用している状態を想定して最大負荷を算定し、熱源の容量やダクトの太さを計算、在室パターンを想定して機器の稼働計画を定めることになろう。

外部からの熱は壁面からやってくることが多い。上階や下階は、今考えている階と同様の熱的環境にあるのであれば、熱の移動はほとんどないと考えられるからである。

壁面からの熱の侵入、熱の漏出を防ぐには、断熱をすることが基本である。しかし、それでも壁面が最も多くの熱負荷をもたらすことは多い。そこで、外周部（ペリメーターゾーン）を別扱いし、壁面近くで温風や冷風を吹き出し、壁面近くの空気を室温と近い状態にして、内部の温熱環境に影響を及ぼさないようにするのである。

図8―エアカーテン

入り口は開け放しているが、強い気流を吹き出すことで、熱い外気・冷たい外気が室内に入り込むのを防いでいる。

度も変化する。湿度一定は温度一定が前提となると言ってよい。

■気流は体に感じられない程度

空調の吹出し口からの風が直接体に当たると、不快な思いをしたり体調を崩したりしやすい。このような体に感じられる気流を**ドラフト**という。これを抑えるために、吹出し口を天井付近に設けたり（図9）、吹き出し空気と室内空気の温度差を小さくしたり、風速を抑えるなどの対処がなされる。

冬季には、窓面近くで冷やされた空気が下降する**コールドドラフト**が発生することがある（→解説2）。これには、窓の断熱性能を上げたり、窓下に温熱源を設置するのが効果的である。

■放射は一定に保つ

内壁温が室内の気温と同じであれば、放射はほとんど感じられない。放射が均等でないと、室内の温度分布が不均一な時と同様の不快感があると言われる。窓面が冷えて寒さを感じるというような事態を防ぐ必要がある。

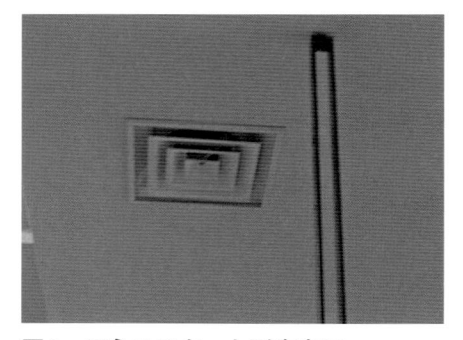

図9—アネモスタット形吹出口
空気を天井に沿って吹き出し、室内の空気と混合する

●解説 2

コールドドラフト——冷気を感じる

冬季の窓近くはスースー冷えて、とくに足下で冷気を感じる。これは、窓面で冷やされた空気が足下へ吹き下ろすコールドドラフトであり、温風を窓面に沿って吹き上げることが有効である。

夏季に空調吹出し口から流れ出る冷たい気流もコールドドラフトを感じさせる可能性がある。室内空気と十分に攪拌させてから私たちの生活域に降ろすような配慮が必要となる。

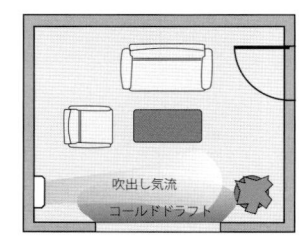

ドラフトを感じさせづらい機器・家具配置
生活域に直接冷たい空気が入らないような工夫が必要である

Column

ヒートポンプ——投入エネルギーより大きな熱移動

温熱源をつくるのは燃料を燃やせばよいので容易だが、**冷熱源の方はちょっと大変**である。熱は自然に任せておけば、温度が高い方から低い方に流れる。冷熱源をつくることは、それに逆らって熱を逆流させることだからである。

それを実現したのがヒートポンプである。冷媒の気体に圧力をかけて圧縮すると断熱圧縮という現象で熱を持つ。それを外気で冷やしたところで、圧力を解放してやると今度は断熱膨張が起こって温度が下がる。これを空気に伝えれば冷房になる。冷媒が常温に戻ったらまた圧縮する。（以上の説明は、蒸気圧縮式ヒートポンプについての解説である。）

この一連のサイクルを繰り返すことで冷房が可能となるのだし、サイクルを逆転させれば暖房もできる。

ヒートポンプによる暖房は外気温が低い寒冷地では効率が下がるので向かないが、一般には電気を熱に変えて暖房するよりも効率がいい。成績係数COP（Coefficient Of Performance）の値は、最近のエアコンでは暖房、冷房共に3〜5程度はある。

$$冷房 COP = \frac{冷房能力 [kW]}{冷房消費電力 [kW]}$$

なお、エアコンのほか冷蔵庫もヒートポンプの原理に基づいて動いている。

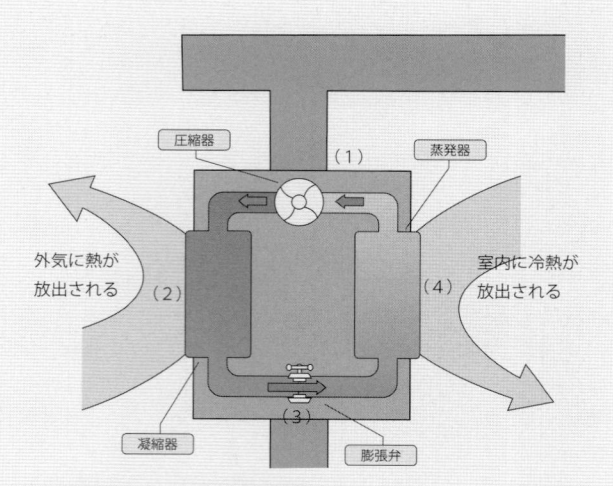

ヒートポンプによる冷房の原理
（1）断熱圧縮
（2）外気での冷却
（3）断熱膨張
（4）室内空気の冷却

Column

機械空調 — エネルギーを投入して、環境を制御する

機械など人工的な力に頼って、積極的に空調を行うアクティブな方法である。現在行われている主な空調機器の方式について、紹介しておく。

[中央方式（セントラルヒーティング）]

大型熱源機器であるボイラーや冷凍機（チラー式や吸収式など）などを1ヵ所に設置し、ダクトや冷・温水管で熱を各所に分配する。冷・温水で送った場合は、各所で**ファンコイルユニット**を使って冷・温風をつくり出す。

[個別方式]

パッケージエアコン（PAC）と室外機から構成され、ヒートポンプを熱源にしている。室外機はパッケージと一体のもののほか、何台ものパッケージとつながるマルチタイプもある。パッケージは大型・床置き・壁掛け（ルームエアコン）・天井カセットなどさまざまである。

[その他の暖房方式]

上記2方式は冷暖房可能であるが、暖房のみの方式としては次のようなものがある。

■ **オイルヒーター、パネルヒーター**

オイルヒーターは、密閉されたオイルを電気で暖め、フィンからの放熱で空気を自然循環させることで、部屋全体を暖める。パネルヒーターは、（遠）赤外線を発生させ、放射により柔らかく暖める。どちらも暖房による換気の必要がない。

■ **床暖房**

電気や温水により床材を暖め、熱伝導、対流および放射により暖める。室内で靴を脱ぐ習慣のある日本では熱伝導の効果が大きくなるので、とくにメリットがある。温風吹き出しがないためほこりがたたないこと、足下が暖かいという他の方式とは異なる温度分布となること、暖房による換気の必要がないことがメリットである。

韓国伝統のオンドルも床暖房の一種である。

■ **石油・ガスＦＦファンヒーター**

開放型ストーブに代わるもので、強制給排気（ＦＦ）型では室内の空気を汚さないので、一酸化炭素中毒の心配がない。また、燃焼時に発生する水蒸気も室外に放出されるので、結露の心配が少なくなる。

ファンコイルユニット
細かいフィン（fin：ひれ）に温冷水で熱を伝え、ファンにより送風することで、その熱を空気に伝える

オンドルを備えた部屋
オンドルというのは、朝鮮半島や中国東北部に見られる暖房形式。床下に煙道を廻らせ、竈で煮炊きしたときに発生した煙を導く。

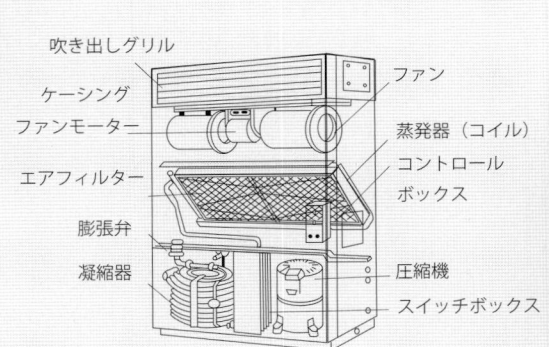

PACのしくみ[2]

吹き出しグリル／ケーシング／ファンモーター／エアフィルター／膨張弁／凝縮器／ファン／蒸発器（コイル）／コントロールボックス／圧縮機／スイッチボックス

PAC室外機

1 温熱感と空気調和

2 断熱と伝熱

P. ジョンソンのグラスハウスは、冬の寒さが厳しいニューヨーク近郊にある。ガラス1枚で暖かさを保てるのだろうか。それが気になるが、実はそこに、放射による暖房が隠されている。

断熱
熱を伝えないことが重要

寒い冬に暖かく暮らすためには、一度暖めた室内の熱をできるだけ逃がさないことが効率的である。反対に、暑い夏には冷やした室内の熱（冷熱）を外に逃がさないこと、つまり、外の暑熱を室内に取り込まないことが大事になる。どちらにしても室内外の熱移動を遮断すること（＝断熱）が重要だということになる。

この節では、断熱と伝熱のメカニズムについて学んでいく。

伝熱
熱の移動3種

熱の伝わり方には以下の3つがある。

■ **伝導**

熱は温度の高い方から低い方に移動する。接触する物質間はもちろん、同じ物質内でも熱は移動する。**伝導**(conduction)は、原子の振動が徐々に遠方に伝わっていく過程である。

■ **対流**

熱を帯びた液体や気体が流動して熱を伝えることを**対流**(convection)という。

空気は暖めると密度が小さくなり上昇するが、そのことにより、上層に熱が伝えられることになる。そして、相対的に低温の上層部の空気が下降する。これは冷熱を下層部に運んでいると考えることもできる。このような**自然対流**だけでなく、天井近くに滞留している暖まった空気をファンで床上近くに送るというのも、対流（**強制対流**）である。

■ **放射**（輻射）

伝熱も対流も空気などの物質がなければ起こらないが、**放射**(radiation)は電磁波が関与しているため、熱伝達物質を必要としない。

すべての物体は、その温度に応じて電磁波を放射している。これが物質にぶつかり吸収されると一部が熱に変換される。これを放射熱という。太陽の光や焚き火が離れていても暖かいのは、放射された電磁波が体という物質に当たって熱に変化するためである。一方、日陰が涼しいのは、太陽に比べると非常に低温の物体が太陽光を遮っているためである。

このように、物質で遮られると伝熱に寄与しないというのも、放射の特徴である。

熱貫流

熱が物体を貫いて流れる

壁のこちら側から向こう側に熱が伝わる。こういった現象を熱が壁を貫いて流れるという意味で**熱貫流**という（図10）。もちろん、屋根面、床面においても同様に熱貫流が考えられる。

熱貫流は、物体表面における**熱伝達**、壁内での**熱伝導**、反対側の表面からの熱伝達の3つの段階から成り立っている。

■熱伝導

下に示す熱伝導の式は、壁の両側の表面温度が安定している時に、単位面積の壁内を伝わっていく熱量を表している。壁の両側の表面温度差が大きいほど熱が伝わりやすく、壁が厚いほど伝わりにくいことがわかる。

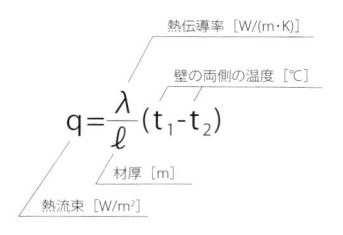

$$q = \frac{\lambda}{\ell}(t_1 - t_2)$$

- 熱伝導率 [W/(m·K)]
- 壁の両側の温度 [℃]
- 材厚 [m]
- 熱流束 [W/m²]

熱伝導による熱の流れ

式の右辺に現れた比例定数 λ は**熱伝導率**と呼ばれ、材料の熱の伝わりやすさを表す。主な建築材料の熱伝導率を下に示すが、一般に、金属は熱を伝えやすく、土や木は熱を伝えにくい（表1、図11）。

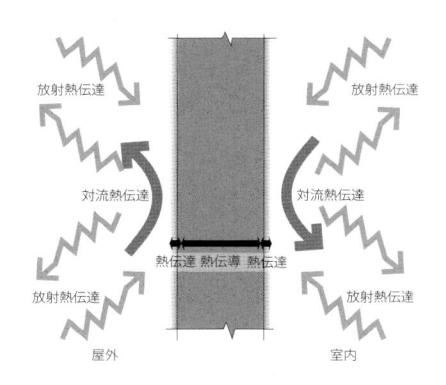

図10―熱貫流模式図

熱の流れは、壁体表面に滞留している空気層を挟んだ室内や室外の空気との熱交換、壁・天井・家具などの物体との放射による熱交換、および壁体内での熱の流れに分けて考えることができる。前2者を熱伝達、後者を熱伝導という。

【関連用語】

熱流束
単位面積あたりを流れる熱量のことである。

熱抵抗
熱伝導抵抗、熱伝達抵抗などの総称を、**熱抵抗**という。

分類	材料	比重量 ρ [kg/m³]	熱伝導率 λ [W/m·K] 乾燥	湿潤 (80%)
金属・ガラス	銅材	7,860	45	45
	アルミニウムおよびその合金	2,700	210	210
	板ガラス	2,540	0.78	0.78
セメント・石	ALC鉄筋人工軽量	600	0.15	0.17
	骨材コンクリート板	1,600	0.65	0.8
	豆砂利コンクリート	2,200	1.1	1.4
	PCコンクリート	2,400	1.3	1.5
	モルタル	2,000	1.3	1.5
	プラスター	1,950	0.62	0.8
	かわら・スレート	2,000	0.96	1
土・畳他	京壁	1,300	0.68	0.8
	繊維材質上塗り材	500	0.12	0.15
	畳	230	0.11	0.15
	カーペット類	400	0.073	0.08
繊維材	グラスウール保湿板	10〜96	0.051〜0.035	0.056〜0.039
	岩綿保湿材	40〜160	0.038	0.042
	吹付岩綿	1,200	0.046	0.051
木質材	合板	550	0.15	0.18
	木材	400	0.12	0.14
その他	水	998	0.6	-
	氷	917	2.2	-
	雪	100	0.06	-
	空気	1.3	0.022	-

（λ値 20℃の場合とする）

表1―**主な建築材料の熱伝導率**[2)]

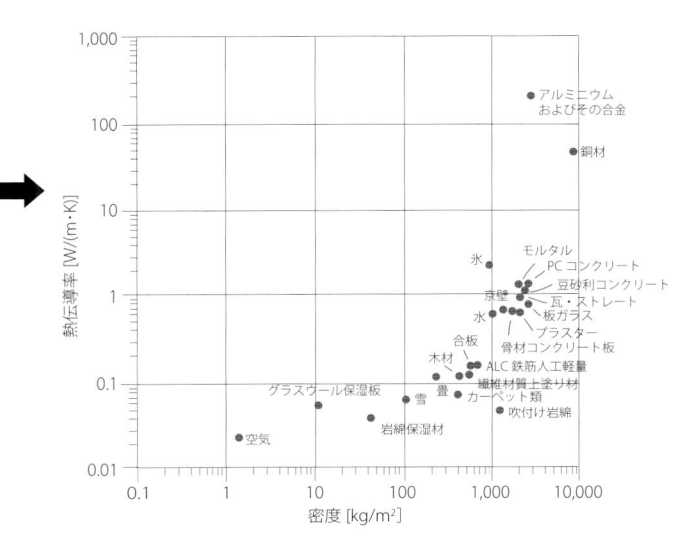

図11―主な建築材料の熱伝導率

表1のデータをグラフ化したもの。金属が飛び抜けて熱を伝えやすいこと、セメント・石類は水や氷と同程度に熱を伝えやすいことが見て取れる。

ガラス窓は熱を伝えやすいイメージがあるが、物質としてのガラス自体は金属ほど熱を伝えやすい訳ではない。ガラスの薄さが熱の移動を促進していることが理解される。ℓ/λは材の熱の伝わりにくさを表すため、**熱伝導抵抗**と呼ばれる。

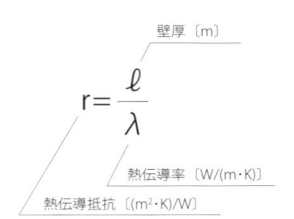

$$r = \frac{\ell}{\lambda}$$

壁厚 [m]
熱伝導率 [W/(m・K)]
熱伝導抵抗 [(m²・K)/W]

熱伝導抵抗

さて、空気は身の回りに存在する物質の中では、最も熱を伝えにくいもののひとつである。対流を起こさない程度に閉じこめれば、熱を伝えにくいガラス窓をつくることができる。これが**複層ガラス（ペアガラス）**である。

真空中では伝導、対流は起こらない。魔法瓶は、二重ガラスの間を真空にすることで保温する仕組みになっているが、ガラス窓にこれを応用すれば、熱をほとんど伝えないガラス窓をつくることができそうである。実際、そのようなものが開発されているが、下に示すように非常に断熱性能が高い。

単板ガラス	6.0 W/m²・K
ペアガラス	2.9 W/m²・K
Low-E ガラス	1.8 W/m²・K
ハイパフォーマンスガラス	1.4 W/m²・K
真空ペアガラス	1.5 W/m²・K

窓ガラスの熱伝導率

■ 熱伝達

物体表面における熱の移動を**熱伝達**という。

壁の熱伝達では、対流により空気との間でやり取りされる熱と、他の物体（室内壁や隣接する建物など）との間でやりとりされる放射熱が考慮される。前者を**対流熱伝達**、後者を**放射熱伝達**と呼ぶ。

■ 対流熱伝達

壁面の方が室内空気より高温である室内壁を考えてみる。熱伝導で壁表面に接した空気が暖められ、上昇することで空気が移動すると、代わりに室内の冷たい空気が入っていく。これにより、壁表面と空気の温度差が保たれると共に、壁表面の温度境界層が薄くなるため、伝熱量が増える。同様のことは室内空気の方が低温である場合にも発生し、気流が下降することにより熱伝達量が増加する。

空気から単位面積の壁に伝達する熱量q_cは、下式のように気温と壁表面温度の差に比例する。この時、比例定数α_cを**対流熱伝達率**という。

$$q_c = \alpha_c (t_a - t_s)$$

気温 [℃]
材表面の温度 [℃]
対流熱伝達率 [W/(m²・K)]
対流による熱流束 [W/m²]

対流熱伝達による熱の流れ

扇風機などで風をつくり対流を促した場合や、屋外で風が吹いている状態などでは、上述した自然対流よりも大きな熱伝達が起こり、α_cは大きくなる。表2に、熱流量を計算する時に用いられる対流熱伝達率を示す。

■ 放射熱伝達

物体表面と他の物体表面の間での電磁波による熱のやり取りを**放射熱伝達**と呼ぶ。これは温度の4乗の差と関連する（→p102）が、常温付近で直線近似し、温度差に比例した熱量が流動するものとして計算されることが多い。

$$(T_1^4 - T_2^4) = \underline{(T_1^2 + T_2^2)(T_1 + T_2)}(T_1 - T_2)$$

放射熱伝達の直線近似#

下線部を定数α_rと見なして計算することが多い。常温の室内で、温度差が数℃と小さければ誤差は数%に収まる。

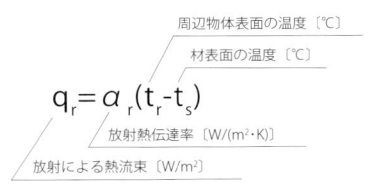

$$q_r = \alpha_r (t_r - t_s)$$

周辺物体表面の温度 [℃]
材表面の温度 [℃]
放射熱伝達率 [W/(m²・K)]
放射による熱流束 [W/m²]

放射熱伝達による熱の流れ

表2に、熱流量を計算する時に用いられる**放射熱伝達率**を示す。

■ 設計用熱伝達率

熱貫流率の計算には、対流熱伝達率と放射熱伝達率を足し合わせた**総合熱伝達率**を**設計用熱伝達率**として用いる。表2にそれを示す（→解説3）。

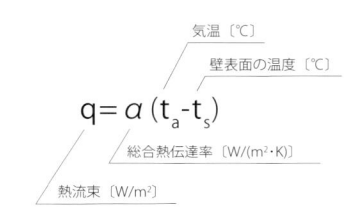

$$q = \alpha (t_a - t_s)$$

気温 [℃]
壁表面の温度 [℃]
総合熱伝達率 [W/(m²・K)]
熱流束 [W/m²]

熱伝達による熱の流れ

	対流熱伝達率 [W/(m²・K)]	放射熱伝達率 [W/(m²・K)]	設計用熱伝達率 [W/(m²・K)]
室内側	4	5	9
屋外側	18*	5	23

表2―設計用熱伝達率
※風速3m/sの場合（日本の冬の平均風速は3m/sと言われる）

■ 貫流熱流量の計算

単位面積の壁を貫流する熱量（熱流量）は、壁を挟んだ両側の気温差と比例関係にある。この時の比例定数Kを**熱貫流率**といい、1/K（= R）を**熱貫流抵抗**という。熱貫流率が高い（熱貫流抵抗が小さい）ということは、熱を通しやすいということを表している。

熱貫流抵抗は、2つの表面熱伝達抵抗と、壁内各部材の熱伝導抵抗の和として求められる。

● 解説 3

熱貫流率の計算、サンプルケース（1）（2）#

断熱材を入れていないサンプルケース（1）と比較し、断熱材としてポリスチレンフォームを挿入したサンプルケース（2）では熱抵抗が約4倍、つまり熱貫流率は約1/4になることがわかる。

W:10m×D:10m×H:2.5mの建物を想定して、これら2つの壁体について熱流量を計算してみると、外気と室温の気温差が20℃の場合、1時間あたり4,446kcalのエネルギーが節約できることになる。これは石油の燃焼による熱量発生を8,400kcal/lと見積もった場合、529ml分に相当する。

このサンプルケースでは、空気層の熱伝達率として表2の設計用熱伝達率を用い、壁体内の熱伝導抵抗を材料厚みと材料の熱伝導率から求めている。中空層の熱抵抗については、次頁Column参照。

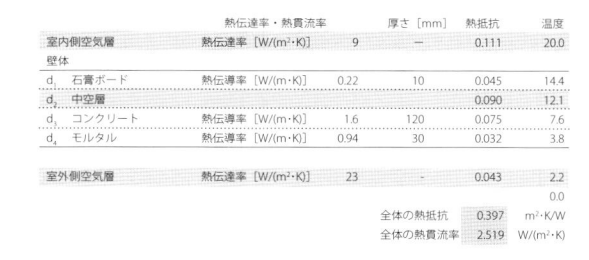

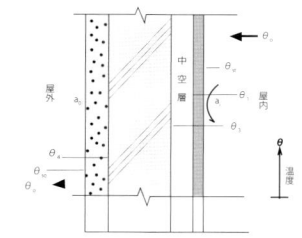

サンプルケース（1）

		熱伝達率・熱貫流率	厚さ [mm]	熱抵抗	温度
室内側空気層		熱伝達率 [W/(m²·K)] 9	—	0.111	20.0
壁体					
d_1	石膏ボード	熱伝導率 [W/(m·K)] 0.22	10	0.045	14.4
d_2	中空層			0.090	12.1
d_3	コンクリート	熱伝導率 [W/(m·K)] 1.6	120	0.075	7.6
d_4	モルタル	熱伝導率 [W/(m·K)] 0.94	30	0.032	3.8
室外側空気層		熱伝達率 [W/(m²·K)] 23	—	0.043	2.2
					0.0
			全体の熱抵抗	0.397	m²·K/W
			全体の熱貫流率	2.519	W/(m²·K)

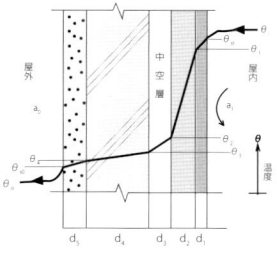

サンプルケース（2）

		熱伝達率・熱貫流率	厚さ [mm]	熱抵抗	温度
室内側空気層		熱伝達率 [W/(m²·K)] 9	—	0.111	20.0
壁体					
d_1	石膏ボード	熱伝導率 [W/(m·K)] 0.22	10	0.045	18.7
d_2	ポリスチレンフォーム	熱伝導率 [W/(m·K)] 0.028	35	1.250	18.1
d_3	中空層			0.090	2.9
d_4	コンクリート	熱伝導率 [W/(m·K)] 1.6	120	0.075	1.8
d_5	モルタル	熱伝導率 [W/(m·K)] 0.94	30	0.032	0.9
室外側空気層		熱伝達率 [W/(m²·K)] 23	—	0.043	0.5
					0.0
			全体の熱抵抗	1.647	m²·K/W
			全体の熱貫流率	0.607	W/(m²·K)

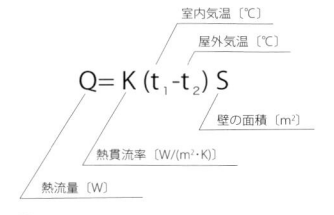

熱流量

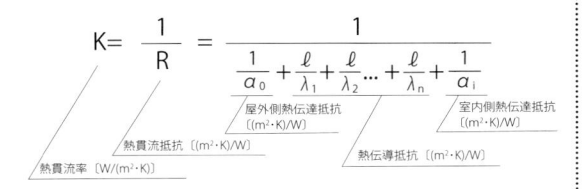

$$Q = K(t_1 - t_2) S$$

- Q：熱流量 [W]
- K：熱貫流率 [W/(m²·K)]
- t_1：室内気温 [℃]
- t_2：屋外気温 [℃]
- S：壁の面積 [m²]

熱貫流率・熱貫流抵抗

$$K = \frac{1}{R} = \frac{1}{\frac{1}{\alpha_o} + \frac{\ell_1}{\lambda_1} + \frac{\ell_2}{\lambda_2} \cdots + \frac{\ell_n}{\lambda_n} + \frac{1}{\alpha_i}}$$

- K：熱貫流率 [W/(m²·K)]
- $1/R$：熱貫流抵抗 [(m²·K)/W]
- $1/\alpha_o$：屋外側熱伝達抵抗 [(m²·K)/W]
- ℓ/λ：熱伝導抵抗 [(m²·K)/W]
- $1/\alpha_i$：室内側熱伝達抵抗 [(m²·K)/W]

解説3のサンプルケースでは、断熱材を含まない壁体と、断熱材を加えた壁体の熱貫流率の計算事例を示し、解説5では、計算過程で使用する壁体内での温度分布の計算方法について解説する。

● 解説 4

熱伝達式の簡略化

壁表面での熱伝達抵抗は熱伝達率の逆数を取る。室内側では1/9、室外側では1/23を取ることが多いが、それは本文の記述にあるように、対流熱伝達と放射熱伝達を加算したものの逆数である。

この時、計算対象の壁を取り囲む他の壁の表面温度が空気温度と等しいと仮定すれば、次のような計算を経て、熱伝達による熱の流れに示した式にまとめることができる。

$$\begin{aligned} q &= q_c + q_r \\ &= \alpha_c(t_a - t_s) + \alpha_r(t_r - t_s) \\ &= (\alpha_c + \alpha_r)(t_a - t_s)^{※} \\ &= \alpha(t_a - t_s) \end{aligned}$$

※ $t_a = t_r$ と見なせる場合

● 解説 5

壁内温度分布の計算

定常状態（壁体の各部の温度が一定の状態）において、壁体内を流れる熱量は、どこでも一定と見なせるので、（1）式が成立する。λ、l、α_i、α_o を用いて全体の熱貫流率Kを求め、$q = K(t_i - t_o)$ に t_i と t_o を代入することで熱流束qを求める。あとは、この式に代入していけば、t_{si}、t_{so} の値が求まる。

$$q = \frac{1}{\alpha_i}(t_i - t_{si}) = \frac{\lambda}{\ell}(t_{si} - t_{so}) = \frac{1}{\alpha_o}(t_{so} - t_o) \quad \cdots (1)$$

単層壁の場合

$$= \frac{\lambda_1}{\ell_1}(t_1 - t_2) = \frac{\lambda_2}{\ell_2}(t_2 - t_3) = \frac{\lambda_n}{\ell_n}(t_{n-1} - t_n) = \quad \cdots (2)$$

複層壁への拡張

複数の材料で壁が構成されている場合も、（2）式のように熱伝導の部分を材毎に分割して計算するだけで、同様に壁内の温度を求めることができる。サンプルケース各部の温度は、このような計算によって求められている。

なお、熱橋や偶角部では、上述の1次元モデルではなく、2次元モデルを用いて計算する。

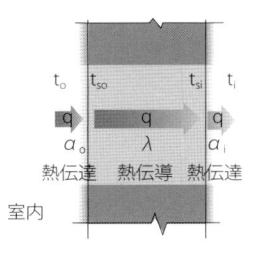

熱橋・冷橋と偶角部

熱的弱点

熱橋・冷橋は、ヒートブリッジ・コールドブリッジとも呼ばれる。

断熱性能の悪い部分が1カ所でもあると、そこが内と外の熱の架け橋になって、周囲より過大な熱が流出・流入し、その結果、部分結露などの不具合が生ずる。壁内部の鉄骨柱は熱橋・冷橋となりやすいので、注意が必要である（図12）。

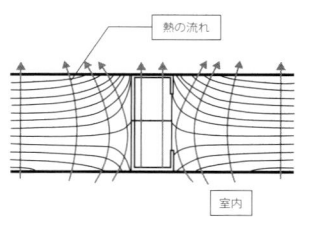

（1）は、鉄骨材が熱橋になり、熱が伝わりやすくなっていることを表す。
（2）は、偶角部で熱が伝わりやすいため、室内側の表面温度が低下することを表す。
（3）のように、内壁により断熱が途切れた部位は熱橋となりやすいので、（4）のように断熱材を内壁側まで延伸することで対応する。

また、床と壁の取り合い部分、壁と壁の取り合い部分などの**隅角部**では、2方向あるいは3方向から屋外の熱の影響を受けるため、断熱性能が弱くなりやすい。対策として、ベランダ部分に断熱材を伸ばしたり、界壁に沿って内側に断熱材を伸ばしたりする。下図は、そのような工夫の一例である（図13）。

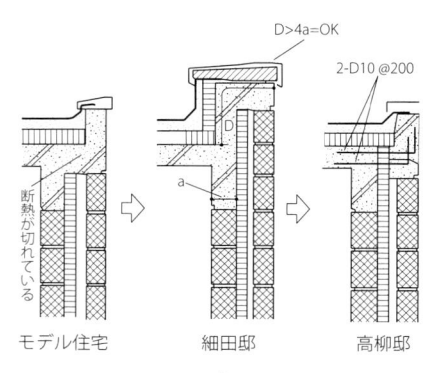

（1）熱橋部分の温度分布と熱流
（2）壁の出隅部分の温度分布
（3）内壁が構造熱橋になる例
（4）壁の出隅部分の温度分布

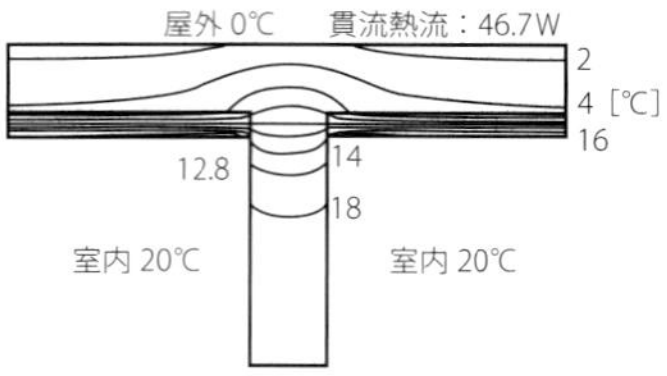

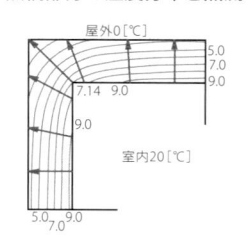

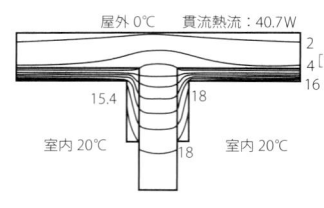

図12―**熱的弱点＝結露しやすい場所**[3]

図13―**熱橋の遮断**[4]

Column

中空層――必要以上に大きくしても断熱性能は向上しない

湿気を逃がすため、壁体内に空気層が取られることは多い。こういった中空層では、熱伝導、対流熱伝達、放射熱伝達の3つが熱の移動に絡む。

右図に示すように、垂直空気層の場合、厚さ15mmほどまでは空気の流動が小さいため、厚さが増加すると熱抵抗も増加する。しかし、それを超えると熱抵抗の増加率は小さくなっていく。

中空層では放射による熱移動も無視できない。空気層側を放射率（→p102）の小さいアルミ箔仕上げとすれば、それを80％以上軽減できる。

熱抵抗計算に用いる複層ガラスなどの密閉中空層、壁面内の半密閉中空層の熱抵抗を右に示す。

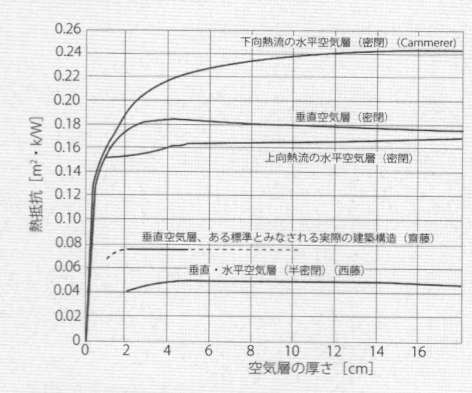

空気層の厚さと熱抵抗の関係[5]

中空層の種類	熱抵抗の設計値 [m²・K/W]
密閉中空層	0.18
半密閉中空層	0.09

中空層の設計用熱抵抗値[5]

温度分布――断熱で温度分布を変えられる

冬、暖かい空気は軽いので上昇し、床面近くと温度差が生じる。このため天井の高い空間や吹き抜けなどは、せっかく暖めた空気が上に行ってしまい、不経済だと考えられがちである。

しかし、下図に示すように断熱性能を高めると、温度分布を改善することができる。これはコールドドラフトによる空気循環を防ぐことで、対流による熱の移動が減少するためである。

そうなれば、吹き抜けもつくれるし、開放的な間取りでも快適な温熱環境を楽しむことができるだろう。

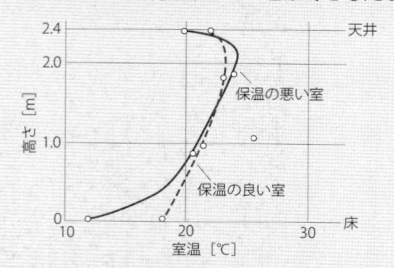

室上下の温度分布[6]

断熱材

空気の断熱性を利用する

　熱貫流率を低下させる、つまり断熱性を高めるには、熱伝導率の低い断熱材を外皮に加えることが有効であることが解説③のサンプルケース（1）（2）で確認された。

　断熱材には図14に示すようにいくつかの種類が存在するが、それらに共通するのは気体を細かく分割して保持していることである。前述したように空気の熱伝導率は低い。ただし、空気は対流が起こると途端に熱抵抗が下がってしまうので、空気を小さく分割し、動かないようにする必要がある。

　断熱材と言われるものは、材料の内部に隙間が多く、動かない空気をたくさん含んでいる。モコモコのセーターが暖かいのと同じ理屈である。

　しかし、セーターだけでは風がスースー通過して寒いので、我々は薄手でもいいからジャンパーやコートを羽織る。対流が起こらないようにしてやってこそ、空気の熱伝達率の低さが活きるのである。それと同様に、断熱材の表面はサイディングなどの外壁材で覆われる。

【無機繊維系断熱材】

グラスウール
ガラスを細い繊維にして綿状加工した断熱材です。床・壁・天井と住宅のほとんどの部位に使用できます。厚さや気密が高くなるほど断熱性能に優れ、軽くて使いやすい断熱材です。無機質なので燃えず、ガスも発生しません。防音性能や耐久性にも優れています。

ロックウール
耐久性に優れた鉱物を高温で溶かしてごく細い繊維状にした断熱材です。床・壁・天井と住宅のほとんどの部位に使用できます。650℃以上の熱にも耐え、有毒ガスも発生しません。撥水性、耐久性があり防音にも優れています。

【木質繊維系断熱材】

セルローズファイバー
天然の木質繊維を利用した断熱材です。繊維の中にある気泡に含まれる空気が優れた断熱性、防音性を発揮します。木質繊維なので素材そのものに湿気を吸収したり放出したりする機能があり、断熱材の内部結露を防止し、快適な住環境をつくります。

インシュレーションボード
木材から取り出した繊維質をボード状に成形加工した断熱建材です。高い断熱性と吸湿・防湿性を兼ね備えており、内部結露を防ぎます。原材料には、リサイクルされた木材や未利用木材を使用しているので、エコマーク認定を受けています。

【発泡プラスチック系断熱材】

ビーズ法ポリスチレンフォーム
一つ一つの粒の中に独立した気泡構造を持った断熱建材です。水や湿気に強いのが特徴で、軽くて加工性、施工性に優れています。金型による成形品のため、自由な形に仕上げることができるため、板、筒などさまざまな製品が製造されています。

押出法ポリスチレンフォーム
断熱建材を建物の外側に張り付ける外断熱工法に適した断熱建材です。断熱性に優れているため、薄くても断熱効果が高く、重量も軽くすることができます。水に強く、耐吸湿性があるため、基礎や土間床の断熱にも使用することができます。

硬質ウレタンフォーム
繊細な独立気泡で形成された断熱建材です。気泡には、熱伝導率が極めて小さいガス（空気の約1/3）が含まれていますので、とくに断熱性能に優れています。ボード状に加工された製品のほかに、施工現場で直接吹き付けて使用する現場発泡品があります。

ポリエチレンフォーム
細かな独立気泡で発泡された耐吸湿・耐吸水性の高い断熱建材です。柔軟性に富んでいるのでさまざまな形状の製品があり、現場で隙間なく施工することができます。床・壁などのほか、屋根や屋上、配管カバーなど、断熱・防水と用途も多彩です。

フェノールフォーム
独立気泡構造を持つ断熱建材です。素材の安定性が高く、長期間にわたって優れた断熱性能を発揮します。130℃までの使用に耐える耐熱性があり、防火性にも優れています。炎が当たっても炭化するだけで、煙や有毒ガスはほとんど発生しません。

図14―断熱材の種別と特色

窓の断熱

熱の抜け穴

厚さ3mmのガラスは、グラスウールに換算すると0.2mm分くらいの断熱性能しかない。一重のガラス窓では、壁体に50〜100mmのグラスウールを張り詰めても、そこからどんどん熱が逃げていくということになりかねない。窓は断熱性能のウィークポイントなのである（図15）。

住宅では、外壁の25〜30％を窓が占めると言われる。総合的な熱のやり取りの削減を考える時、窓の断熱性能向上は避けて通れない課題である。

■ガラス部分の断熱性能向上

熱伝導の項で説明したように、空気を挟み込んだり、空隙を真空にしたりといった工夫が見られる。そのほか、Low-Eガラスと呼ばれる、複層ガラスの空気層側に金属膜を塗布し、太陽の熱を取り入れ、室内側の熱を逃がさない工夫をしたもの、そこにアルゴンガスを封じ込めた、ハイパフォーマンスガラスというものもある（→解説6、p96）。

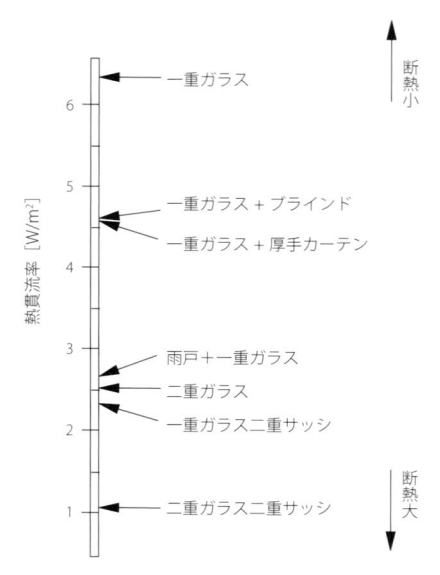

図15—窓の仕様による熱貫流率の違い

窓の種類	厚さ [mm]	日射熱取得率 η [-]	日射遮蔽係数 SC[-]	熱貫流率 K[W/m²·K]
透明	3	0.86	1.0	6.2
透明	6	0.82	0.95	6.2
透明＋透明	3+3	0.76	0.87	3.6
熱線吸収 ブロンズ系	6	0.63	0.72	6.2
熱線吸収 グリーン系＋透明	6+6	0.51	0.59	3.6
熱線反射 ブロンズ系	3+3	0.25	0.29	5.6
透明＋熱線反射 ブルー系	3	0.44	0.51	3.0
透明＋low-E シルバー系	3+3	0.51	0.59	2.7
透明＋ベネシャンブラインド	3	0.50	0.58	5.3
透明ガラス＋ローラーシェード（中等色）	3	0.53	0.81	-
透明ガラス＋カーテン（中等色）	3	0.40	0.47	-
透明ガラス＋障子戸	3	0.46	0.54	-
透明ガラス＋反射ルーバー	3	0.77	0.89	-
外付け可動水平ルーバー	3	0.11	0.13	-
外付けベネシャンブラインド＋透明ガラス	3	0.13	0.15	-
外付けサンスクリーン＋透明ガラス	3	0.20	0.23	-

表3—窓の仕様による熱貫流率などの違い[7]
日射遮蔽係数は、厚さ3mmの窓ガラスと比較した時の日射熱取得率の割合を表す

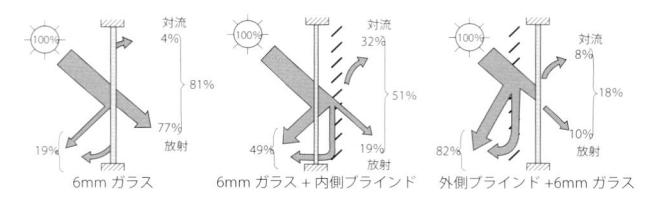

図16—各種ブラインドの日射遮蔽効果[6]

ブラインドに当たって日射が熱に変わる。その熱を戸外に放出した方が熱負荷を軽減できる。

●解説 6

Low-Emissivity——低放射の恩恵[7]

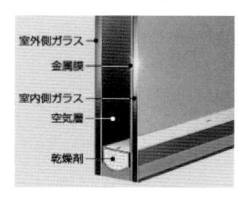

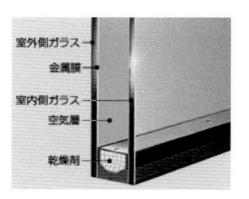

高断熱Low-Eガラス　　遮熱高断熱Low-Eガラス　　サッシ部分の構造

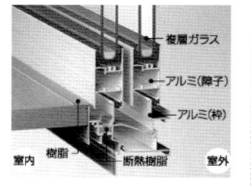

Low-E金属膜は、太陽光のうち可視光線の領域はその大半を透過する。一方、紫外線・赤外線の領域に関しては透過率が小さい。

ペアガラスの空気層では、対流による熱移動より放射による熱移動の割合が大きい。Low-E金属膜をガラスの空気層側に塗布すると、ガラス間の放射による熱伝達を抑えることができるため、断熱性能が向上する。

Low-E金属膜を室内側ガラスの空気層側に塗布すると、室内で発生した熱（遠赤外線）を反射することになり、暖房負荷を軽減する効果が得られる。これが高断熱Low-Eガラスである。

Low-E金属膜を屋外側ガラスの空気層側に塗布すると、日射に含まれる赤外線成分を屋外に放出する分、室内への熱流入を抑えることになり、冷房負荷を減らす効果がある。これが遮熱高断熱Low-Eガラスである。

どちらも断熱性は高いが、暖房負荷が大きいか、冷房負荷が大きいかで使い分ける。

総合熱貫流率
建物全体の断熱性能

■サッシ部分の断熱性能

アルミニウムの熱伝導率はガラスと比較にならないほど大きい（→p95）。ペアガラスにして断熱性能を上げても、サッシがアルミのままでは、窓の熱流量を減らすことはできない。

そこで、プラスチック製、木製、アルミとプラスチックの複合体、ゴムなどさまざまな材料で断熱したサッシが出回っている。

また、窓枠の気密性も断熱性能と関係する。隙間風が通り抜けるようでは断熱性能が下がってしまうからである。はめ殺し以外にも、スライドの仕方に工夫を凝らした製品が出回っている。

■窓面でのコントロール

さまざまな窓の熱貫流率を表3に示す。

ガラスの種類を変更することのほかに、窓にブラインドを取り付けたり、ルーバーを設置したりすることで、日射取得をコントロールすることもできる。図16は、その例である。ブラインドが日射遮蔽に効果があること、とくに窓外に設置すると効果が高いことがわかる。しかし、日本では台風などで強風が吹く可能性があるため、設置事例は少ない。図17に示すように複層ガラス内の空隙にブラインドを組み込んだものが、それに代わる製品ということになろうか。

図17―ブラインドを組み込んだ複層ガラス窓

これまで、壁の一部を切り出した形での議論を進めてきた。建物全体の断熱性能を計算するためには、各部位について熱貫流率を計算し、面積加重平均を取ればよさそうである。

内外気温差（$t_o - t_i$）が1℃のときの建物全体の熱損失を総合熱貫流率というが、その計算においては熱貫流率×部位面積の総和に、換気（すきま風なども含んだ空気の入れ換え）の影響を加味する必要がある。

■換気による熱損失

空気の比熱を1,000 [J/kg・K]、空気の密度を1.2 [kg/m^3] として、1 [W] = 1 [J/s] だから、換気量Q [m^3/h] のときの換気に伴う熱損失は $1 \times 1.2 \div 3,600 \times Q ≒ 0.34Q$ [W/K] となる。

【関連用語】

平均熱貫流率
木造の外壁で間柱が入っている場合など、壁の材質が均一でないケースで、部位ごとの熱貫流率の面積加重平均を取ったもの。

建物全体と外部の熱のやり取り
暖冷房負荷の計算に向けて

建物全体の熱損失を考えるには、総合熱貫流率以外に日射の影響についても考慮する必要がある。太陽光が壁面に吸収されて温度上昇することについては、相当外気温という考え方で対応する。ガラス窓を通り抜けて室内に入ってくる日射については日射熱取得率という考え方が用いられる。

■相当外気温度

外壁が受ける全日射量をJ、外壁の日射吸収率をa_sとすると、外壁面から流入する熱量は、熱伝達分にそれらを掛け合わせたものを加えたものとなる。この影響の分を外気温が高いと見なし、外壁から流入する熱量を計算する。それが相当外気温度である。

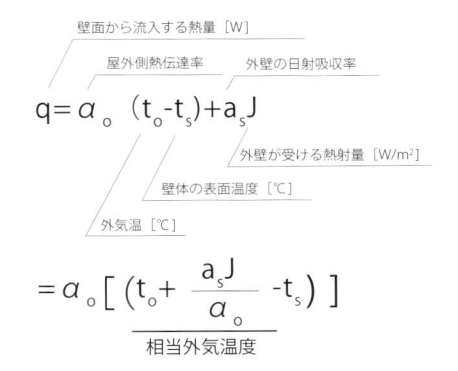

$$q = \alpha_o (t_o - t_s) + a_s J$$

（壁面から流入する熱量 [W]、屋外側熱伝達率、外壁の日射吸収率、外壁が受ける熱射量 [W/m^2]、壁体の表面温度 [℃]、外気温 [℃]）

$$= \alpha_o \left[\left(t_o + \frac{a_s J}{\alpha_o} \right) - t_s \right]$$

相当外気温度

■日射熱取得率

窓ガラスを素通りして入射した太陽光は、室内で熱に変わる。日射熱取得は、窓面に当たる全日射量に日射熱取得率 η（イータ）を掛け合わせたものとなる。実際には、庇の影のでき方なども日射熱取得に関わるので、定数として扱えるケースは少ない。

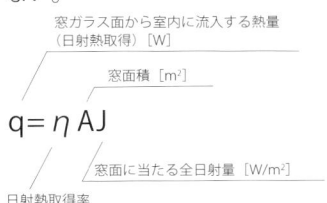

$$q = \eta A J$$

（窓ガラス面から室内に流入する熱量（日射熱取得）[W]、窓面積 [m^2]、窓面に当たる全日射量 [W/m^2]）

日射熱取得率

日射熱取得

図18に暖冷房負荷の要因をまとめて示す。

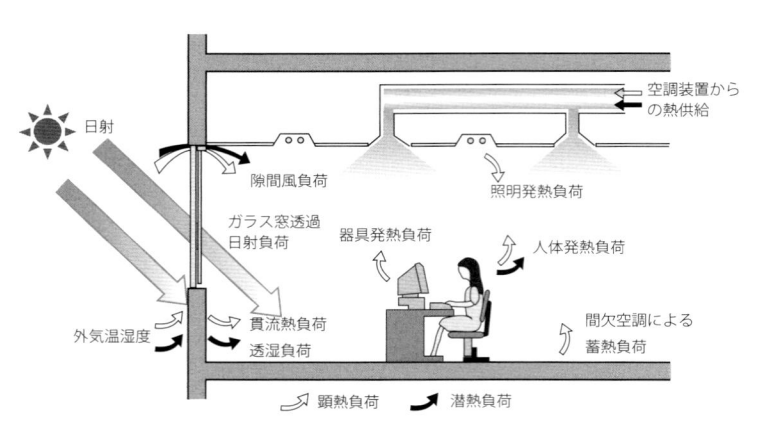

図18―暖冷房負荷の要因
この図は空調負荷を計算するときに考慮に入れるべき要因を取り上げたものである。
顕熱と潜熱については、p134参照。

Column

ステファン・ボルツマンの法則

物体は、絶対温度の4乗に比例した電磁波を放出している。

物質によって定まっている放射率 ε は、$0<\varepsilon<1$ の値を取るが、黒体という想像上の物体を想定した場合（$\varepsilon=1$）を**ステファン・ボルツマンの法則**と呼ぶ。

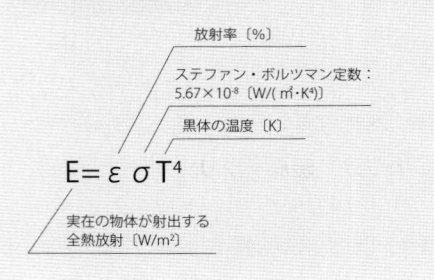

$$E = \varepsilon \sigma T^4$$

- 放射率〔％〕
- ステファン・ボルツマン定数：5.67×10^{-8}〔W/(m²・K⁴)〕
- 黒体の温度〔K〕
- 実在の物体が射出する全熱放射〔W/m²〕

Column

太陽光を熱に変換する力――日射の反射・吸収・放射

下図は、さまざまな材料の日射の反射・吸収および放射の特性を示したものである。

日射は物体に吸収され、熱に変わる。したがって、**日射吸収率**の値が小さければ、熱の発生を抑えられる。図の上辺には色の異なる物体が並んでいるが、白っぽい物体の方が日射吸収率が小さく、熱を持ちにくいことがわかる。下辺の金属では光沢のあるものの日射吸収率が小さそうだ。

長波放射率は、遠赤外線（3-100μmあたりの電磁波）をどの程度放射するかを表している。実在の物体が射出する熱放射は、ステファン・ボルツマンの法則に**放射率ε**を乗じたものとして表現できる。εが大きいほど、吸収した日射エネルギーを射出する量が増える。

下辺に並ぶ金属類の長波放射率は小さい。金属が熱くなるのは、日射のエネルギーを溜め込み、遠赤外線として放出しないことが関係していると考えられる。

遮熱塗料と呼ばれるものは、日射の近赤外線の反射率が高く、かつ遠赤外線の放射率が高い塗料であり、そのため屋根に塗れば屋根面の表面温度を下げることができる。

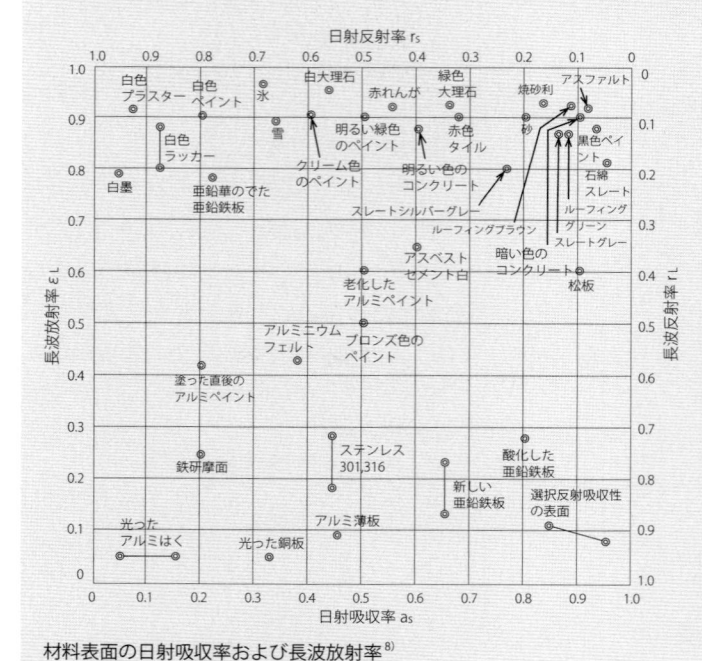

材料表面の日射吸収率および長波放射率[8]

太陽放射線の分光分布
太陽が放つ電磁波である太陽放射線は、人間の目に見える波長380～780nmだけでなく、300～5,000nmくらいにわたっている。300～380nmの部分は紫外線、780～5,000nmの部分は赤外線という。そのうち、780～2,500nmあたりを近赤外線と呼ぶ。

住宅の省エネルギー基準

断熱性能を上げる

昭和55（1980）年に住宅の省エネルギー基準（住宅に係わるエネルギー使用の合理化に関する建築主の判断の基準）が制定された。その後、平成4（1992）年と平成11（1999）年の2度にわたって基準強化がなされた。これらはそれぞれ「**新省エネルギー基準**」、「**次世代省エネルギー基準**」と呼ばれている。

基準では、**暖房デグリーデー（18℃）**（＝暖房開始温度を摂氏18度とし、これを下回る場合の外気温度と室温の差を一年分加算したもの：暖房度日）に基づいて区分された6地区ごとに、熱損失係数の基準値が設定されている（図20）。

熱損失係数は、総合熱貫流率を延べ床面積で割った値である。壁や屋根の熱貫流率が同じであっても、建物規模が大きくなって屋根面積・壁面積が増えると総合熱貫流率が増大するので、その影響を考慮するのである。

熱損失係数の基準は、寒冷地ほど値が小さくなっている。

$$Q = \frac{KA}{A_f}$$

総合熱貫流率 / 延べ床面積 / 熱損失係数

熱損失係数

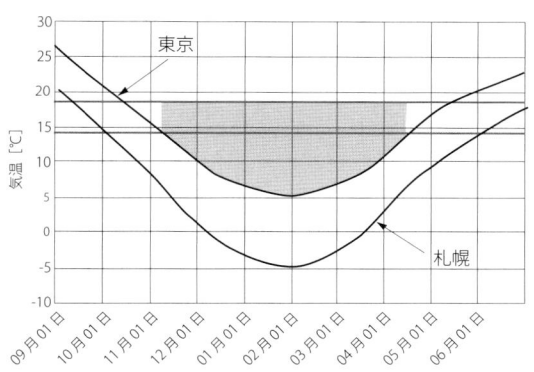

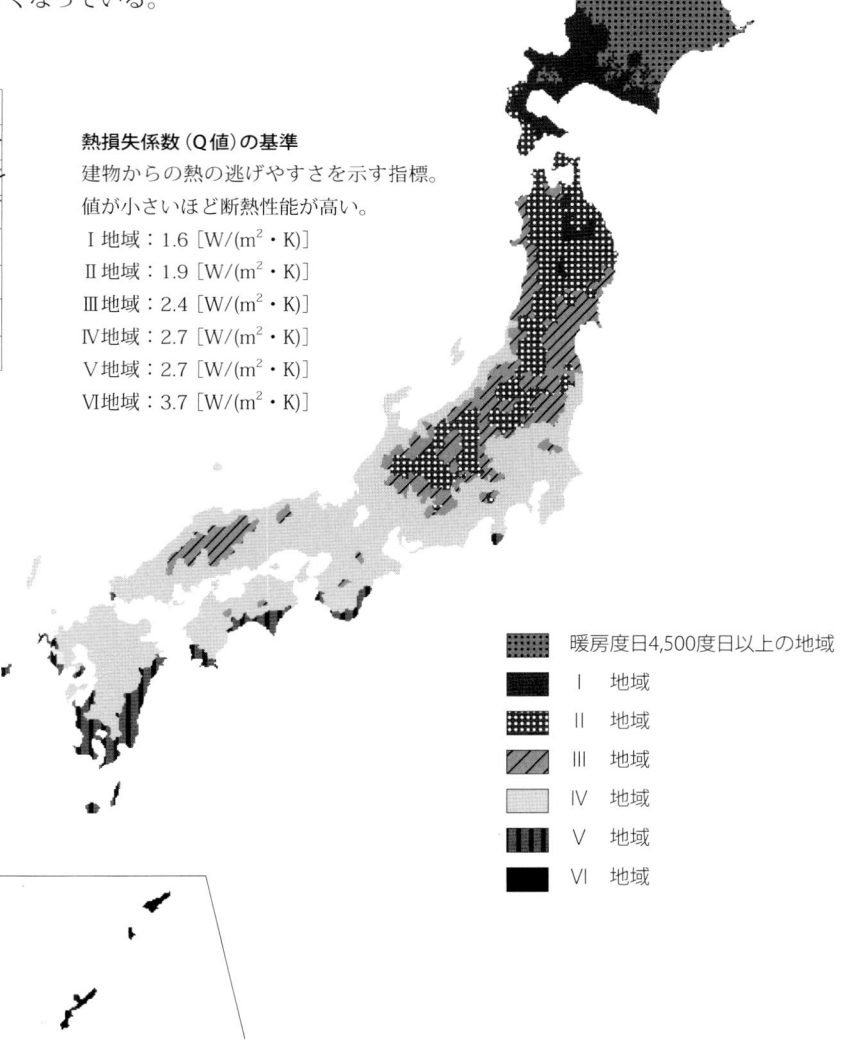

図19—**暖房デグリーデー**
暖房デグリーデーは、基準室温（暖房温度）と暖房限界温度（暖房を開始または停止する日平均外気温）をDの後に付けて表される。この図は14℃以下になったら18℃になるよう暖房するD_{18-14}を表している。省エネルギー基準ではD_{18-18}が用いられている。

熱損失係数（Q値）の基準
建物からの熱の逃げやすさを示す指標。
値が小さいほど断熱性能が高い。
Ⅰ地域：1.6 [W/(m²・K)]
Ⅱ地域：1.9 [W/(m²・K)]
Ⅲ地域：2.4 [W/(m²・K)]
Ⅳ地域：2.7 [W/(m²・K)]
Ⅴ地域：2.7 [W/(m²・K)]
Ⅵ地域：3.7 [W/(m²・K)]

暖房度日4,500度日以上の地域
Ⅰ地域
Ⅱ地域
Ⅲ地域
Ⅳ地域
Ⅴ地域
Ⅵ地域

図20—住宅の次世代省エネルギー基準の地域区分

3 湿気と結露

よく冷えたグラスの周りには水滴ができる。グラス周りの空気が冷やされて露点温度を下回ったために、空気中の水蒸気が析出した（水滴として現れた）。

結露
空気中の水蒸気が出てくる

アイスティーをしばらく置いておくと、グラスのまわりに水滴がつく。これが**結露**である。湿った暖かな空気がグラス表面で冷やされ、空気中の水蒸気が水となって析出したのだ。冬に窓ガラスが曇るのも同様のメカニズムである。

結露は、物を濡らしてしまうことで、物が腐ったり、カビやダニが発生したり、木材が歪んだりする原因になる。また、水の熱伝導率は高く、せっかくの高性能断熱材も、湿気を含んだり、結露して濡れてしまうと、断熱性能はガタ落ちになる。このため、高温多湿の日本で、結露対策は非常に重要である。

本節では、気温のコントロールと共に湿度のコントロールを学んでいく。

湿度
空気中に含まれる水蒸気量

結露には、空気中の水蒸気の量が関係する。

水蒸気を含んだ空気を**湿り空気**という。空気中に含まれる水蒸気の空気に対する割合を湿度といい、空気中の水蒸気の圧力や重量で表す。空気中に存在できる水蒸気量は空気の温度によって違い、気温が高いほど多くの水蒸気が存在できる。ある気温で、これ以上多くの水蒸気が存在できないという状態を飽和状態という。この時の水蒸気圧が**飽和水蒸気圧**、水蒸気量が**飽和水蒸気量**である。

■絶対湿度

水蒸気を含まない空気（乾き空気）1 kgに対して x kgの水蒸気があった場合（つまり（1 + x）kgの湿り空気の場合）の x を**絶対湿度**（重量絶対湿度）と呼ぶ。

■相対湿度

相対湿度は、その気温における飽和水蒸気圧に対する空気中の水蒸気圧の割合である。その温度で存在できる最大の水蒸気量を100％とした時の、測定時の水蒸気量の割合と言い換えることもできる。

気温が高いほど多量の水蒸気を含むことができる（飽和水蒸気圧が高い＝飽和水蒸気量が多い）ので、絶対湿度が同じでも、気温が変化すれば相対湿度は変化する。

湿り空気線図
結露のメカニズムが理解できる

気温、水蒸気分圧、絶対・相対湿度などの関係を示したのが空気線図（**湿り空気線図**）である（図21、22）。

湿り空気が冷やされると、存在できる水蒸気量はどんどん少なくなり、やがて飽和状態（**露点**）に達する。さらに冷やすと、水蒸気として存在できない分が、水（場合によっては氷）となって析出してくる。これが**結露**である。

こういった湿り空気の状態変化を湿り空気線図から読み取ることができる。

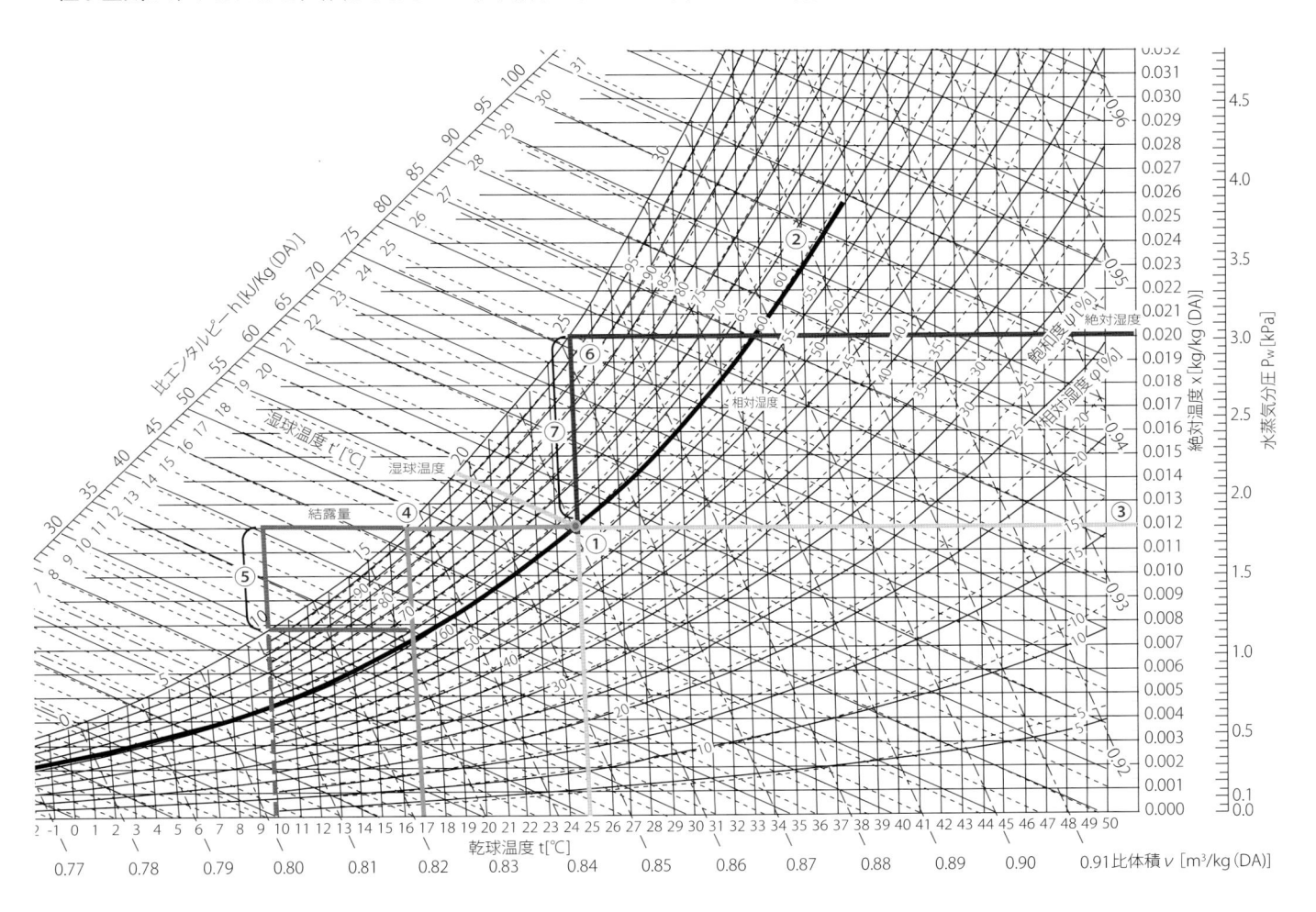

図21―湿り空気線図の読み取り方

上の解説図は、乾球温度25℃、湿球温度19.5℃を示した時の湿り空気線図上の位置（①）から読み取れる事柄を表したものである。

まず相対湿度を見ると、60%であることがわかる（②）。また、絶対湿度は0.012kg/kg(DA)程度であるから、乾き空気(DA) 1kgあたり12gの水蒸気が含まれていることがわかる（③）。

この空気を冷やしていった時、露点に達する温度を求めるには、絶対湿度が変化しない線、つまり水平線として左に延伸し、相対湿度100%となる線（1番上に描かれているカーブ）と交わる点（④）を求め、その時の乾球温度を読み取ればよい。ここでは約17℃となる。窓面で空気が冷やされるとすれば、窓面が17℃未満になると結露するということになる。

さらに冷やして10℃とした時、どの程度の水が結露して析出するだろうか。10℃の飽和水蒸気量は、7.8g程度である。乾き空気1kgを含んだ湿り空気では12.0 − 7.8 = 4.2gが結露することになる（⑤）。

さて、元に戻って、今度は加湿していってみよう。乾球温度25℃のラインを上に伸ばしていくと飽和水蒸気量を表すカーブにぶつかる（⑥）。そこで右水平に行ったところの値を読み取ると絶対湿度0.020kg/kg(DA)である。したがって、乾き空気1kgを含んだ相対温度60%、乾球温度25℃の湿り空気であれば、20.0 − 12.0 = 8.0gの水蒸気を加えても結露しないことが読み取れる（⑦）。

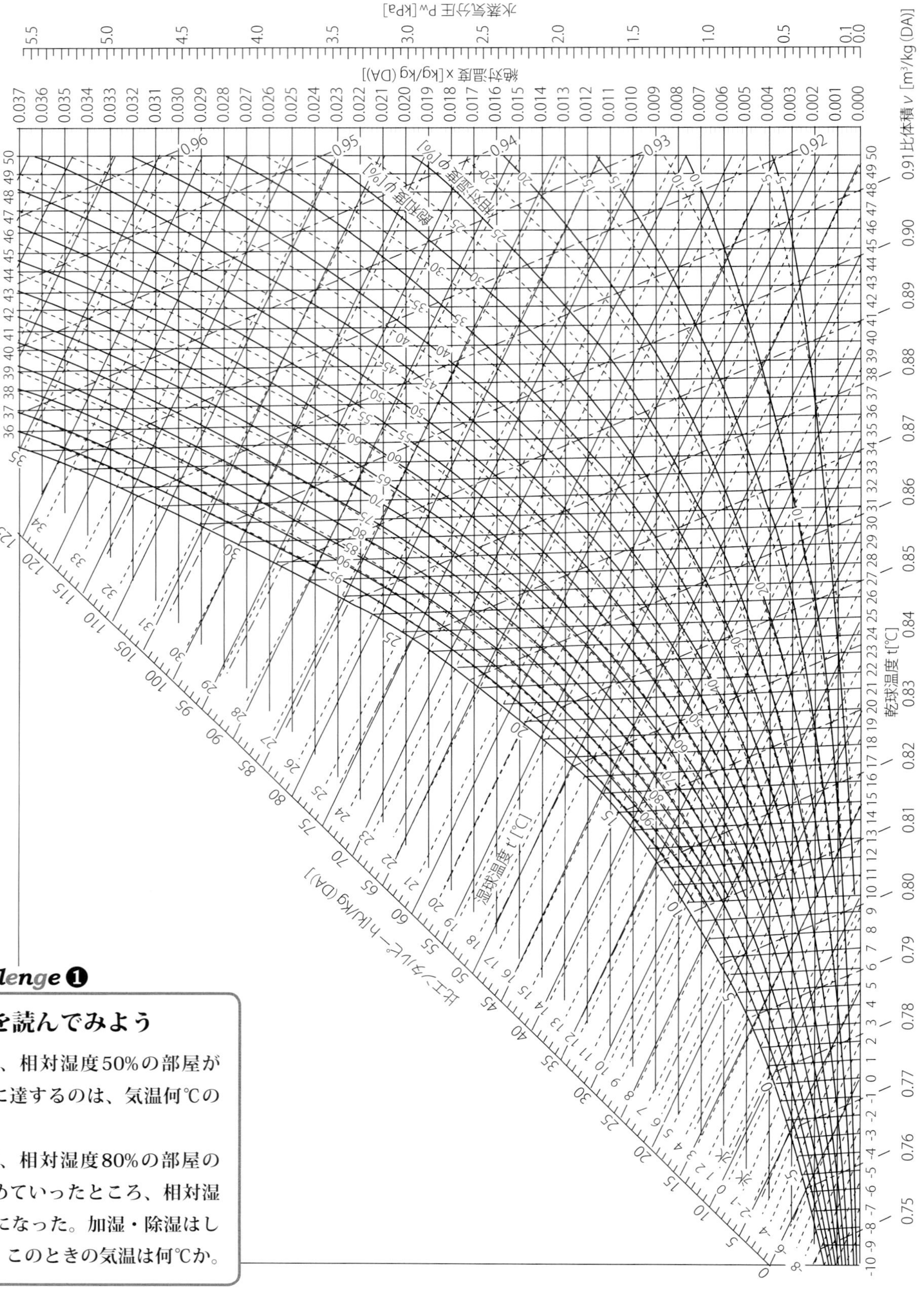

(Q_Q) Challenge ❶

空気線図を読んでみよう

(1) 気温25℃、相対湿度50%の部屋が露点温度に達するのは、気温何℃の時か。

(2) 気温14℃、相対湿度80%の部屋の空気を暖めていったところ、相対湿度が40%になった。加湿・除湿はしていない。このときの気温は何℃か。

図22―湿り空気線図

表面結露
見える結露

　結露には、表面結露と内部結露がある。目に見えるのは、窓面や壁面で発生する**表面結露**の方である（図23）。

　表面結露が生じないようにするには、まず、水蒸気の発生を抑える。呼気や**不感蒸泄**による水蒸気の発生（→p88）のほかに、開放型の石油ストーブやガスストーブを使用する時に燃焼に伴って発生する水蒸気、やかんの使用や料理に伴う水蒸気の発生などがある。FFファンヒーターや電気コンロの設置は、その対策のひとつである（1ℓの石油を燃やすと1.13ℓほどの水が発生する。なお、不感蒸泄は成人で1日900mlほど）。

　次に、発生した水蒸気については、換気により戸外に放出したり、クーラーの除湿機能を用いて除湿したり、吸湿性のある壁材などで調湿をして、適切な湿度を保つことを目指す。

　周囲より低温の部位をつくらないこともポイントとなる。鉄骨造における充填断熱では、構造材やビスが熱橋（→p98）

図23—**表面結露**
窓ガラス表面に発生した結露

の役割を果たしてしまう可能性があり、それが室内壁の表面に低温部をつくることにつながる。構造材やビスに室内の熱をじんわりと伝えることも、低温の部位を作らないためには効果がある。くりかえすが、偶角部、ベランダなど、冷やされやすい場所、断熱が切れる場所にも対処が必要である。

　このように、発生する水蒸気量を抑え、気温を一定に保ち、表面温度が低下しないようにし、必要なら調湿の機能を持たせることが、表面結露の防止につながる。

Column

乾湿温度計
—— 表示差から温度がわかる

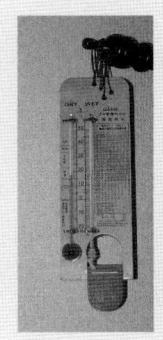

　一般的な棒温度計と、球の部分に湿らせたガーゼを巻いた棒温度計からなる。湿度が低いほど水分が蒸発しやすくなり、潜熱（→P134）を奪うため、乾球温度計と湿球温度計の表示に差が生じる。それを換算表に当てはめ、相対湿度を算出する。

除湿——水蒸気を水に変えて取り除く

　結露のメカニズムを使うと、除湿もできる。湿り空気をいったん冷やして結露させ、絶対湿度を下げた後、室温まで加熱してやれば、相対湿度を下げることができるのである（再熱除湿）。

　しかし、いったん冷やした空気を暖め直すのだから、余計にエネルギーを使うことになる。エアコンの「ドライ」モードは、体には良さそうだけれど、省エネにはならないのだ。

局所暖冷房
一部だけ暖めると‥‥

　住宅では、全体を冷暖房するのではなく、人がいる部屋だけを冷暖房することは、まだまだ多いと思われる。これが**局所暖冷房**（個別暖冷房）である。一部の空間だけを空調するのであるから、エネルギー的には有利なようであるが、結露の面からは問題がある。

　p109のコラムの図のように、活動域で発生した水蒸気が冷えた部屋や廊下に流れ込めば、結露を引き起こす可能性があるのである。

　一方、生活の面では、一部の部屋しか利用しないわけであるから、空間を有効利用していないことになるし、吹き抜けや部屋を細かく仕切らない開放的な間取りも望めない。冬季には、暖房した部屋と他の部屋との気温差が心疾患を引き起こすことも稀ではない。

　こうした観点から、高断熱の建物を目指す動きが生じ、全室暖房の家屋が増加しつつあるのである。

間欠暖冷房
点けたり消したりの害

　冬季の夜間、ストーブを消すと室温が下がる。断熱がきちんとなされていなければ、10℃以上低下することも珍しくないだろう。湿り空気線図からわかるように、それは水蒸気が結露するに十分な差異である。したがって、表面結露、内部結露を引き起こすことにつながる。

　こういった側面からも、点けたり消したりの**間欠暖冷房**ではなく、室内の気温を一定に保つことが望ましい。

内部結露
見えない結露

　壁の断熱性能を上げると、表面結露は防止できるが、その分壁内で露点に達し結露を起こす危険性は高まる。壁体内部で発生する**内部結露**は、カビの温床となり、シロアリの発生などに結び付くこともある。また、断熱材が濡れることにより断熱性能が格段に落ちる。表面結露に比べ気付きにくいので対応が遅れがちになる、厄介な存在でもある。

■内部結露のメカニズム

　断熱材を構造材の内側に張るか、外側に張るか、つまり**内断熱**と**外断熱**では、内部結露に関して大きな違いが出る。そこには、水蒸気分子の小ささと壁体内での温度変化が関係している（図24）。

　水蒸気は10万分の4mm程度と非常に小さい。ほとんどの物質を通り抜けることができるので、金属やガラスを例外として、ほとんどの材料が透湿性を持つ。石膏ボードでも、合板でも、大なり小なり水蒸気を透過させてしまうのである。

　日本の乾燥した冬を考えれば、水蒸気は室内から屋外に向かって流れる。その途中で温度も下がっていくが、露点に達しなければ、結露は起こらない。したがって、内部結露の防止には、壁内の水蒸気量を飽和水蒸気量より低く抑える必要がある。

　内部結露の判定方法については、p111に解説がある。

■内断熱と外断熱

　断熱材を構造材の内側に施工するか外側に施工するかで、内断熱と外断熱（コンクリート造）もしくは**充填断熱**と**外張り断熱**（木造・鉄骨造）の区別がある。

　熱貫流は、内側で断熱しても外側で断熱しても変わらない。しかし、内部結露の問題を考えると大きな違いが生じる。

　下図から、内断熱と外断熱ではコンクリート部分の温度が異なることが読み取れる。外断熱の場合、コンクリート表面の温度は室温に近くなるので結露は起こりにくい。一方、内断熱の場合は、壁体内コンクリート表面が外気温に近付くため、室内で発生した水蒸気がそこで冷やされ結露が起こりやすくなる。したがって、コンクリート造では外断熱が基本となる。

■透湿壁工法と通気工法

　木造や鉄骨造の建物では、外装材と内装材の間に断熱材を入れた構造の壁（充填断熱）が多い。この場合、冬季に内装材・断熱材を通過した水蒸気は、断熱材の外側でサイディングなどの冷えた外装材にぶつかって結露することになる。それを防ぐには、**防湿シート**を用いて水蒸気を室内側で止めることになるが、完全に遮断することは難しい。そこで、外壁材に透湿性のある素材を用いて通り抜けてきた水蒸気を放出する方法、もしくは

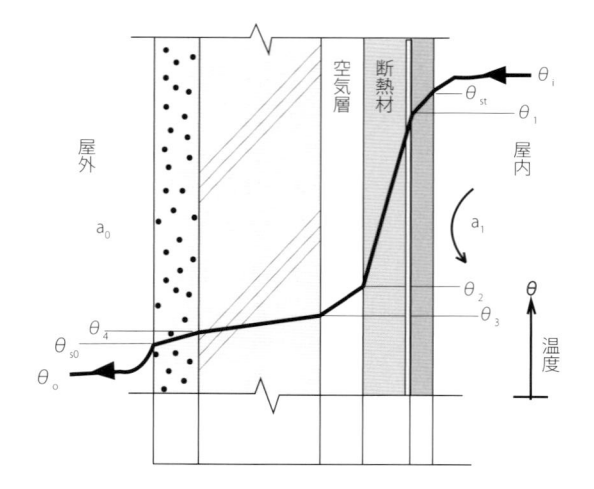

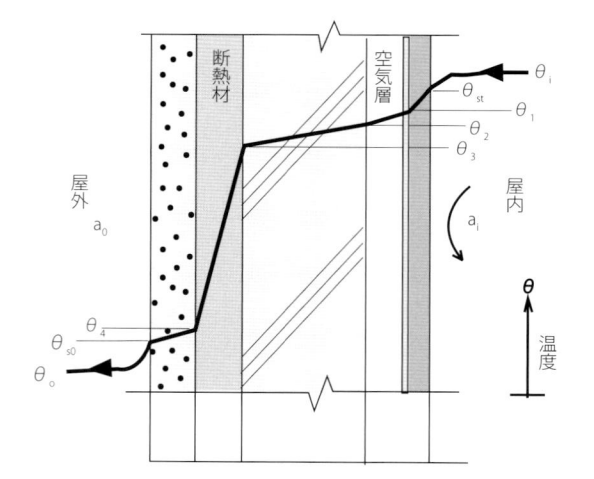

図24―内断熱（左）と外断熱（右）
内断熱と外断熱では、コンクリート部分の温度が異なる。コンクリートは透湿性が低いので、表面温度が低いと結露する可能性が高い。したがって外断熱の方が内部結露に対して安全である。

通気層を設けることにより水蒸気を排出する方法を組み合わせることが考えられる。前者が**透湿壁工法**、後者が**通気工法**（図25）である。

■**透湿防水シート**

海外の家屋で用いられることが多いれんが、木板、モルタルは透湿性を期待できるが、日本の住宅で70％のシェアを持つと言われる窯業系サイディングをはじめ、金属サイディング、タイルなどは透湿抵抗が大きく、壁内の水蒸気を放出することは期待できない。したがって、通気工法が用いられることが多い。

その場合、通気層と断熱材が直に触れていると外気が断熱材に入り込みかねない。そこで、通気層と触れる面に**透湿防水シート**が施工される。これは、水は通さないが、水蒸気を通すシートである。

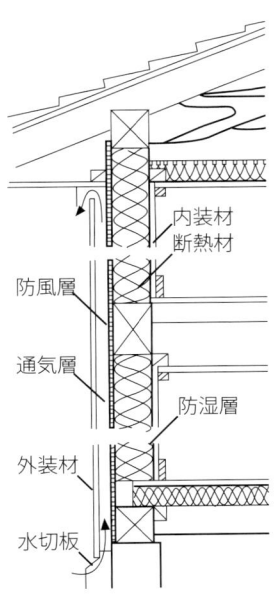

図25―通気工法[9]
通気工法では、外装材と断熱材の間に通気層を取る。
外装材部分で発生する日射熱を通気層の上昇気流を利用して排出しつつ、断熱材の調湿も行うことができる。

Column

結露の起きやすい場所――水蒸気の発生と冷やされる場所

外気の熱で冷たくなった窓ガラス・窓枠はわかりやすい結露の場所である。サッシに結露受けが付いていなければ、サッシ下部がビショビショになってしまう。

厚手のカーテンは室内の保温には効果的だが、窓周辺の室温は上がらないので、窓面の結露を促進してしまう。窓面の結露には、断熱サッシ、ペアガラスが有効である。

壁面ではとくに、隅角部は複数方向から冷やされるので結露しやすい。98頁に記したように、断熱材を室内側に延伸するといった措置が取られる。

また、押入れや家具は大きな断熱層として機能してしまうので、外壁に沿って配置すると押入の奥や家具の裏側で結露を起こしやすい。空気の流れをつくるため、簀の子を敷いたり壁面との間に隙間を確保したりする。

外気に露出された部位のある金属配管は、熱橋になって結露が起こることがある。また冷水の通っている水道管・タンクなども水に冷やされて結露が起こる可能性を持つ。断熱をしっかり行うことが大切である。

結露は、水蒸気の発生場所で起こるとは限らない。下図のような水蒸気の流れを考慮して対策を考えたい。

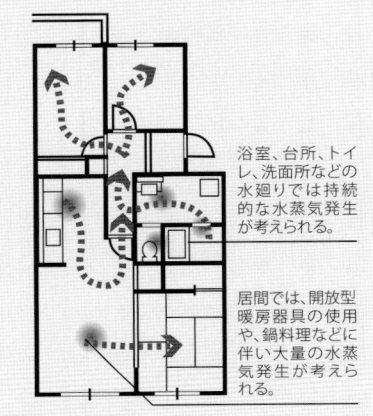

水蒸気の発生場所[10]

外断熱は蓄熱型――内断熱・外断熱と暖まりやすさ

外断熱では、躯体ごと暖めたり冷やしたりするので、躯体に蓄熱されており、暖房を切っても室温はなかなか下がらない。逆に暖房を入れる場合は、躯体の熱容量が大きいため室温が上がりにくい。

このように、外断熱の部屋は暖まりにくく冷めにくい、内断熱は暖まりやすく冷めやすいという傾向がある。

外断熱は間欠暖冷房に向かないのである。

局所暖冷房は省エネか？――断熱の効用が大きい

局所暖冷房は省エネにつながりそうであるが、一概にそうとも言えない。断熱がきちんとなされていなければ、部屋から熱はどんどん逃げていく。その影響が大きいためだ。断熱がきちんとなされていることが省エネの第1条件だとすると、家全体を断熱材でくるんでしまった方がいいのではなかろうか。

実は、断熱性能が良く、開放的な間取りであれば、ストーブ1台でも家全体を暖めることができ、クーラーを2階にひとつ付ければ、家全体を十分冷やすことができるケースもあると言われる。

自然素材による調湿――水蒸気のダム

昔から使われている建材、木材や土壁などの自然素材には、湿度が高い時は水分を吸収し、乾いているときには水分を放出するという、調湿効果がある。これにより、一時的に露点温度より低い温度になった場合でも結露しない可能性が生まれる。

炭は、その細かい穴が水分を捉えることで調湿効果を持つ。そのため、昔の日本家屋の床下には炭を撒くことも多かった。

■透湿抵抗の内外比

このように、壁の内側では水蒸気を通しにくく、外側では排出しやすくすると、結露が起こりにくくなる。つまり、内側は透湿抵抗を大きく、外側は小さくすることが基本となる。

次世代省エネルギー基準では、地域区分ごとの**内外透湿抵抗比**を設定している。そこでは、結露が発生しやすい寒冷地ほど、透湿抵抗の内外比が大きくなっている（図26）。

また、寒冷地では室内側に防湿層を持つことが必要となる。東京以西では面材に合板を用いなければ室内側の防湿層はなくてもよいが、合板を用いる場合には室内側に防湿層を持つ必要がある（→解説7 8）。[4]

なお、結露する対象が木、土、コンクリートであれば保水できるとして、湿害がなければよいという考えもあり得る。その場合、日常的な壁内温湿度変化のサイクルが関わってくる。結露しっ放しではなく、ある時間帯にはその水分を水蒸気として放出することが条件となるからである。

このような温度や湿度の変化を考慮に入れたシミュレーションは、非定常状態のシミュレーション、つまり、一日の中で、季節の中での状態変化を含んだシミュレーションになる。気候条件、断熱、気密、換気、暖冷房の仕様、生活、調湿性など、さまざまな要因を変数として組み込んだ複雑なものになるのでここでは取り扱わないが、精度の高い予測をするためには不可欠なものである。（→p127に解説）

☀ 解説 7

内外透湿抵抗比の計算[4]

これらの図は、防風シートを使用した場合と、面材として合板を使用し、耐震性を向上させたケースを問題にしている。

防湿層なし、面材に合板という組み合わせは、1.8：1となり、九州南部より南のV、VI地域でしか使用できないことになる。それ以外は5：1を超えているから、どの地域でも使用できることになるが、実際にはI、II地域では防湿層を設けた方が無難である。

なお、計算は通気層や表面の透湿抵抗を考慮しない簡略化したものとなっている。

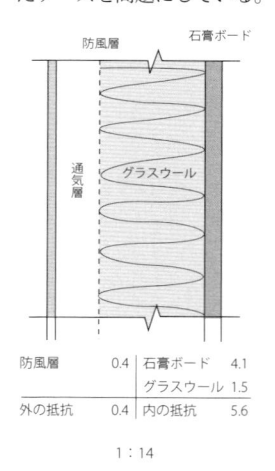

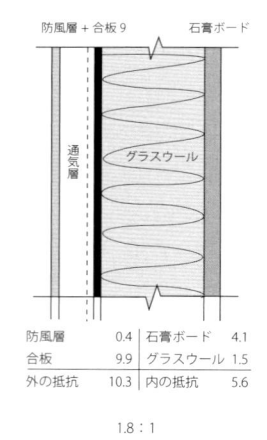

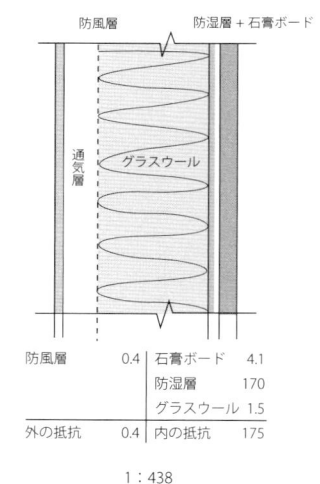

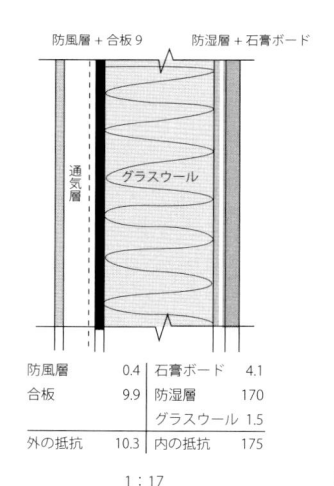

防湿層なし　面材：防風層 1：14
防湿層なし　面材：合板 1.8：1
防湿層あり　面材：防風層 1：438
防湿層あり　面材：合板 1：17

材料	厚さ	透湿抵抗 [m²h·mmHg/g]
防風層		0.4 以下
アスファルトフェルト		5.0 以下
構造用合板		9.9
グラスウール	100mm	1.5
押出法ポリスチレンフォーム	50mm	60
防湿層		170 以上
石膏ボード	12mm	4.1

透湿抵抗比の計算に用いた透湿抵抗

内外透湿抵抗比は、断熱層から内側の透湿抵抗の総和を断熱層外側の透湿抵抗の総和で除した値である。

左図は、室内側と室外側の区分を表す。断熱材の外気側の面を境とする。

内外透湿抵抗比における室内側と室外側の境界

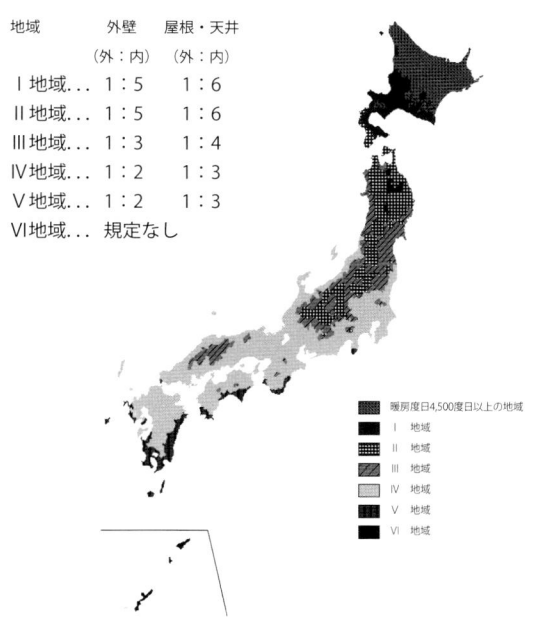

地域	外壁	屋根・天井
	(外：内)	(外：内)
I 地域	1:5	1:6
II 地域	1:5	1:6
III 地域	1:3	1:4
IV 地域	1:2	1:3
V 地域	1:2	1:3
VI 地域	規定なし	

暖房度日4,500度日以上の地域
 I 地域
 II 地域
 III 地域
 IV 地域
 V 地域
 VI 地域

図26—次世代省エネルギー基準における内外透湿抵抗比

材料名	透湿率 [ng/(m·s·Pa)]	透湿抵抗 [m²·s·Pa/ng]	厚さ [mm]
グラスウール ロックウール	170	0.000588	100
セルローズファイバー	155	0.000645	100
ビーズ法ポリスチレンフォーム	3.6～7.3	0.00345～0.00690	25
押出法ポリスチレンフォーム	1.4～5.1	0.00488～0.018	25
硬質ウレタンフォーム	1.0～5.6	0.00444～0.025	25
ポリエチレンフォーム	0.75～3.8	0.00677～0.033	25
フェノールフォーム	1.5～33	0.0007962～0.017	25
吹き付け硬質ウレタンフォーム	4.5～31.7	0.00079～0.0055	25
土壁	20.7	0.00483	100
けい酸カルシウム板	52.1	0.000474	24.7
コンクリート	2.98	0.0366	100
ALC	37.9	0.00264	100
合板	1.11	0.011	12
石膏ボード	39.7	0.00030	12
OSB	0.594	0.020	12
MDF	3.96	0.0030	12
軟質繊維板	18.8	0.00064	12
木材	4.00	0.0050	20
モルタル	1.62	0.015	25
しっくい	52.1	0.00023	12

表4—建築材料の湿気物性値[5]

透湿率は、単位長さ・時間・圧力あたりで、どれだけ水分（湿気）を通すかを表している。透湿抵抗は、その逆数に材料厚を掛けたものとなる。

透湿抵抗の単位として、$m^2 \cdot h \cdot mmHg/g$ と $m^2 \cdot S \cdot Pa/ng$ や /kgが用いられる。1mmHg ≒ 133.3 Paであるので、1 $m^2 \cdot h \cdot mmHg/g$ ≒ 4.8×10^{-4} $m^2 \cdot S \cdot Pa/ng$である。材料表面での透湿抵抗が大きい材料が存在するため、熱感流抵抗と違い、透湿抵抗は材料厚に比例して増大するとは限らない。

● 解説 8

内部結露の判定[9)]

これらの図で示すように、壁内の温度分布から各部位の水蒸気分圧を求め、飽和水蒸気圧と比較することにより、結露する部位がわかる。

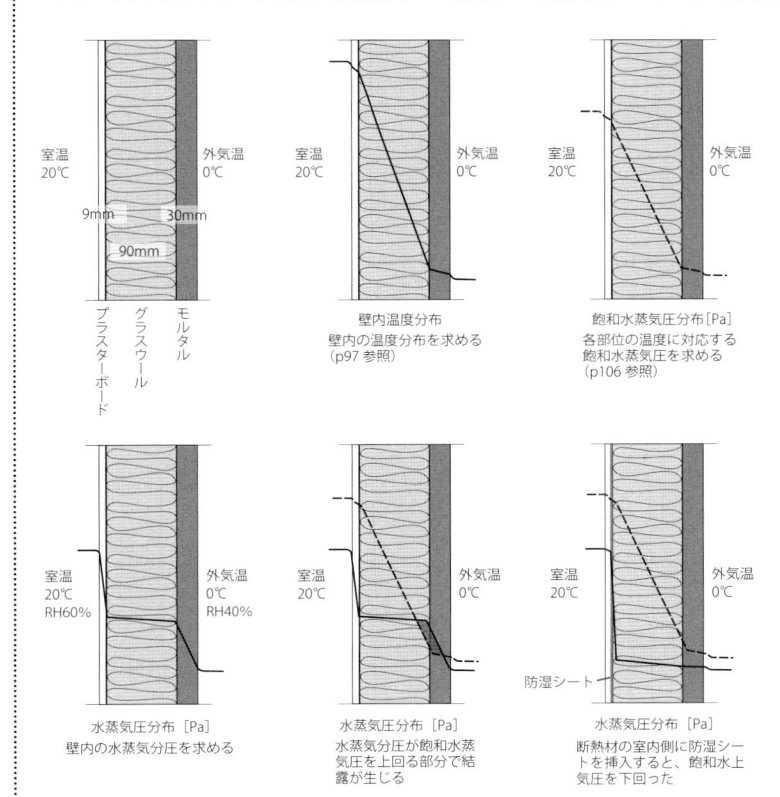

室温 20℃／外気温 0℃
9mm／90mm／30mm
プラスターボード／グラスウール／モルタル

壁内温度分布
壁内の温度分布を求める
(p97 参照)

飽和水蒸気圧分布 [Pa]
各部位の温度に対応する飽和水蒸気圧を求める
(p106 参照)

	厚さ [mm]	温度	飽和水蒸気圧 [kPa]	透湿抵抗 [m²·s·Pa/(kg×10⁹)]	水蒸気分圧 [kPa]	相対湿度 [%]
室内側空気層	—	20.0	2.33	0.029	1.40	60%
壁体						
d_1 プラスターボード	10	19.0	2.19	1.104	1.39	64%
d_2 グラスウール	90	18.6	2.14	0.542	1.23	57%
d_3 モルタル	30	0.6	0.64	4.363	1.15	180%
室外側空気層	—	0.4	0.63	0.010	0.49	78%
		0.0	0.61		0.49	
全体の透湿抵抗				6.048	[m²·s·Pa/(kg×10⁹)]	

左の図の計算（防湿シートなし）
モルタルのところで湿度が100％を超えている。ここで結露が起こる。

室温 20℃ RH60% ／外気温 0℃ RH40%
防湿シート

水蒸気圧分布 [Pa]
壁内の水蒸気分圧を求める

水蒸気圧分布 [Pa]
水蒸気分圧が飽和水蒸気圧を上回る部分で結露が生じる

水蒸気圧分布 [Pa]
断熱材の室内側に防湿シートを挿入すると、飽和水上気圧を下回った

	厚さ [mm]	温度	飽和水蒸気圧 [kPa]	透湿抵抗 [m²·s·Pa/(kg×10⁹)]	水蒸気分圧 [kPa]	相対湿度 [%]
室内側空気層	—	20.0	2.33	0.029	1.38	59%
壁体						
d_1 プラスターボード	10	19.0	2.19	1.104	1.38	63%
d_2 防湿シート	0.1	18.6	2.14	1.574×10^{13}	1.38	65%
d_3 グラスウール	90	18.6	2.14	0.542	0.24	11%
d_4 モルタル	30	0.6	0.64	4.363	0.24	38%
室外側空気層	-	0.4	0.63	0.010	0.24	39%
		0.0	0.61		0.24	
全体の透湿抵抗				1.574×10^{13}	[m²·s·Pa/(kg×10⁹)]	

左の図の計算（防湿シートあり）
防湿シートを挟むことにより、湿度が100％を超える部分がなくなった。

屋根・天井の断熱、基礎断熱

上と下から逃げる熱

　夏季の屋根面は、60℃近い高温になることもあるという。この熱が室内に入ってくることを防ぎたい。屋根面を断熱すると共に小屋裏の換気を促進し、熱を逃がす。

　冬季には、天井面を透過した水蒸気が屋根裏で冷やされ結露することがある。天井面に防湿層を設けること、屋根面を断熱する（図27）。

　建物全体を断熱するためには、床面の断熱も重要である。結露に関しては、土壌に含まれる水蒸気が結露するのを防ぐために、床下換気のほか、土壌表面に防湿フィルムを敷いたり、防湿コンクリートを打設することが有効である。一方、夏には湿気が換気口から入って冷やされて結露することもあるので、床下の断熱が必要である。

　いっそ床下を設けず、基礎断熱するという方法もある。土中温度は安定しており、熱容量も大きいので、建築後1年も経てば、建物中央部分は断熱せずとも、安定した気候になるという（図28）。

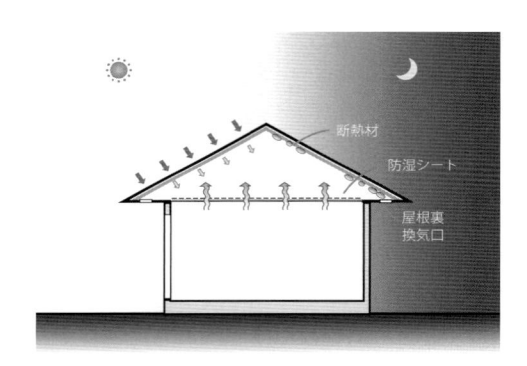

図27—屋根・天井面の断熱
天井面で断熱しても、それが不十分であると、屋根面が冷える夜に結露を起こす。

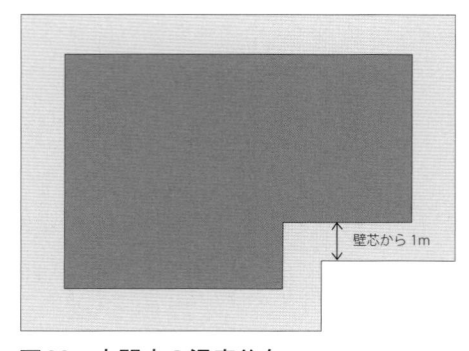

図28—土間床の温度分布
基礎断熱・土間床の場合には、壁芯から1mの熱貫流率と中央部の熱貫流率を分けて計算する。
その内側は、1年を通じて安定した温度を保つ。

Column

夏型結露
——水蒸気が流れる向きの逆転

　これまで説明してきたのは、冬季、室内より戸外の気温が低いケースを想定した結露の問題であり、対策である。しかし、夏にも結露が起きる可能性がある。

　日本の夏は湿度が高い。外気に含まれる水蒸気が防風層や断熱材を通過し防湿層に到達すると、それは冷房で冷やされた内装材と接しているため、結露を起こすことになる。また、合板に含まれた水分が夏の日差しで強烈に外装材が温められることにより壁体内に吹き出し、それが防湿層のところで結露する「蒸し返し」と呼ばれる現象が起きることもある。

　冷房温度を下げ過ぎないこと、防湿層と断熱材の間に調湿層を設けること、外壁の温度上昇を防ぐため、とくにこの現象が起きやすい建物西側に木立を設けたり、壁面緑化することなどが対策として考えられる。

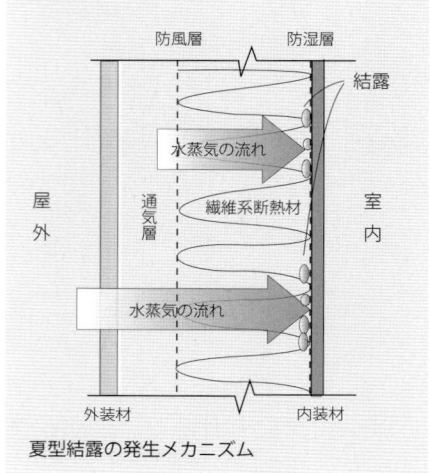

夏型結露の発生メカニズム

4 パッシブな手法

藤井厚二により設計された聴竹居は、環境工学的配慮がなされた実験住宅として名高い。写真のようなテラスを南側に設けて日光を十分に取り入れるだけでなく、銅板葺きの屋根面で暖められた小屋裏の空気を排気し、床下の空気を小屋裏に導くことで屋根面の熱を室内に伝えないような機構を備えている。また、川風を取り入れる土管を山腹に埋め込み、居間まで導くシステムも備えている。自然の力を利用することを考えた住宅は、驚く事なかれ、昭和3(1928)年に竣工している。

パッシブという考え方
太陽エネルギーの有効活用

これまで説明してきた事柄は、断熱性能を上げることによりエネルギー消費を抑えることを念頭に置きつつ、空調機器を用いて一定の温熱環境を建物内部に実現することを目標としていたと言えよう。このような手法は、エネルギーを投入することが前提となっているため、アクティブな環境制御方法と言われる。

一方、これから説明する手法は、断熱性能を高めるという点では同じだが、太陽熱をうまく利用し、エネルギーをできるだけ投入しないことを目指す。パッシブ(passive：受け身の)と呼ばれるのは、そのためである。パッシブな手法では、冬季は昼間に太陽熱を蓄え、夜間、それを室内に放出する。夏季は夜間に冷熱を蓄え、昼間、それを室内に放出する。このように**蓄熱**という考え方が出てくるのがパッシブな空気調和システムの特徴である。

本節では、エネルギー消費を抑えながらも快適に過ごせる建築とはどういうものかについて考えていく。

熱容量

熱を蓄える性質

ある物体の温度を1℃高めるために必要な熱量を**熱容量**[kJ/K]といい、暖まりやすさや蓄熱の能力を示している(図29、30)。

熱容量[kJ/K]＝重量[kg]×比熱[kJ/(kg・K)]

上式に示されるように、
・重い(同じ物質であれば体積が大きい)
　ほど→熱容量大
・比熱大(熱しにくく、冷めにくい)ほど
　→熱容量大

比熱[kJ/kg・K]で見ると鋼材の比熱は水の約1/10(表5)。同じ重さの水の10倍も暖まりやすい。コンクリートの比熱は水の約1/5とそれほど大きくないが、RC造の建物ではコンクリートの量が非常に多いので、熱容量は非常に大きなものになる。木材の比熱は水の約1/3。比熱は小さくはないが、量が多くないので、木造住宅の熱容量は小さくなる。

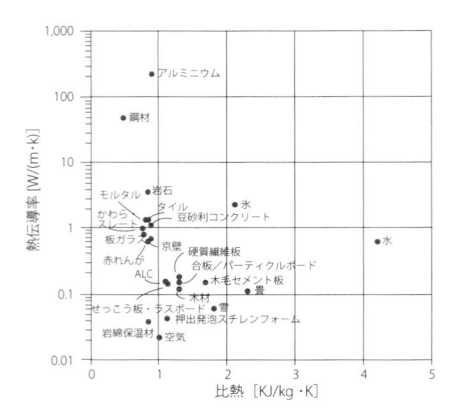

図29―**比熱と熱伝導率**
熱伝導率の値はp95参照。

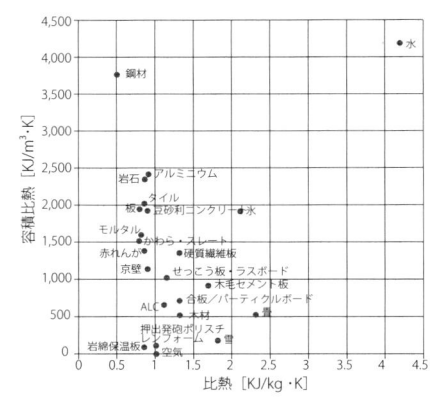

図30―**比熱と容積比熱**
容積が同じなら鋼材は水と同程度の暖まり易さだということがわかる。

材料	比熱c	比熱c'	材料	比熱c	比熱c'	材料	比熱c	比熱c'
鋼材	0.48	3772	京壁	0.88	1144	赤れんが	0.84	1386
アルミニウム	0.9	2430	畳	2.3	529	岩石	0.84	2352
板ガラス	0.77	1955	岩綿保温材*	0.84	84	せっこう板・ラスボード*	1.13	1028
ALC	1.1	660	硬質繊維板	1.3	1365	押出発泡スチレンフォーム	1.0～1.5	42
豆砂利コンクリート	0.88	1936	パーティクルボード*	1.3	715	水	4.2	4191
モルタル	0.8	1600	木毛セメント板*	1.68	907	氷	2.1	1925
かわら・スレート	0.76	1520	合板	1.3	715	雪	1.80	180
タイル	0.84	2016	木材	1.3	520	空気	1.00	1.3

*は、比重量にばらつきがある材料のため、参考値である。

表5―**比熱**
一般的な比熱は重量あたりだが、容積あたりの比熱も算出してみた。　c:[kJ/kg・K]　c':[kJ/m³・K]

Column

蓄熱の利用――エネルギーを投入せずに熱を蓄える方法

右の4つの図は太陽熱の蓄熱手法を紹介している。

ダイレクトゲインは、主に床面に熱容量の大きなコンクリートやれんがを敷き詰め、太陽熱を蓄える。蓄熱部位に家具を置くと日射を遮ってしまうので用途が限られるのが難点である。トロンブウォールは壁面に蓄熱し、室内に徐々に放出する。下の2つは温室を用いたものである。ダブルエンベロープは、温室で暖められた空気の上昇気流を利用して循環させることを考えたものである。

これらは、一度建設してしまえばエネルギーを投入する必要がない、純粋なパッシブソーラーシステムである。

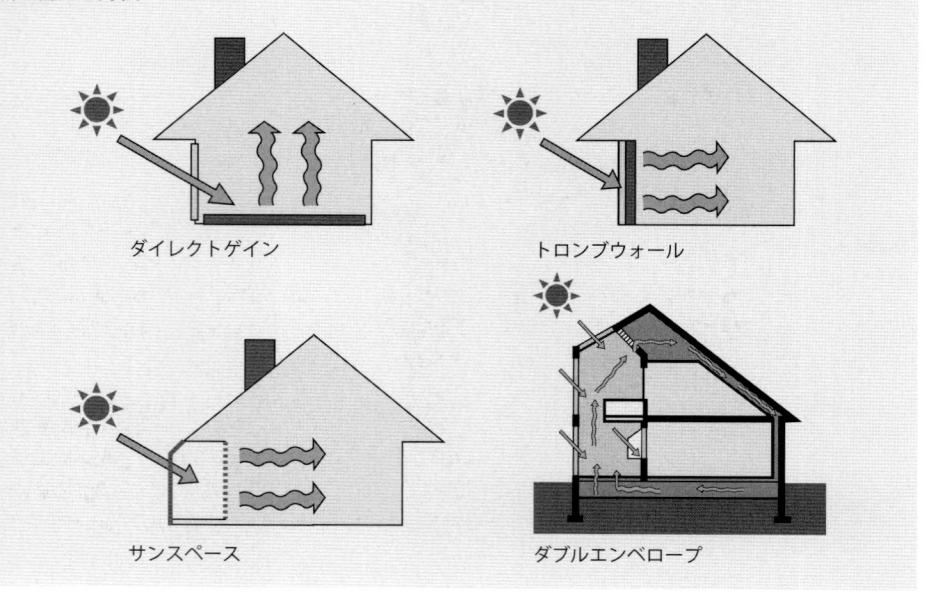

ダイレクトゲイン

トロンブウォール

サンスペース

ダブルエンベロープ

室温変動

蓄熱性能・断熱性能で変化の仕方が変わる

　石造、ＲＣ造の建物では、外気温や日射による室温変動は、小さくかつ緩慢になる。これは、石やコンクリートの熱容量が大きいため、躯体が暖められたり冷やされたりするのに時間とエネルギーが必要となるからである。その結果、夏の夜は室温が下がりにくく、冬はなかなか暖まらない。

　一方、木造、鉄骨造などでは、熱容量が小さいため、暖まりやすく、冷めやすい。昼間に蓄熱し、夜間に放出することは困難である。

　集熱、断熱、熱容量の高低に伴う室温の時間変動の変化については、図31に模式図を掲載する。熱を集める、逃がさない、貯めておいて使用する、つまり集熱、断熱、蓄熱（熱容量）の効果が理解できると思う。

Challenge ❷

暖房の開始・停止と室温変動

暖房開始後、しばらくして停止した。
(1) 高断熱・低熱容量の室温変動パターンはどれか。
(2) 高断熱・高熱容量の室温変動パターンはどれか。

ア．室温　イ．室温
ウ．室温　エ．室温

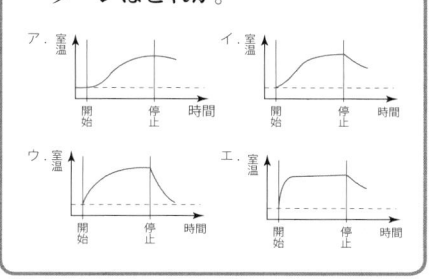

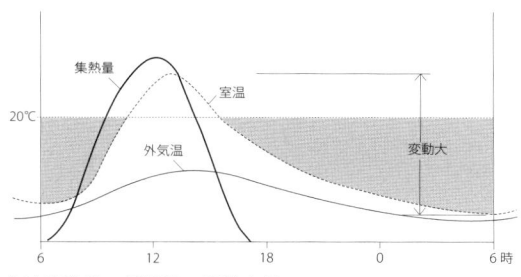

（1）高集熱・低断熱・低熱容量

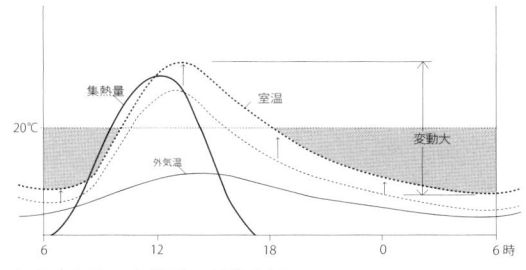

（2）高集熱・高断熱・低熱容量

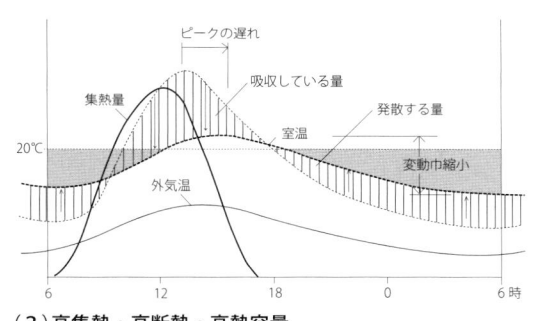

（3）高集熱・高断熱・高熱容量

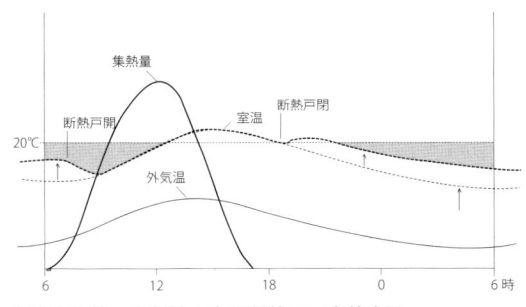

（4）高集熱・高断熱＋夜間断熱戸・高熱容量

図31―**室温変動パターン**[11]

集熱は大部分が日射によるものであるので、南面であれば、12時をピークとした山形のカーブを描く。
外気温は、サインカーブのような山と谷を持った変化となるが、時間的なずれが生じて、14～15時に最も高くなり、5～6時に最も低くなる。
（1）は、南に大きな開口を持つ、木造の日本家屋などに当てはまる室温変動パターンで、室温の変動が大きいことが特徴である。
（2）では、断熱性能を向上させた分、室温が上がっているけれども、変動幅の大きさは相変わらずである。
（3）は、土間や床・壁のコンクリートに昼間の熱を蓄えることを想定したケースである。ピークの室温が下がり、最低室温は上がることが読み取れる。蓄熱により、温度変動を小さくすることができるのである。
空気よりはるかに大きな熱容量を持つ土間や床・壁はなかなか温度が上がらない。そのため、集めた熱をそちらに奪われることになり、室温の変化が緩やかになるのである。
同様の理由により、室温のピークが後ろにずれることも、暖房の必要な時間を減らすことにつながる。
（4）では、南面開口に断熱戸を設置し、昼間は開放して日射を取り入れ、夜は扉を閉めて断熱性能を上げるというシミュレーションである。（3）よりもさらに室温の変化が緩やかになっている。
効果は小さくなるだろうが、厚手のカーテンの開け閉めや雨戸の開け閉めでも、同様の効果があると考えられる。

Column

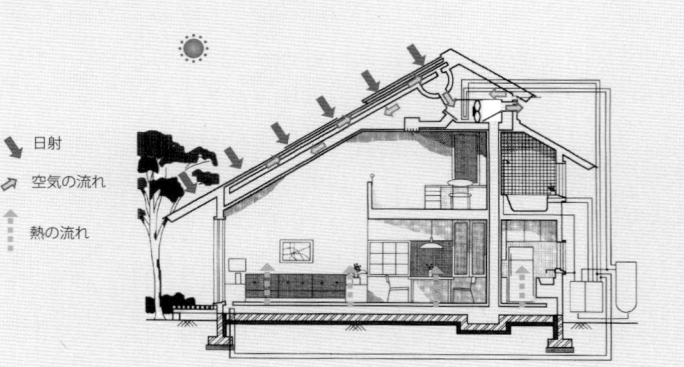

夏季昼間の空気・熱の流れ
昼間は屋根で集めた熱をそのまま排出。代わりに床下に蓄えられている冷熱で室内が冷やされる。

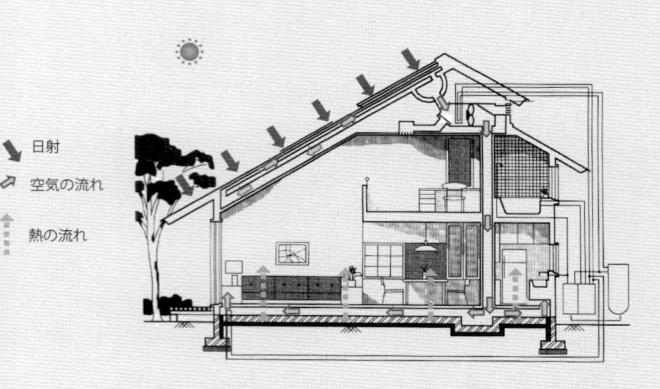

冬季昼間の空気・熱の流れ
昼間、屋根で集めた熱をファンで床下に送って蓄熱した後、空気を室内に吹き出して、暖房としても使用する。

夏季夜間の空気・熱の流れ
夜間に、ファンを回して外気を取り込み、床下に冷熱を蓄熱する。

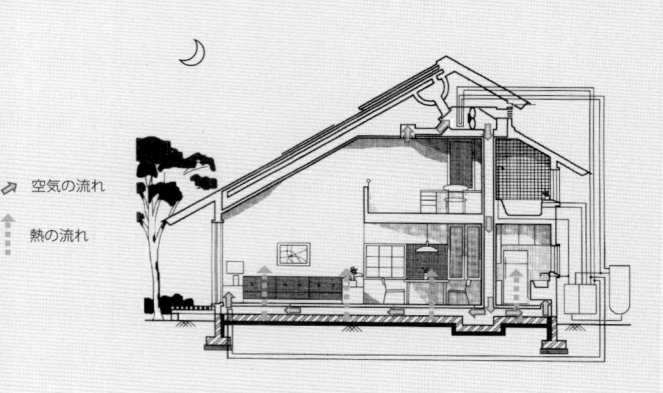

冬季夜間の空気・熱の流れ
夜はファンにより室内と床下の空気を循環させ、床下に蓄えた熱をゆっくり放熱する。

OMソーラーハウス──昼と夜の違いを利用して、室内気候を調節する[12]

　太陽エネルギーを中心に集熱し、断熱、蓄熱により室温をコントロールするという意味ではパッシブだが、ファンを用いた空調・換気を行うという意味ではアクティブな要素を兼ね備えているのが、OMソーラーハウスである。

　OMソーラーハウスでは、屋根に着目する。高さ制限が厳格な日本の住宅地では、屋根面に日射が降り注ぐ。冬季には、それを利用して屋根面で空気を暖め、室内に供給し、暖房に利用する。また、室内に供給する前の段階で、暖めた空気を床下に導き蓄熱する。夜間には、床下空気と床上空気の循環と暖まった床面からの放射によって室内に熱を供給する。

　夏季は屋根面で熱せられた小屋裏の空気をそのまま戸外に排出することにより、屋根面からの日射熱の流入を軽減する。また、夜間にファンを使用して外気を導入し、冷熱を床下に蓄熱する。昼間はそれを循環させることで、穏やかな冷房効果をもたらすことができる。

　冬季は室温より暖かい空気が供給されるため、換気による熱損失がないのも特長である。

　さらに太陽熱温水器、太陽光発電を併用すれば、家庭で使用するエネルギーを大幅に削減できる。ファンを回す小さなエネルギーで大きな自然エネルギーをうまく利用する効率的なシステムと言えよう。

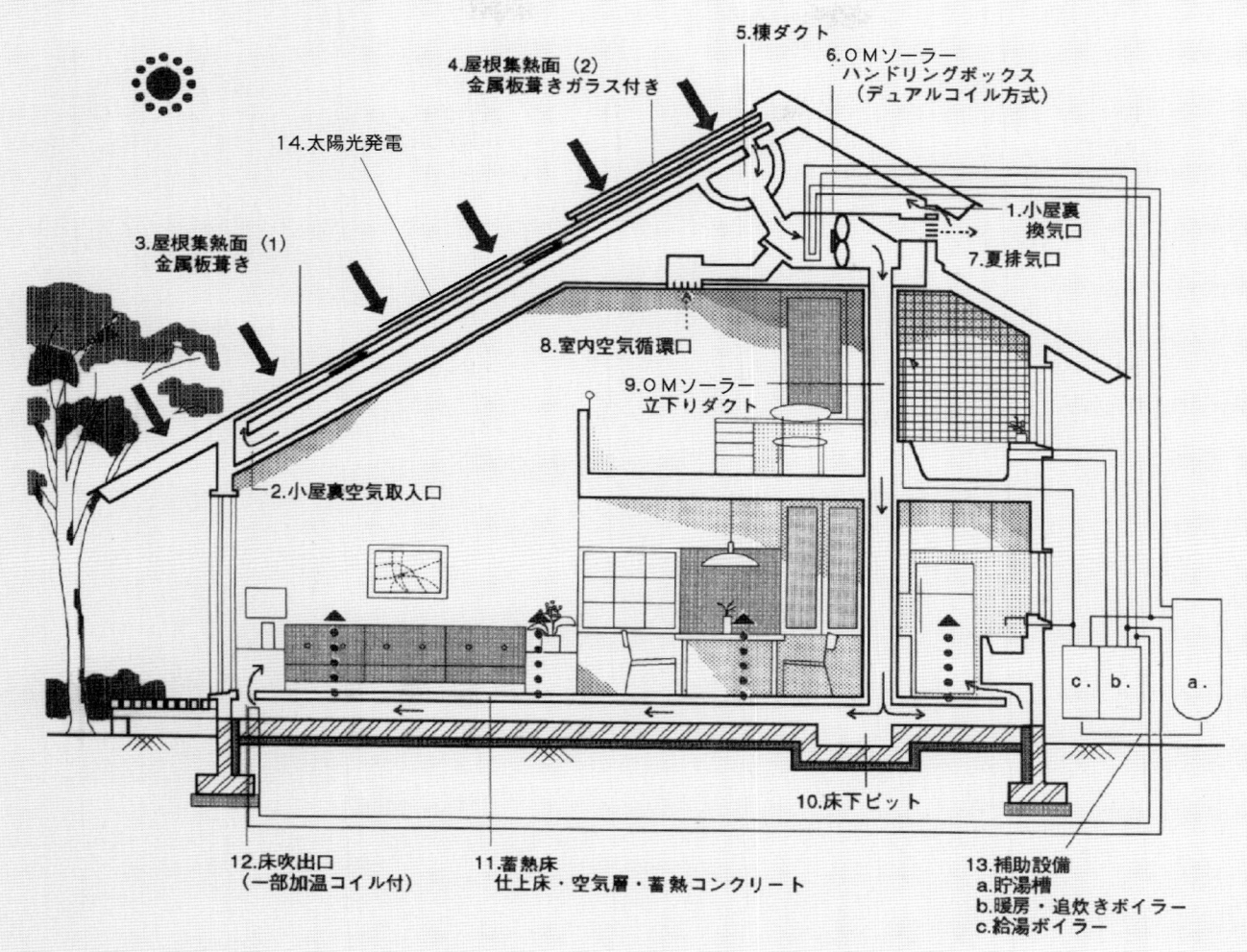

OMソーラーハウスのしくみ

図中ラベル:
1. 小屋裏換気口
2. 小屋裏空気取入口
3. 屋根集熱面(1) 金属板葺き
4. 屋根集熱面(2) 金属板葺きガラス付き
5. 棟ダクト
6. OMソーラーハンドリングボックス（デュアルコイル方式）
7. 夏排気口
8. 室内空気循環口
9. OMソーラー立下りダクト
10. 床下ピット
11. 蓄熱床 仕上床・空気層・蓄熱コンクリート
12. 床吹出口（一部加温コイル付）
13. 補助設備
　a. 貯湯槽
　b. 暖房・追炊きボイラー
　c. 給湯ボイラー
14. 太陽光発電

夜間放射冷却——夜、屋根面が冷えるわけ[12]

p102で触れたように、物体は絶対温度の4乗に比例した放射を行っている。天空も例外ではなく、大気中の水蒸気や二酸化炭素から長波放射がある。これを**大気放射**という。一方、地表面からも、その温度に応じた長波放射が行われる。これは上向き放射と呼ばれる。また、大気放射と**上向き放射**の差を**夜間放射**もしくは**実効放射**と呼ぶ。

大気放射は水蒸気が多いと増加する。雲は放射率が大きく、上向き放射を地表面に反射する働きをするので、それらの効果が弱まるよく晴れて空気が乾燥した日に**放射冷却**が強まる。風が弱いと、冷えた地物を空気が温めないので地表面の温度はさらに低下する。夜間放射は、気温・湿度にもよるが、70〜115W/m²ほどにもなる。

OMソーラーハウスには、夏季に夜間放射冷却を利用して、除湿と蓄冷を行う仕組みが備わっている。

金属の屋根面が夜間放射冷却で冷やされる。その状況で、屋根面裏に接して夏の高湿度の外気を導入すると、空気が冷やされて露点温度を下回るようになる。そこで除湿され冷やされた空気が床下を通り、室内に導かれるというものである。

1m²で100Wの電球1個分ほどということだから、屋根面全体ではかなりのエネルギー節約になる。

パッシブな手法

エネルギーを投入せずに

OMソーラーハウスは若干のエネルギーを消費するが、エネルギーを消費しない工夫を盛り込んだパッシブソーラーハウスも多い（図32、33）。

蓄熱と関係があるものとしては、下記が挙げられる。
◇ダイレクトゲイン、トロンブウォールなどの蓄熱床・壁の利用
◇サンスペース、ダブルエンベロープなどの温室の利用
◇外断熱による躯体蓄熱
◇通風による夜間蓄冷（ナイトパージ）
◇クールチューブのような土中温度と気温の差の利用

日射の影響を軽減するものとしては、右記が挙げられる。

◇夏の日射を避け、冬の日射を入れる深い庇
◇直射日光を避ける壁面緑化、すだれ
◇屋上緑化や屋上プールによる屋根面の断熱
◇壁内の熱を逃がす通気構法

そのほか、下記が挙げられる。
◇空気の重さの違いを利用した小屋裏換気
◇風向きを考えた通風経路
◇打ち水によるクーリング
◇井戸水や川の水による冷却、温泉水の利用
◇太陽熱給湯
◇太陽光発電
…などなど

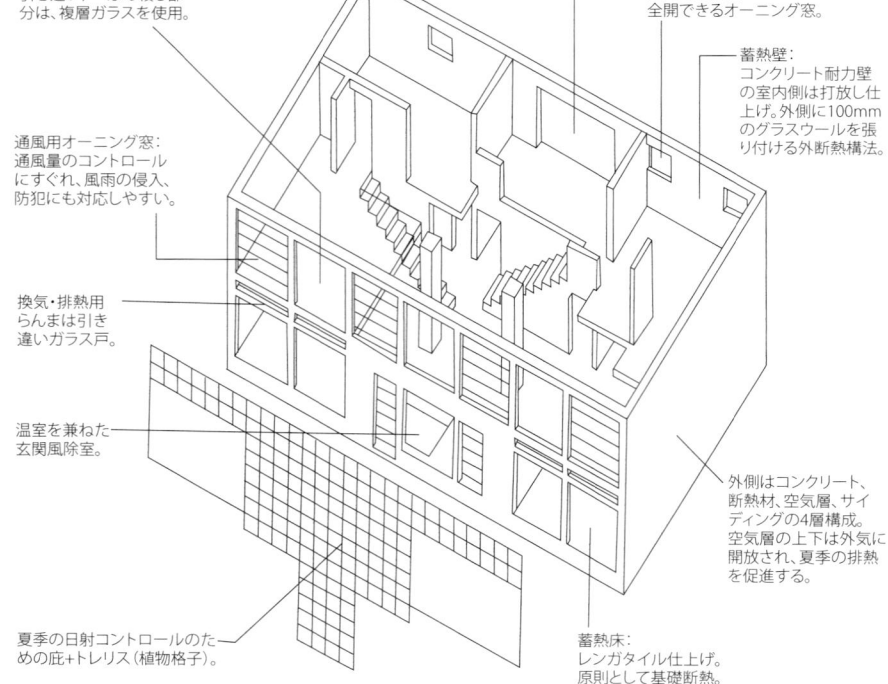

仙台メディアテークの南面ガラス
この南面のガラスは二重になっており（**ダブルスキン**）、夏季は下から入った空気が暖まって上部から逃げることによって熱負荷を抑える。冬季は上部を閉じることで暖かい壁として存在する。

すだれ
西日のように水平に近い角度からの日射を遮蔽するには、オーニングなどを上部に付けるより、すだれなどが効果的である。

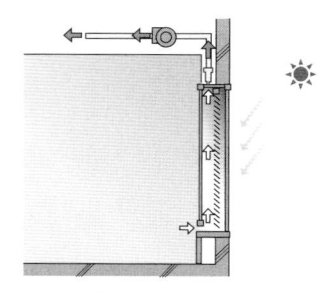

エアフローウィンドウ
2枚のガラスの間に室内空気を通し、上部のダクトから排出する。ブラインドで吸収された日射熱を排出することで空調負荷を軽減する。上図は、ファンを使用するのでパッシブとは言えないが、窓内の上昇気流を使用するものもある。

図32─つくばの家Ｉに取り入れられたパッシブな手法[13]

図33─パッシブな手法

Column

大規模建造物のパッシブ化——エコに挑む

　現代のヨーロッパの建築家は、自然エネルギーの利用、エコロジーといった側面を計画に盛り込まなければ、仕事を受注することができないと言われる。したがって、高層ビルなどの大規模建造物であっても、パッシブな工夫が見られるようになっている。

　写真はフランクフルトにあるコメルツバンク本社ビルであるが、春や秋には取り入れた外気を空調に利用していることが右図からわかるであろう。

外壁付近で空調をした場合（夏季）　　外壁付近で空調をした場合（冬季）　　外壁付近で自然換気をした場合

夏季の自然換気　　　　　　　　　　　　　　　　　　　　自然換気システム

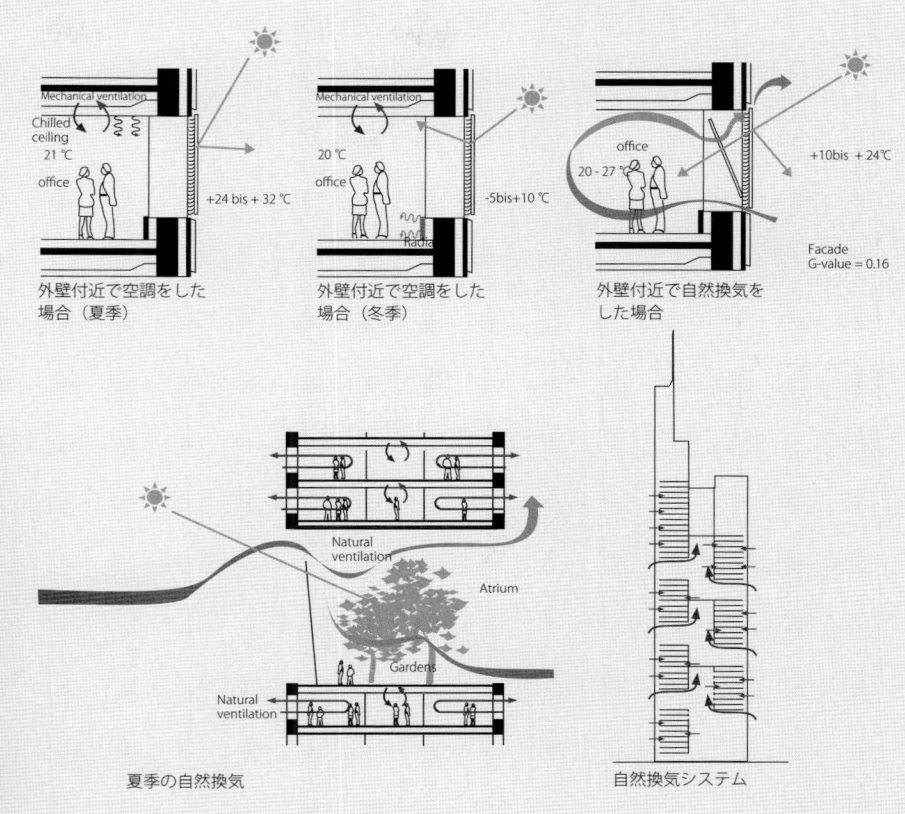

コメルツバンクで取り入れられた自然換気システム[14]
春や秋には執務室の窓面を室内側に倒し、外気を導入する。また、レベル差を付けて設けられた植栽のある吹き抜け空間からも外気を取り入れ、建物中央に上下に貫通しているダクト的な空間の煙突効果を利用して、空気を入れ換える。

コメルツバンク本社ビル

アースの恵み——地熱の利用

　写真左は、グラナダの地中住居、右はマテーラの住居群である。地中温度は変化が小さいので、世界各地にこのような住居が見られる。近頃は、全地下より半地下半地上の住居が増えているようだ。換気や採光の問題もあり、そちらの快適性も追求したくなるのだろう。

　村上周三[1]によれば、半地下住居でも温度変化は小さくなるようである。

アルバイシン（グラナダ・スペイン）　　　マテーラ（イタリア）

4　パッシブな手法　119

5 気候と日照・日射

ノーマン・フォスターがデザインしたロンドン市庁舎。太陽の動きを頭に入れてこの建物を眺めれば、熱負荷を軽減させる意図を持ったデザインであることがわかる。冬季はどんよりとした天候の日が続く彼の地で、建設やメンテナンスに必要なエネルギーが節減量を上回っていないか心配になるが。

気候
熱環境と光環境に影響を与える

これまで、できるだけ外界との応答を小さくし、エネルギーで快適な環境をつくり出すという方向性と、ある程度の変動を許容しながら、自然エネルギーを有効利用するという方向性を見てきた。

自然エネルギーの大半は太陽エネルギーである。どの方向から、どれだけのエネルギーが降り注ぐのか。それを知ることからパッシブなデザインは始まる。

エネルギーを投入するにしても、そのエネルギー量は太陽と気候の影響下にある。空調負荷の計算には、そのデータが必要になる。ガラス建築が増えつつある現代では、それを考慮する必要は以前より増したと言えるかもしれない。

温熱環境だけではない。光環境においても日射は自然の恵みである。

本節では、建築室内環境に影響を及ぼす、気候と日照・日射について見ていく。

クリモグラフ
気候の特徴を捉える①

ヨーロッパの気候は、夏乾燥し、冬湿潤である。アルプス以北では冷房が必要とされないというのも、そういった気候風土が関係している。

一方、日本は高温多湿、低温乾燥であるから、温度と湿度の関係が逆である。日本でエアコンが普及したのは、暖房と冷房の両方が必要となるからであり、ヒートポンプの効率が落ちる7℃を下回ることの少ない地域が大部分を占めることが関係していると言われる。

月別の平均気温と平均湿度の関係を示した**クリモグラフ**を見ると、東京や沖縄では高温多湿・低温乾燥という季節変動を示している（図34）。また、北陸側の金沢では冬でもそれほど湿度が下がらないこと、3ヵ所とも夏は70〜80％ほどの湿度になることなどを読み取ることができる。

湿り空気線図（→p106）と併せて見ることにより、暖冷房の必要程度、加湿・除湿の必要程度をざっと掴むこともできよう。

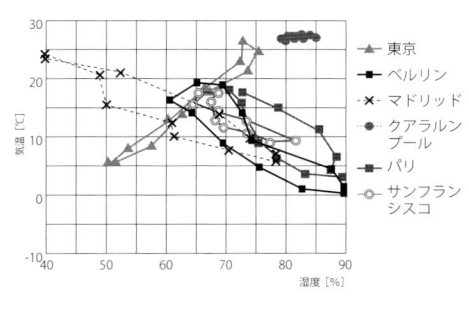

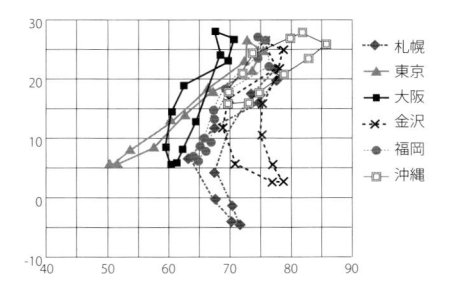

図34—クリモグラフ
クリモグラフはいくつかの種類があるが、ここに示すのは月別の平均気温と平均湿度を線で結んだものである。

風向
気候の特徴を捉える②

海風、山風という言葉がある。日中、暖まった陸上と温度変化の小さい海上の気温差から、海から山に向かって風が吹く。夜間はそれが逆転し、山から海に向かって風が吹く。これは海岸付近での話だが、風向は場所によって、季節や時間帯によって変化する。

図35、36に見るように、東京では冬は北風、夏は南風が卓越する。一方、大阪では昼間西風が、夜間は東風が卓越する。通風を有効に活用するためにはこういった情報が役立つ。実際、大阪では西向きの開口を持つ住宅が多いと言われる。

風向は、このような大局的な気候の影響だけでなく、建物の密集度、高層ビルの存在、道路の被覆率、公園などの樹木の存在など、多くの要因の影響を受ける。微気候と称される、建設予定地周辺の気候状況の確認を行うのは、これらの影響が無視できないからである。

図35—風配図（東京）[1]

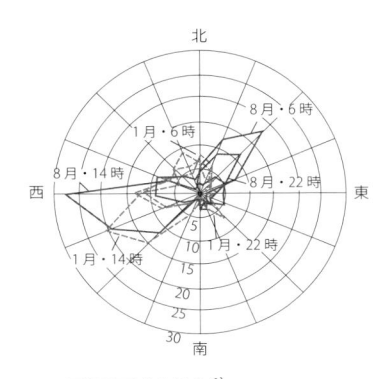

図36—風配図（大阪）[1]

Column

クリモグラフから
—— ある建築家の読み取り

芦原義信は、著書『街並みの美学』に、「組積造の発達には夏期の乾燥が絶対必要条件である」と記している。スペインの猛暑で通風すれば、熱風が室内に入り込むことになる。それより、分厚い壁で熱を遮断した方がいいだろう。

一方、日本のように高温多湿な場所では、通風によって人体の回りにある高湿度の空気を除くことが有効である。「そんな地理的条件でもし組積造をやれば、冬は熱容量が大きいため底冷えするし、夏は結露とかびに悩まされたことであろう」というのが、芦原の見解である。

気温の変動—— 1日と1年で

図は、東京の気温の変化を表している。これを見ると、一日の最高気温と最低気温の差（日較差）は7〜8℃ほどで、一年を通じてあまり変化しないことがわかる。この差をうまく利用してやれば、パッシブな自然エネルギー利用が可能だろう。

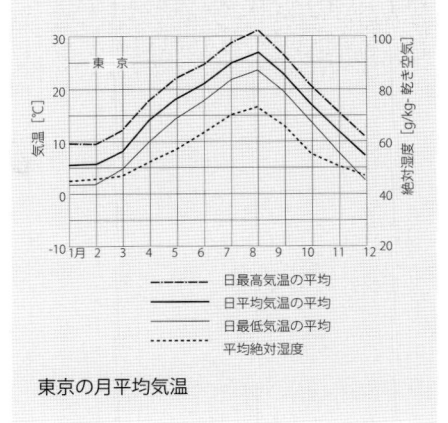

東京の月平均気温

【関連用語】

日照・日射
太陽放射を光として捉えるときは日照、熱として捉えるときは日射と呼ぶことが多い。

晴天と曇天
日射量に違いは？

昼光照明を考えても、日射による熱取得を考えても、天候による差異は大きい。

月間日照時間は、冬季における日本海側の日照時間が少ないこと、梅雨の時期の太平洋側の日照時間が少ないことを教えてくれる（図37）。また、全天日射量は、梅雨時でもそれほど日射量は落ちないこと、冬季の日本は全般に日射量が少ないことを教えてくれる（図38）。

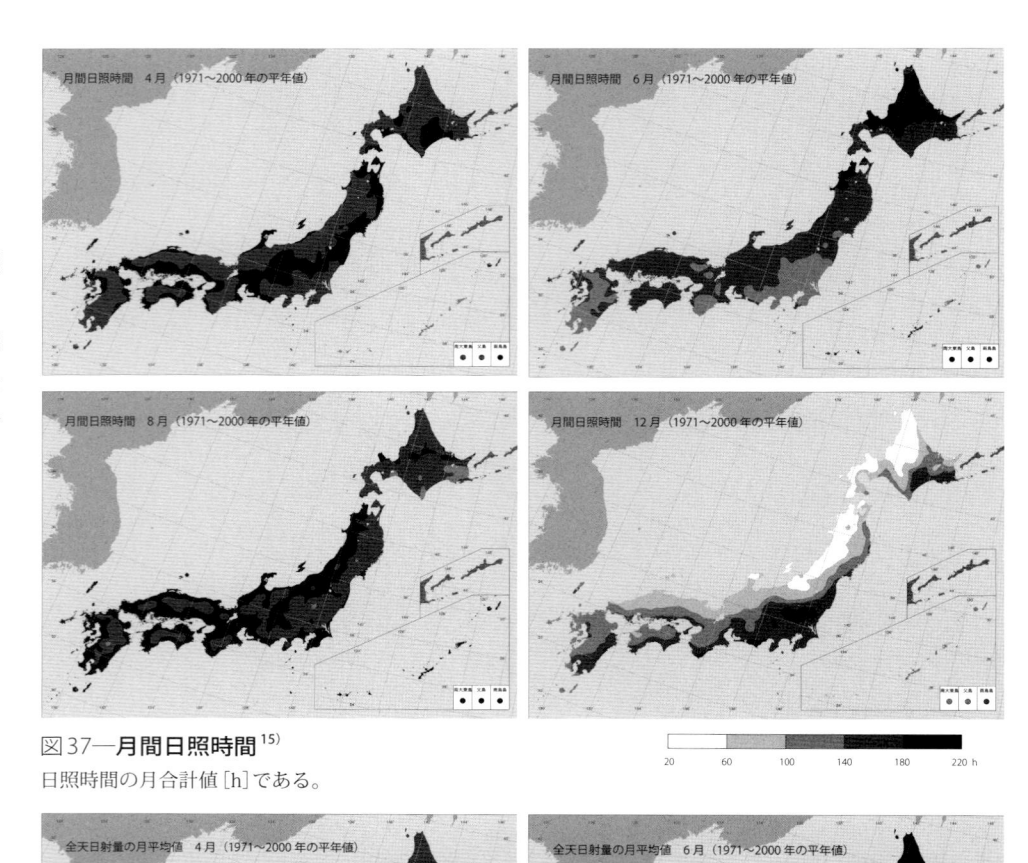

図37—**月間日照時間** [15)]
日照時間の月合計値[h]である。

全天日射量は、全天日射計を水平に設置して測定するのが一般的である。つまり、全天日射量は水平面で受けた放射照度として測定・記録される。
全天日射量は、直達日射量（水平面での値に換算したもの）と散乱日射量の和と考えられる。日中、直達日射がなくとも明るいことからわかるように、散乱日射量の割合は大きく、全天日射量の半分以上を占める。天候の影響を反映しやすい日照時間ほどには分布に違いがないのは、そのためである。

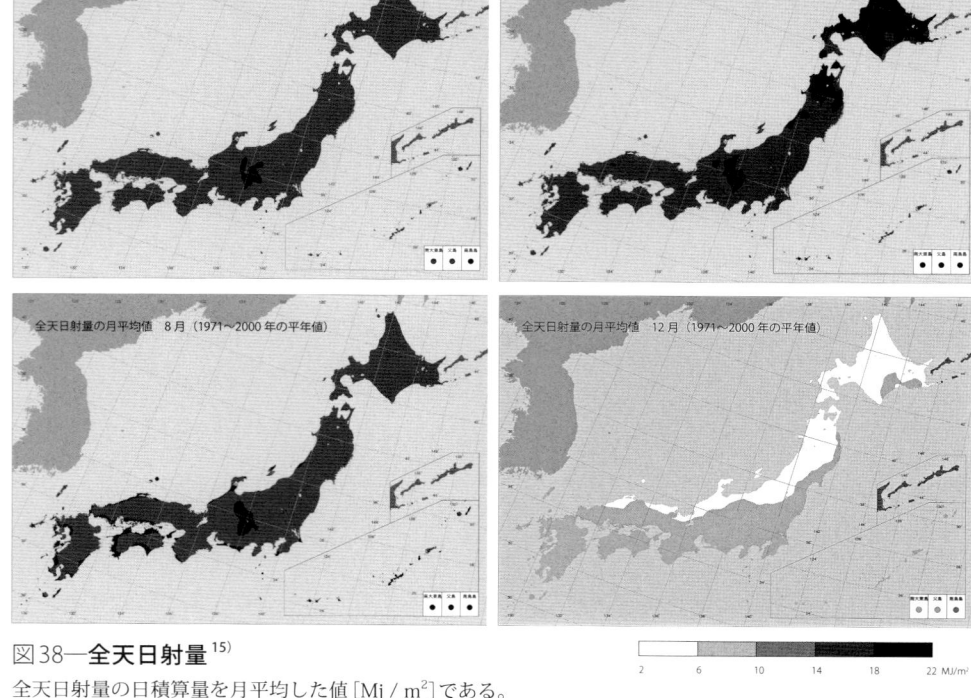

図38—**全天日射量** [15)]
全天日射量の日積算量を月平均した値[Mj / m^2]である。

方位と日照

屋根・壁の向きによる日の当たり方の変化

気象的な特徴を押さえたら、建築的な特徴を絡めて検討を加えていくことになるだろう。大きな影響を及ぼす要因として、方位が挙げられる。

図39に、方位による終日日射量の変化を示す。垂直面の日射は、南面の場合、冬に多く、夏少ない。これが南に大きな開口を設ける理由となる。コラムに、南面での室内への直達日射の到達位置を示すが、南面開口の優位性を確認できるだろう。

東面と西面はそれぞれ午前・午後に日照を得られるが（図41、42）、表6に示すように冬の可照時間の減少が目立つ。ただし、太陽高度が高くならないことが関係して、日射量の落ち込みは小さい。1年を通して受熱面と捉えるべきであろう。

北面でも、夏至にはなりの可照時間があるのは驚きだが、それだけ夏の日の出・日没の位置が北側にあるということを示している。

屋根面にソーラーパネルや太陽熱温水器を設置することを考えると、水平面、もしくはそれに近い角度での受熱量も気になるところである。南面の場合、屋根勾配が30度ほどの場合に最も効率が良いが、水平面でも88％と大きな違いはない。一方、方位については、屋根面が4寸勾配（22度）の場合、南面を100％とすると、東西面が80％、北面が50％と、大きな違いが出る。方位の重要性がわかる。[6]

東京での方位による受熱量の違いを示した図40においても、そのことが確認できる。

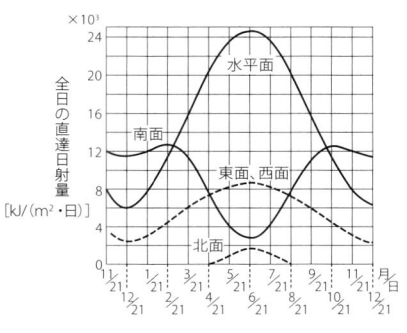

図39—**方位による終日日射量の季節変動**（北緯35°）[1]

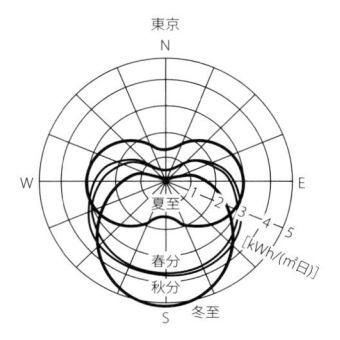

図40—**壁面の方位による受熱量の違い**（東京）[1]

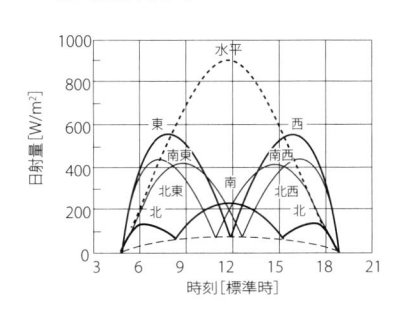

図41—**方位による直達日射量の時刻変動**（東京：夏至）[1]

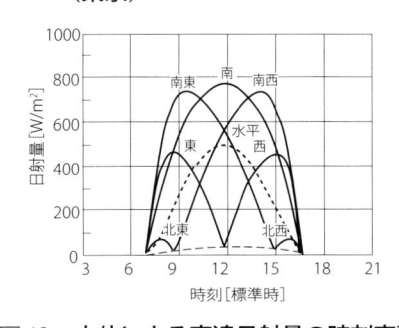

図42—**方位による直達日射量の時刻変動**（東京：冬至）[1]

*図39〜42のグラフは、水平面と記載があるもの以外は、すべて垂直面での変化を表す。

壁面方位	夏至	春分・秋分	冬至
南面	6時間54分	12時間0分	9時間38分
東西面	7時間11分	6時間0分	4時間49分
北面	7時間28分	0時間0分	0時間0分
南東・南西面	8時間4分	8時間0分	8時間6分
北東・北西面	6時間24分	4時間0分	1時間26分

表6—**各方位の壁面と可照時間**（北緯35°）[10]

Column

太陽の高度——室内での到達位置

右に直達日射の到達位置を示す。

北緯35.7°の東京において、夏至の昼12時であれば、庇が50cmほど出ているだけでも室内に直達日射は入り込まない。一方、冬至であれば、同条件で壁面から3.2m奥の地点まで光が差し込む。

蓄熱体をどの位置に設けるか検討する場合などに参考になろう。

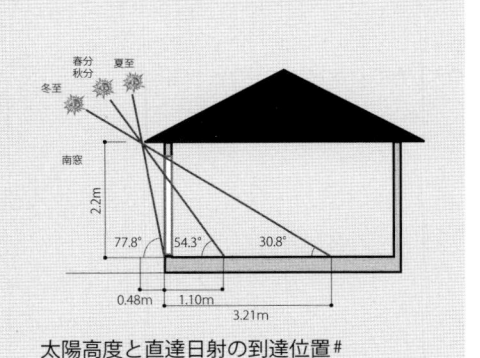

太陽高度と直達日射の到達位置#

Column

太陽位置──日射を考えるベース

　太陽高度が低い冬季、南壁面では豊富な日射を得ることができるだろうが、その一方で屋根面での日射は少なくなり、北壁面での日射はゼロとなる。このように、方位や角度によって太陽の日射が及ぼす影響は変化する。そういった事柄と密接に関わるのが、太陽位置の季節による変化である。

　太陽位置は、方位角と太陽高度で表す。**方位角**は、**子午線**（南北と天頂を通る線）と太陽方向の地表面への投影線がなす角度であり、真南を0度として、真東が−90度、真西が＋90度となる。**太陽高度**は、太陽と地表面とがなす角度である。

　地軸が公転面に対して23°27′（≒23.5°）傾いているため、地球の赤道面と太陽の成す角度（**日赤緯**）は±23°27′の間で変化する。そのため、日中の同じ時間であっても、季節によって太陽高度や方位が変化する。北緯35°であれば、夏至には太陽高度は78.5°ほど、冬至には31.5°ほどになる。

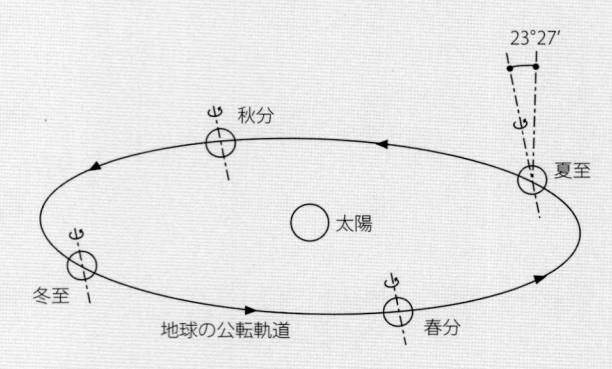

太陽の動き[1]

地球の平均公転半径　　149,597,870 km
（地球の赤道半径が6,378.137km、極半径が6,356.752km）

真太陽時──その地点での時刻

　太陽が子午線を通過することを**南中**という。太陽が南中した時刻を正午として、次の南中までを1日としたものを**真太陽日**、それを24等分したものを1時間とする時刻系を**真太陽時**という。

　公転軌道が楕円（短径：長径＝1:1.0346）であるため、また自転軸の傾きの影響を受けるため、真太陽時は一定ではない。そこで、真太陽日の年平均を平均太陽日とした時刻系である**平均太陽時**が生まれた。真太陽時と平均太陽時の差を**均時差**という。

　地点ごとの平均太陽時は経度が異なれば変わる訳だが、地域ごとに代表点の平均太陽時を標準時として用いている。日本では東経135°（兵庫県明石市）における平均太陽時を**日本標準時**（中央標準時）としている。

　太陽は1時間あたり15度西に進むので、およそ東経140°にある東京の南中時刻は日本標準時で表せば11時40分ということになる。

　ただし、均時差を考慮に入れる必要があるので、2月と11月では30分ほどの違いが出る。2月であれば日本標準時で11時54分頃、11月であれば11時24分頃が南中時刻ということになる。これは、12時の時報が鳴ったときの東京の真太陽時が、2月は12時6分頃、11月は12時36分頃ということでもある。

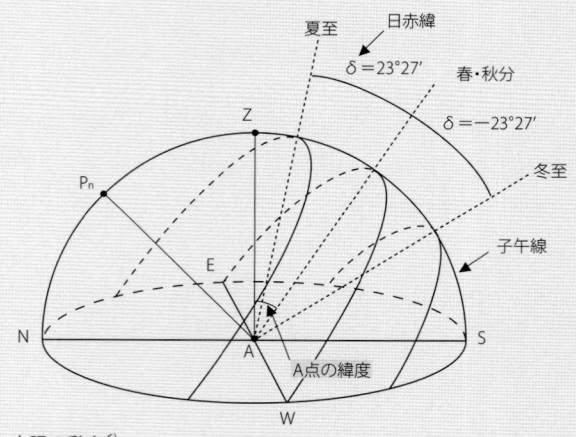

太陽の動き[6]

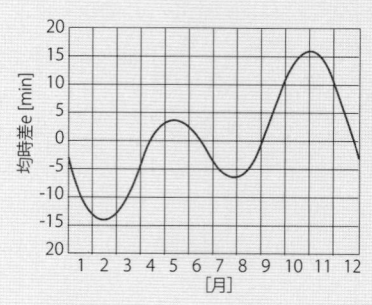

均時差[1]

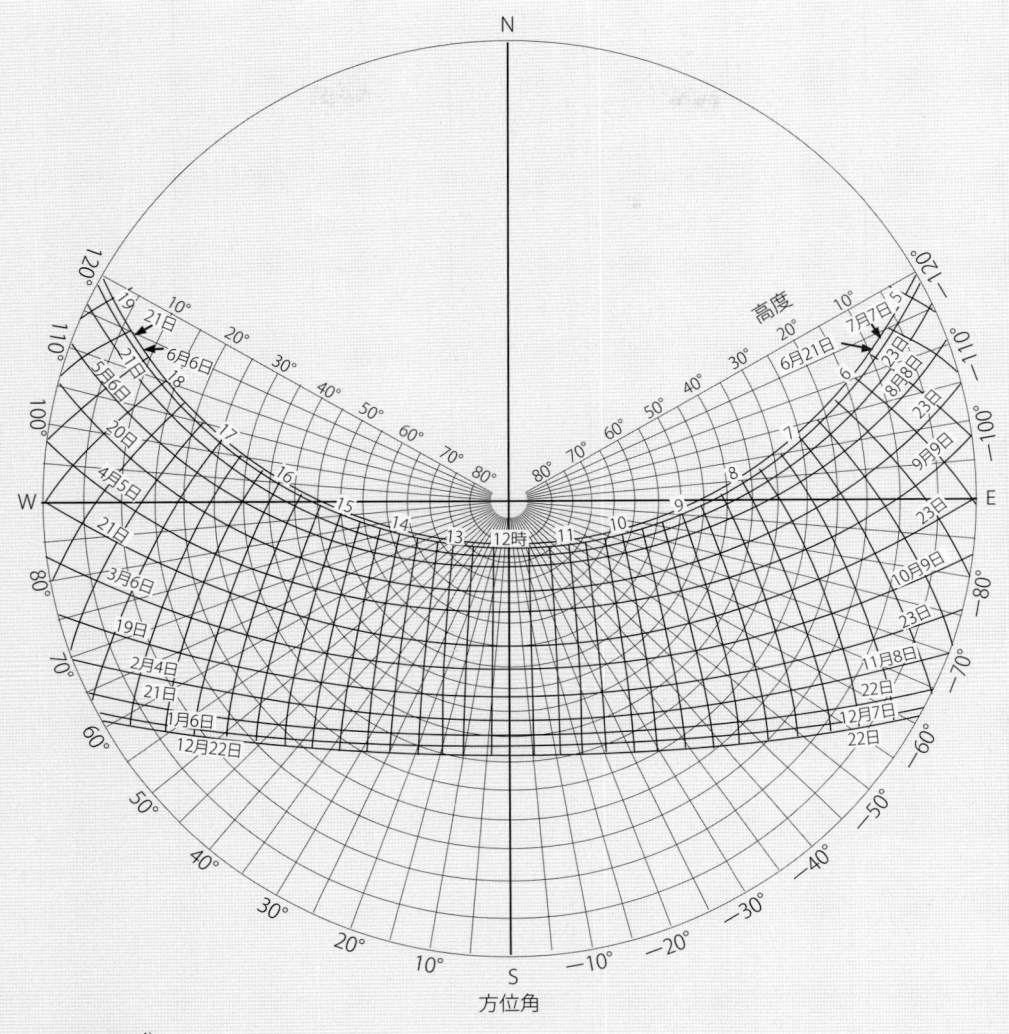

太陽位置図[1]

太陽位置図の読み取り

横方向に伸びる日付と縦方向に伸びる時間の線の交点を探し、円の中心から放射状に伸びる直線の先に書かれている角度を読み取る。それが太陽方位角を表す。

交点から円弧状に伸びる線をたどっていくと、図の上辺に角度が記載されている。これが太陽高度を表している。たとえば、9月23日の9時20分であれば、太陽高度40°、方位角は-55°であることが読み取れる。

$$\sin h = \sin \tau + \sin \delta + \cos \tau \cos \delta \cos t$$

太陽高度[°] / 緯度[°] / 日赤緯[°] / 時角[°]

太陽高度

$$\sin A = \frac{\cos \delta \sin t}{\cos h}$$

太陽方位角[°] / 日赤緯[°] / 時角[°] / 太陽高度[°]

太陽方位角

δ：日赤緯[°]
天球の赤道と太陽のなす角。夏至＝+23.5°、冬至＝-23.5°、春分・秋分＝0°

t：時角[°]
1時間を15°とし、南中時を0°、午後を+、午前を-として表した角度：午前11時＝-15°、午後1時＝+15。

Challenge ❸

太陽位置の計算

(1) 太陽位置図を用いて、4月5日15時の太陽位置を求めてみよう。

(2) 8月8日の午前7時40分に、高さ2mの東向きの掃き出し窓から入ってくる日差しは、どのくらい部屋の奥まで届くか。日差しは壁に達していないと仮定して、距離を計算せよ。

5 気候と日照・日射

日照権と日影規制
日差しを守る

　日本人は日当たりを大変に重視する。日照権は、日光が当たることによるさなざまな恩恵を受ける権利である。もともと建築基準法には、天空光による明るさの確保として斜線規制などは規定していたが、日照権は考慮していなかった。しかし、高度成長期の大都市では日照阻害が深刻となったため、1976年に日影規制が盛り込まれた。

　日影規制は、一番条件が厳しい冬至において、建物がつくる影が敷地外に及ぶ時間を規制するもので、用途地域や敷地境界線からの水平距離に応じて、日影時間の限度が定められている。

【関連用語】

日影規制
低層住居専用地域では軒高が7mを越えるか3階建て以上の建物に、その他の用途地域では10mを越える建物に適用される。
隣地境界線から5m～10mの地点と、10mを越えた地点について、冬至における真太陽時が8時～16時の間の日影時間の限度が用途地域ごとに定められている。
【建築基準法 第56条の2参照】

日影図と等時間日影図
日向になる時間、日陰になる時間

　日影を検討するためには、日影図と等時間日影図を描く必要がある。
　日影図は1時間ごとの影の形を描いたものである（図43）。作図には日影曲線図を使う（127頁図44）。**等時間日影図**（日影時間図）は、日影図の影の重なりから、1時間影になる部分、2時間影になる部分…を求め、等時間日影線を描いたものである（図45）。
　図46にいくつかの建物形態の等時間日影を示す。建物の平面的な形状だけでなく、高さによっても等時間日影の形状が変化すること、複数棟の日影図には**島日影**（孤立して周囲より日影時間が長い場所）が現れることなどが読み取れる。建物がL字型や凹型の場合には、**終日日影**（1日中、日の当たらない場所）や**永久日影**（1年中、日の当たらない場所）が発生することもある。また、可照時間ではなく日影時間で見れば、冬至より夏至の方が条件が悪い地点が出ることもある。
　実際の建物は、複数の建物の影響を受けるので、日影規制を満たした建物に囲まれていても、日の当たらない時間が日影規制で想定されている限度を下回る可能性はある。

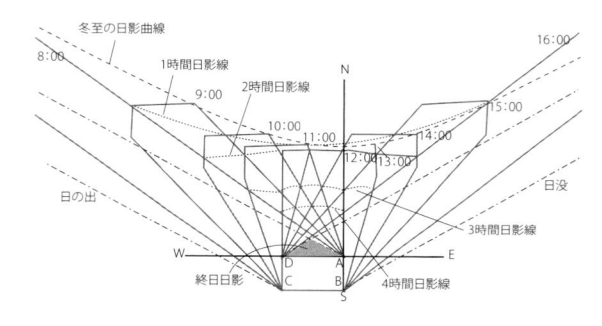

図43―日影図[1]
日影図の作成には、方角を正しく調べることが必要となる。方位磁石は誤差が大きいので、真太陽時を調べ、南中時の太陽の位置から南を判断することになる。

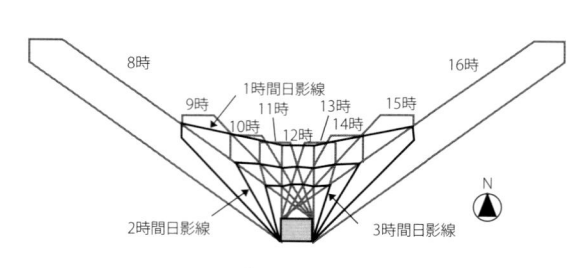

図45―等時間日影図[1]
日影図も等時間日影も、真太陽時を用いて記述する。

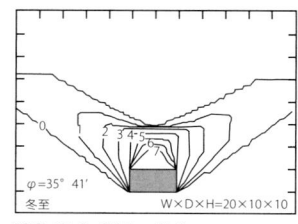

建物高さが低い場合

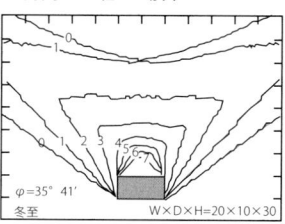

建物高さが高い場合

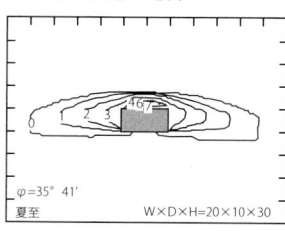

夏至の場合

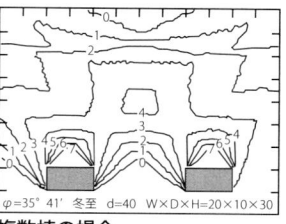

複数棟の場合

図46―建物形態と日影時間図[1]

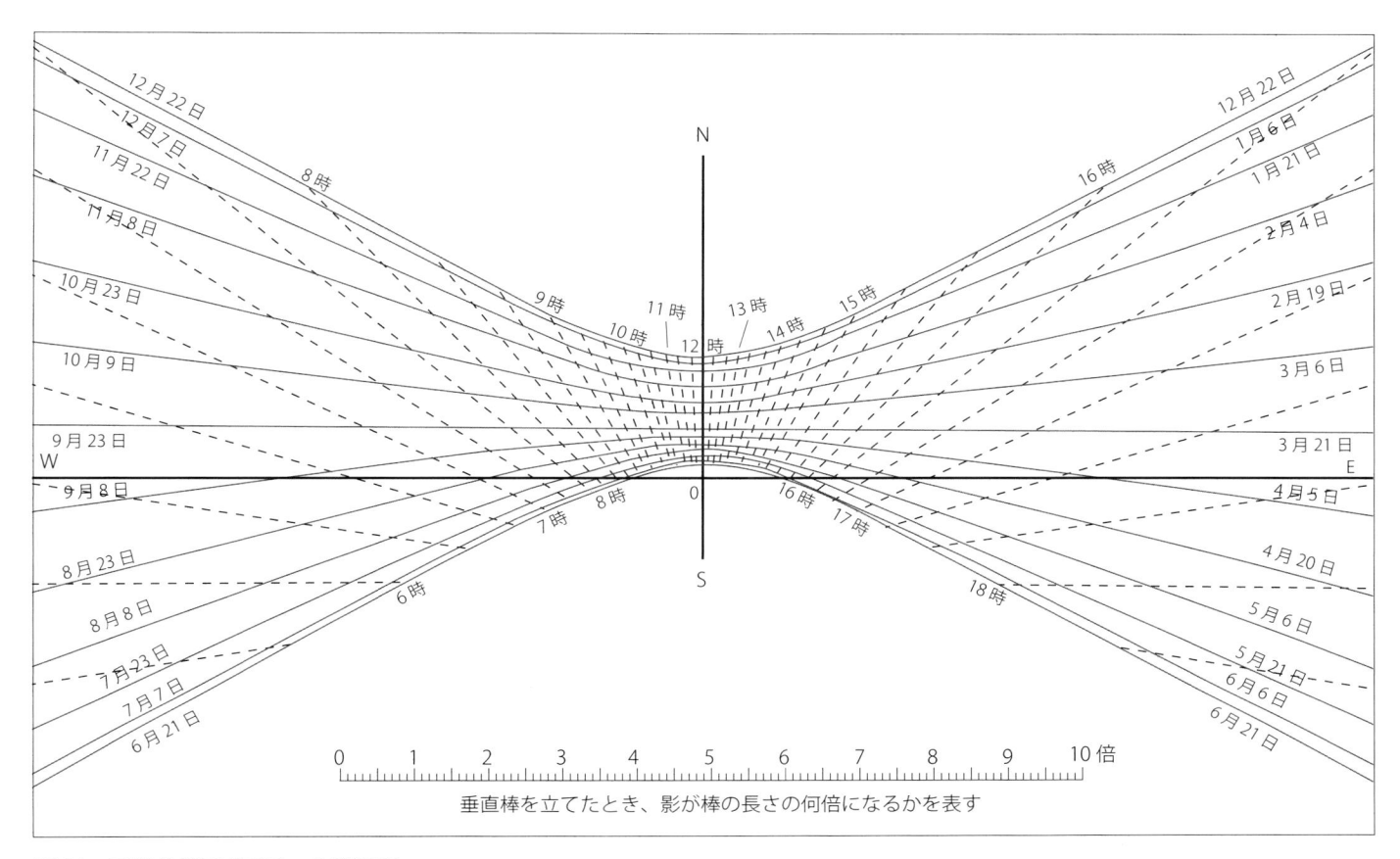

図44—日影曲線図(平面、北緯35°)

横方向に伸びる日付と縦方向に伸びる時間の線の交点を探し、N-S、E-Wの線が交わる点(基点：0)から線を引く。基点から交点までの線が、その日付・その時間における長さ1の棒の影の長さを表す。

3月6日の16時40分であれば、上図で4cmであるから、高さの4倍の影ができることがわかる。

Column

非定常状態のシミュレーション——パッシブな環境デザインに不可欠

　季節や時間によって太陽位置は変化する。それに伴って、壁面と太陽が成す角度が変化するから、壁体の温度も時間と共に変化することになる。空調負荷を計算する際には、これを考慮に入れる必要があるだろう。

　壁体の熱抵抗については、室温と外気温が一定の定常状態と仮定して計算する方法を紹介した。これはこれで壁体の熱的特性を表しているので十分意味を持つものであるが、壁面における熱の流れの変化を厳密に予測するものではない。

　初期条件を入力し、微少部分の微少時間後の状態を計算するという過程を繰り返すことができれば、一定時間後の状態を推測することができる(差分法)。非定常状態のシミュレーションには、要因の特定と膨大な計算が必要であることがわかるだろう。

　集熱・断熱・熱容量の程度が室温変動に及ぼす効果を示した図(→p115)は、徐々に変化する外気温、集熱量をデータとして入力し、室温をシミュレートして初めて描けるものである。

　p116で紹介したOMソーラーハウスの場合、アメダスのデータをもとに日本各地の気象データをデータベース化しており、計算により屋根面での日射熱取得を予測するプログラムが用意されている。それにより、たとえば屋根面をどのように構成すればもっとも効率がいいか判断するためのシミュレーションが行える。

　もちろん、その熱が床下に蓄熱され、夜間放出されたときの気温変化もシミュレートし、冬季の気温低下が激しければ、断熱性能を検討し直すということもあるだろう。

　変化する外界と応答する建築をデザインする時、シミュレーションは強力なツールとなる。

6 換気と通風

アースポート（東京ガス港北NTビル）は、アトリウムで暖められた空気を逃がす煙突のような形の設備を持つ。暖まった空気が上昇する力を利用した温度差換気では、高低差があった方が換気力が強い。

室内空気汚染と換気
空気を入れ替える

　室内の汚染した空気を排出して、新鮮な空気を導入することを**換気**という。

　人は酸素を消費し、二酸化炭素を放出する。人がいるだけで、二酸化炭素濃度が上昇するのは事実であるが、通常0.03％程度の二酸化炭素濃度が、呼気などの人的な要因だけで人体に影響を及ぼすとされる4％に達することはほとんどない。

　しかし、多数の人がいる部屋では気持ち悪くなることがあるのも事実である。これは、汗などの臭気、衣服からの粉塵、体から発生する水蒸気や発熱による温熱環境の悪化などが原因とされる。これらの要因は二酸化炭素濃度に比例して上昇するとの考えに基づき、二酸化炭素濃度を基準として空気質を評価する考え方が一般に採用されている。

　一方、開放型ストーブ（室内の酸素を取り入れて燃焼し、排気を室内に放出するタイプ）や調理に伴う二酸化炭素の発生については、その濃度が上昇することが考えられるので、定期的または連続的な換気が必要となる。

　台所で発生した水蒸気や臭い、喫煙に伴い発生した煙、トイレの臭気についても、速やかに排出する必要がある。そのため、局所換気が取り入れられることが多い。

　他方、人体に悪影響を及ぼす可能性のある揮発性物質（VOC、ホルムアルデヒドなど）や粉塵が発生する場所では、その発生状況に応じた換気が必須となる。

3章　熱環境・空気環境のデザイン

このように換気には、
◇人間に対して必要な酸素を供給する
◇熱・煙・水蒸気・臭気などを排出する
◇燃焼器具に必要な酸素を供給する
◇汚染物質を許容値以下に抑制する
といった役割がある（→解説9）。

したがって、室温を一定に保ちたいからといって、外気をまったく導入しないことはありえない。

本節では、主に住宅を対象として取り上げながら、空気質と関わる換気の問題を扱う（図47）。

【関連用語】

VOC
揮発性有機化合物(Volatile Organic Compounds)のこと。
シックハウス症候群の原因物質と目されている揮発性の高い有機化合物の総称。トルエン($C_6H_5CH_3$)、キシレン($C_6H_4(CH_3)_2$)、スチレン($C_6H_5C_2H_3$)など多くの種類があるが、とくにトルエンは、塗料、樹脂、接着剤などの溶媒として用いられ、シックハウス症候群と関連すると考えられる。

濃度の単位
ppm(parts per million)は、100万分の1を表す。体積換算で言えば、$1cm^3/1m^3$が1ppmである。

改正建築基準法で規制対象となっている2物質
ホルムアルデヒド（HCHO）
　防虫・防腐剤
クロルピリホス（$C_9H_{11}C_{13}NO_3PS$）
　有機リン系殺虫剤の一種
　シロアリ駆除剤

汚染の原因
<在室者>
呼吸、汗、臭気、喫煙、粉塵など
<燃焼系設備機器>
排気、排熱、水蒸気など
<内装>
ガス、粉塵、臭気、カビ、ダニなど
<室条件>
台所・便所・浴室の臭気・蒸気など

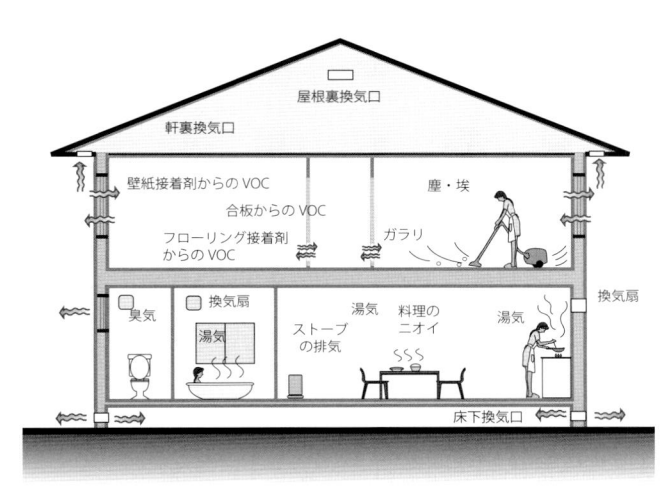

図47—住宅における換気関連要因

●解説 9

室内空気汚染物質——許容濃度はどれくらい !?

汚染物質はガス状汚染物質と粒子状汚染物質に大別される。

ガス状汚染物質
　二酸化炭素　…酸素濃度の低下
　一酸化炭素　…不完全燃焼、中毒
　臭気　…不快感、食欲減退、能率低下
　ホルムアルデヒド　…化学物質過敏症
　窒素酸化物、硫黄酸化物
　水蒸気、熱　…温熱感と結露

粒子状汚染物質
　浮遊粉塵（黄砂・煙、塵肺、その他）
　アスベスト（石綿）…発ガン物質
　細菌（結核・インフルエンザ等）
　　…空気感染
　アレルゲン（花粉・カビ・ダニ等）

複合的汚染
　タバコ煙：2,000種以上の汚染物質
　　（ニコチン、タール、CO）
　　…肺ガン、受動喫煙

右にいくつかの物質の許容濃度の指針を示す。

物質名	許容濃度	
二酸化硫黄	1日平均値： 0.04 ppm	以下
	1時間値： 0.1 ppm	以下
一酸化炭素	1日平均値： 10 ppm	以下
	8時間値： 20 ppm	
浮遊粒子状物質	1日平均値： 0.1 mg/m^3	
	1時間値： 0.2 mg/m^3	
二酸化窒素	1日平均値： 0.04〜0.06 ppm またはそれ以下	以下
光化学オキシダント	1時間値： 0.6 ppm	以下
ベンゼン	1年平均値： 0.003 mg/m^3	以下
トリクロロエチレン	1年平均値： 0.2 mg/m^3	以下
テトラクロロエチレン	1年平均値： 0.2 mg/m^3	以下
ジクロロメタン	1年平均値： 0.15 mg/m^3	以下
ダイオキシン類	1年平均値： 06 pg/m^3	以下*

*mg=10^{-12}g, 2,3,7,8-四塩化ジベンゾパラジオキシン毒性換算値

労働環境における許容濃度 [17]

物質名	許容濃度
二酸化炭素	1,000 ppm
一酸化炭素	10 ppm
浮遊粉塵（10um 以下のもの）	0.15mg/m^3
ホルムアルデヒド	0.1mg/m^3

室内環境の許容濃度（国土交通省、厚生労働省）

濃度 [mg/m^3]	影響
0.025〜0.05	バックグラウンド濃度
0.075〜0.1	多くの人に満足される濃度
0.1〜0.14	視程現象
0.015〜0.2	多くに人に「汚い」と思われる濃度
0.2 以上	多くの人に「全く汚い」と思われる濃度

浮遊粉塵の人体影響 [18]

6 換気と通風

シックハウス症候群

室内に拡散した有害物質

1990年代以降、住宅の新築や改装工事の後、めまい、目への刺激、のどの炎症などの症状を伴ったさまざまな体調不良の報告が目立って増えた。気密化が進み、建材・内装材に使用されている塗料・接着剤に含まれる化学物質が室外に放出されにくくなったことが関連していると考えられた。とくにホルムアルデヒドは、国土交通省の調査において、シックハウスの症状を示した患者のいる家屋の3割近くで基準値を超えたことから、対策の必要性が認識された。

2003年に施行された改正建築基準法では、厚生労働省により室内空気中の化学物質濃度指針値が示されている13物質中、**ホルムアルデヒド**と**クロルピリホス**の2種を対象とした規制が設けられている。クロルピリホスを使用した建材は原則として使用禁止、ホルムアルデヒドは使用方法についての規定が設けられた。

■ホルムアルデヒド

ホルムアルデヒドは、無色で刺激臭を有する気体であり、家庭用品や建材などから発散される。とくに、合板の接着剤、壁紙やその接着剤に多く含まれる。気温・湿度が高いほど、発散の度合いが大きくなる。

JISやJAS（Japanese Agricultural Standard：日本農林規格）では、ホルムアルデヒド発散速度に基づく表示（F☆〜F☆☆☆☆）が行われている。改正建築基準法では、それぞれの内装仕上げ材としての使用面積を制限している（図48）。

なお、22℃程度であれば、強制的な換気をしなくともホルムアルデヒドが許容濃度を超えることはほとんどないと言われている。[3] したがって、強制換気の必要性は夏季に高まる。

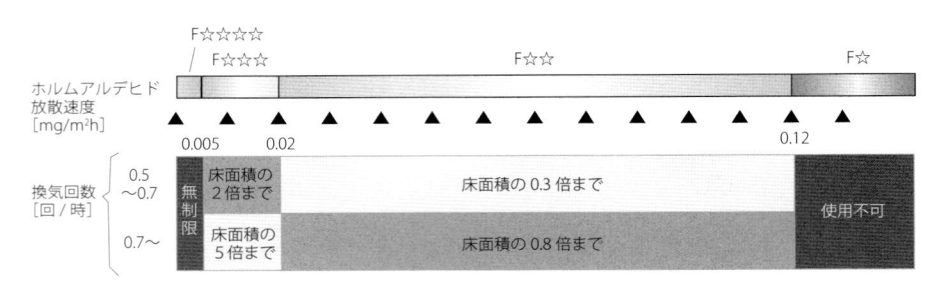

図48―ホルムアルデヒド発散速度に基づく表示

改正建築基準法では、放散速度の4段階それぞれに、建材として使用できる面積を定めている。

F☆☆とF☆☆☆については、次頁で解説する換気回数によって使用できる面積が変化する。

Column

住まいの性能向上と新たな問題――気密化の副作用

昔の暖房器具は、囲炉裏、火鉢、炬燵など、みな放射による局所暖房である。暖房の房とは部屋という意味だから、厳密に言えば、昔の家は暖房ではなくて「暖身」だったと言えよう。

鉄やアルミのサッシが普及すると、気密性が上がって隙間風が減り、暖房が実現した。しかし、逆に湿気が逃げなくなり、結露が問題となった。

そこで、壁や窓を高断熱化して結露を防止し、さらに高気密を進め、空調が導入された。これによって建物全体の気候を制御することが可能となり、住宅では足寒頭熱（頭寒足熱の逆）から解放された。

しかし高気密化により、換気によって拡散していた化学物質がいつまでも高濃度で室内に残ることになり、シックハウス症候群を引き起こしてしまった。その防止には、問題のある建材を使わないこと、通風・換気をよくすることが重要だが、竣工直後に汚染物質を早く乾燥・拡散させることも効果があるとされている。室内を一定期間高温に保つ（30℃〜40℃で数日間）ベイクアウトはその手法の1つである。

改正建築基準法における換気――定常的な換気

機械換気の義務化

真壁造の一部を除き、気密性能15cm^2/m^{2}以下の居室には24時間の機械換気設置が義務付けられた。

天井裏等の制限

天井裏、床裏などから居室にホルムアルデヒドが流入するのを防ぐため、以下のいずれかの措置を講ずる。

◇下地材をホルムアルデヒド発散量の少ない建材とする（F☆やF☆☆建材を使用しない）

◇気密層または通気止めで遮断する

◇機械換気設備を設置し、天井裏等の部分より居室の空気圧を高くする

必要換気量

室内空気の入れ替え

さまざまな物質の濃度を指針以下の濃度に収めるためには、基本的には常時換気を実施する必要がある。そのために必要な換気量を算出する。

換気流出分と、換気流入分に室内発生分を加えたものが均衡するという前提から、下式が導かれる。

$$CQ = C_oQ + M$$

- 必要換気量 [m³/h]
- 汚染物質発生量 [ml/h]
- 導入外気の汚染濃度 [ml/m³]
- 汚染濃度の許容量 [ml/m³]

$$Q = \frac{M}{C - C_o}$$

※ ml/h、ml/m³の部分は、必要に応じて mg/h、mg/m³などに入れ替えられる。

必要換気量の算出式（1）

室内と室外の汚染濃度差が大きいほど換気量は少なく、汚染物質発生量が多いほど換気量は増加することが示されている。

■シックハウス対策としての必要換気量

建築基準法に換気回数0.5回/hがあるが、建築物環境衛生管理基準指針値で採用されている0.1mg/m³以下となるよう、換気量を定めることも考える必要がある。F☆☆☆☆建材であれば0.02mg/m²hという放散速度と使用面積から放散量を計算し、必要換気量を算出することができる。

■燃焼器具使用時の必要換気量

燃焼器具は、**開放型燃焼器具、半密閉型燃焼器具、密閉型燃焼器具**に分類される（図49）。開放型燃焼器具を使用した場合、空気中の二酸化炭素濃度および酸素濃度が問題となる。しかし通常の使用状態で、人体に影響を及ぼす二酸化炭素4％を上回ったり、酸素15％を下回ったりすることはない。むしろ酸素濃度の低下に伴って、不完全燃焼により一酸化炭素が発生する方が怖い（図50）。それは酸素濃度20％あたりで急激に増加するため、建築基準法では、酸素の含有率を20.5％以上に保つ換気ができる設備を火を使う室に要求している。

■たばこからの粉塵に対する必要換気量

浮遊粉塵については、建築基準法や建築物環境衛生管理基準において

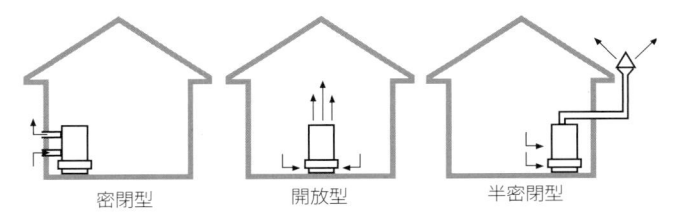

開放型燃焼器具
燃焼に必要な酸素を室内空気から供給し、排ガスも室内に放出するタイプ。一般的に用いられているガスストーブ・ファンヒーター、石油ストーブ、調理用ガスコンロなどがこのタイプに属する。

半密閉型燃焼器具
燃焼に必要な酸素を室内空気から供給し、排ガスは屋外に放出するタイプ。煙突式の風呂釜や

図49—**燃焼器具の種類**

室内設置型の瞬間湯沸かし器などが、このタイプに属する。

密閉型燃焼器具
燃焼に必要な酸素を屋外から供給し、排ガスを屋外に放出するタイプ。FF型（Forced draft balanced flue：強制給排気式）、BF型（Balanced-flue：自然給排気式）と呼ばれる器具はこのタイプである。

壁面方位	都市ガス(13A)	プロパン	灯油
発熱量	46 [MJ/m³]	102 [MJ/m³]	43 [MJ/kg]
比重	0.66 (空気=1)	1.55 (空気=1)	0.79 (水=1)
理論空気量	0.86 [m³/(kW・h)]	0.83 [m³/(kW・h)]	0.91 [m³/(kW・h)]
理論廃ガス量	0.93 [m³/(kW・h)]	0.93 [m³/(kW・h)]	12.1 [m³/kg]
理論水蒸気量	0.17 [m³/(kW・h)]	0.14 [m³/(kW・h)]	0.13 [m³/(kW・h)]
理論 CO_2 量	0.09 [m³/(kW・h)]	0.11 [m³/(kW・h)]	0.13 [m³/(kW・h)]

表7—**各種燃料の特性値**[19]

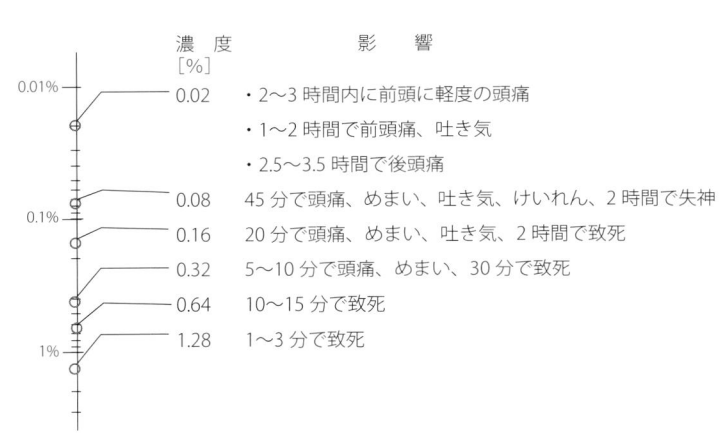

濃度[％]	影響
0.02	・2～3時間内に前頭に軽度の頭痛 ・1～2時間で前頭痛、吐き気 ・2.5～3.5時間で後頭痛
0.08	45分で頭痛、めまい、吐き気、けいれん、2時間で失神
0.16	20分で頭痛、めまい、吐き気、2時間で致死
0.32	5～10分で頭痛、めまい、30分で致死
0.64	10～15分で致死
1.28	1～3分で致死

図50—**一酸化炭素濃度と人体への影響**

$0.15mg/m^3$ が採用されている。この値に収めるには、たばこ1本につき、$130m^3$ という膨大な換気が必要である（→解説10）。

■換気回数

これまで検討してきたように、汚染物質の発生量に応じて、必要換気量は変化する。しかし、必要換気量の表現としては、換気量を室容積で除した値が用いられることも多い。これを換気回数と呼ぶ。汚染物質発生量を特定せずとも計算できる簡便性が、一般的な環境における考察・規制には有用なのであろう。

換気回数1.0は、1時間に室内の空気が1回入れ換わるのと同等の換気量であることを示している。

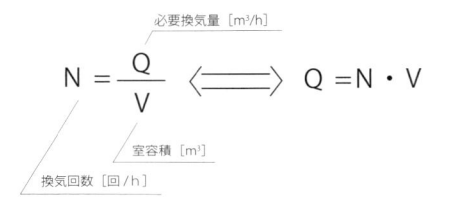

次世代省エネルギー規準では、必要換気量は0.5回/hとされている。コラムのサンプルで、この意味について考えてみた。

$$N = \frac{Q}{V} \iff Q = N \cdot V$$

必要換気量 [m³/h]
室容積 [m³]
換気回数 [回/h]

必要換気量の算出式（2）

●解説10

たばこの粉塵に対する換気量

1時間に1本の喫煙、外気の粉塵濃度を$0mg/m^3$とした場合、室の粉塵濃度を$0.15mg/m^3$で維持するための必要換気量を求めると、

$Q=19.5/(0.15-0)=130m^3/h$

となる。

1時間に1本の喫煙は、居住者4人分に必要とされる換気量より多いことが分かる。

汚染物質	発生量
一酸化炭素	$0.00006 m^3$
二酸化炭素	$0.0022 m^3$
浮遊粉塵	19.5 mg

たばこ喫煙1本あたりの汚染物質発生量（ハイライト）

Column

換気の目安──1室あたり、0.5回/hでいいか？

生活時には20l/h・人の二酸化炭素が発生すると考えると、1人あたりの必要換気量は、約$30m^3/h$となる。

$Q=0.02[m^3/h\cdot人]\times1[人]\div(0.001-0.00035)=30.8[m^3/h]$

※目標二酸化炭素濃度を1,000ppm、新鮮空気の二酸化炭素濃度を350ppmと設定した

ここで4人家族が住んでいる住宅を考えるならば、必要換気量は約$120 m^3/h$ということになる。

一方、住宅等の居室の換気回数として改正建築基準法に規定されている0.5回/h（その他の居室は0.3回/h）を基に必要有効換気量を求めてみると、延べ床面積40坪（$132m^2$）の家であれば約$150m^3/h$になるので、標準的な家屋の場合には、ほどよい値となることがわかる。

$Q=132m^2\times2.3m\times0.5回/h=151.3 m^3/h$

ただし、個別に考えれば6畳間では0.5回/hでは少なすぎるし、24畳間では0.5回/hでは多すぎるとも言える。

人体から放散されるCO_2
安静時：13 l/h・人（$0.013m^3/h$・人）程度
極軽作業時：20 l/h・人（$0.02m^3/h$・人）程度
軽作業時：30 l/h・人（$0.03m^3/h$・人）程度

機械換気
強制的な空気の入れ換え

機械換気は送風機を使って換気を行うもので、強制換気とも呼ばれる。確実に換気を確保できるため、換気計画は機械換気の使用が前提となることが多い。

給気、**排気**のどちらに送風機を用いるかで3種類の方式に分類される（図51）。

■第1種換気設備

給気・排気とも送風機を使用する。室内空気圧力を自由に設定可能である。給気側にも排気側にもフィルターや全熱交換器（→p134）を設置することができる。また、給気口・排気口、共に任意の位置に設けることができる。

■第2種換気設備

給気のみ送風機を用い、自然排気する。室内は**正圧**（大気圧より高い圧力）に保たれ、外気が侵入しにくいこと、給気側に空気浄化装置を設置できることから、手術室やクリーンルームに適する。

■第3種換気設備

排気のみ送風機を用い、自然給気する。室内は**負圧**（大気圧より低い圧力）になり、室内の汚染空気を隣室へ拡散させない。便所・浴室・台所・コピー室などに適する。給気口から外気が直接入ってくる場合には、それを高所に設け、十分撹拌した後、居住高さに降りてくるようにしたい。

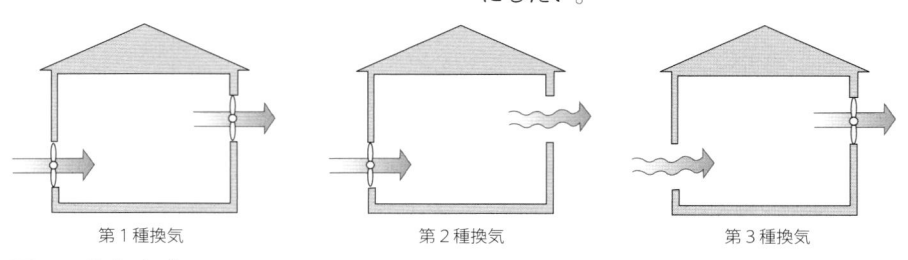

図51──換気方式

換気計画
空気の流れを作る

住宅であれば、寝室や居間で給気し、廊下などを経て、キッチン、トイレ、納戸などから排気することが考えられる。オフィスでは、湯沸かし室やトイレから排気する。

換気経路の検討（図52）に加え、局所換気の使用、正圧・負圧とすべき場所、効果的な熱交換についても検討する。

■第1種熱交換換気

第1種換気を行うのであれば、暖冷房と一体になった空調システムとすることが考えられる（図53）。全熱交換器を含んだユニットとして設置すれば、暖冷房費を節約することができる。ただし、トイレ・浴室は別系統とする必要がある。

■第3種排気型換気

給気口を寝室・居室に設け、トイレなどから排気する。暖冷房は別系統とする。給気口を1.6m以上の高さに取り付け、ガラリを上向きとして外気は天井に向かって吹き上げ室内の空気とよく撹拌するとよい。パネルヒーターなどを窓の下に設置することが推奨される。

換気と暖冷房が別系統であるから、温度差換気は併用しやすい。設備選択の幅も広くなるが、外部風や温度差の影響を受けやすい（図54）。

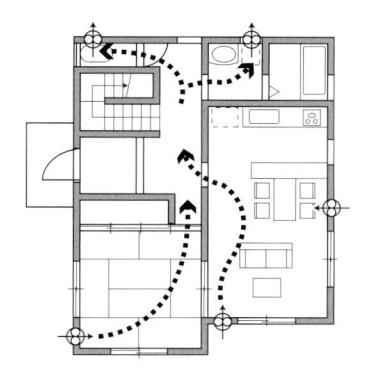

図52―住宅の換気経路計画例[20]

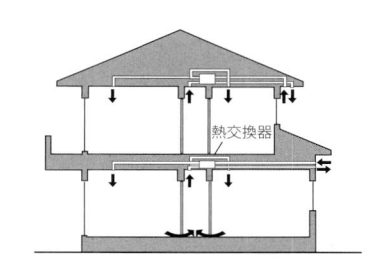

図53―第1種熱交換換気[20]

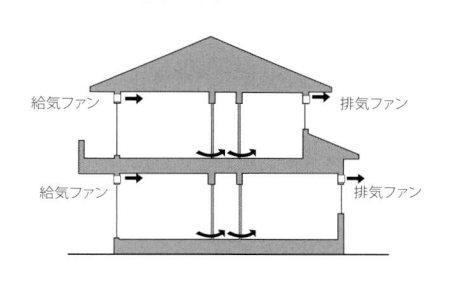

図54―第3種排気型換気[20]

隙間の影響
計画的な換気のために

隙間が大きいと計画換気はままならない。隙間があれば、そこから空気が入り込むし、出て行ってしまう。冬の北風で北側のトイレから居室に空気が流れるというような事態が考えられるのである。

相当隙間面積（図55）で表せば、現代の住宅は$5cm^2/m^2$程度の気密性は保持していることが多いと言われるが、計画換気を有効なものにするには$2cm^2/m^2$程度の気密性が必要だと言われる。

次世代省エネルギー基準では、相当隙間面積の値をⅠ、Ⅱ地域で$2cm^2/m^2$以下、他の地域では$5cm^2/m^2$以下と定めている。

相当隙間面積（C値）
住宅気密性能を示す指標で、住宅の全体の隙間面積を住宅の延床面積で割った値。値が小さいほど気密性能が高い。単位はcm^2/m^2。

図55―相当隙間面積

Column
全般換気と局所換気
――換気手法の使い分け

汚染物質の発生源が局所的であれば、室内に拡散する前に発生源の近くで局所換気を行うことは効率的である。キッチンなどのフード、化学実験でのドラフトチャンバーやグローブボックスなどが局所換気に当たる。建物の中の空気の流れを制御する全般換気とうまく組み合わせたい。

次世代省エネルギー基準制定後、部屋ごとに第1種換気が行われることがある。これなどは局所換気の集合体と考えることができよう。ただし、建物全体の換気経路を設定することは難しく、本来の意味での換気計画がなされていないと指摘する人もいる。

Column

顕熱と潜熱（全熱交換器について）――水蒸気が含んだ熱

0℃の乾燥空気を20℃にする時と、20℃の湿り空気にするのではどちらがエネルギーを多く必要とするだろう。答えは後者である。水蒸気を発生させるのに余分なエネルギーを使用するからである。

このことから、湿り空気には気温に現れないエネルギー成分が含まれていることがわかる。加熱が温度変化に現れる場合、その熱を**顕熱**という。一方、現れない場合には**潜熱**と呼ぶ。水蒸気を含んだ空気は潜熱の分のエネルギーを隠し持っていると言える。

湿り空気線図（→p106）には、**エンタルピー**という項目がある。左上から右下に伸びる直線がそれを表す。これが顕熱と潜熱の和、つまり**全熱**を表す。

換気時には、排気が持つ熱を給気側に伝え、エネルギーを節約したい。フィンをたくさん付けた金属製チューブを交互に並べたような構造では顕熱のみが交換される。一方、水蒸気が通り抜けられる膜を使用すれば水蒸気の交換も起こるので潜熱も交換できる。ある試算によれば、0℃湿度50％の外気と20℃湿度50％の室内空気で換気すると、顕熱交換することにより交換しない時に比べ暖房負荷を55％に、全熱交換すると40％にまで減らすことができる。夏は室内外の気温差が小さいため、顕熱交換のメリットは小さいが、全熱交換では55％も減らすことができるという。[4]

ただし、においや雑菌も交換されないか、空気質の問題に留意する必要がある。

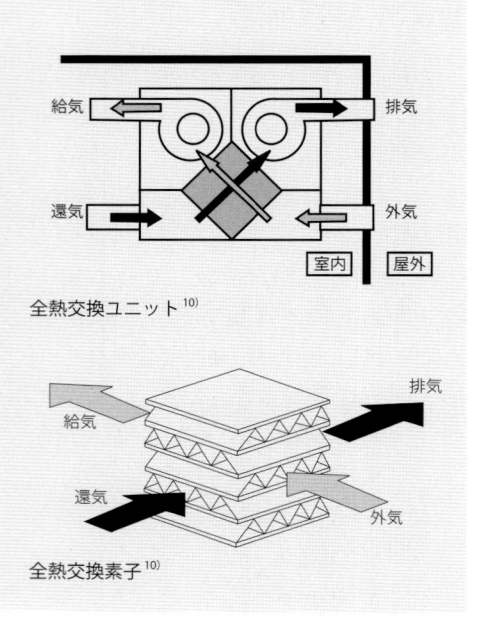

全熱交換ユニット[10]

全熱交換素子[10]

風力換気と温度差換気

自然の力を利用した換気

原則としてすべての居室に機械的な換気が義務付けられたけれども、機械を用いない換気手法も存在する。

自然換気は、空気が圧力の高い所から低い所へ流れるという性質を利用したもので、風力換気と温度差換気（**重力換気**）に大別できる。

風力換気は外気の風を利用して、風上から空気を入れ風下から出すというものである。換気力は非常に強いが、風速や風向に左右され、変動が大きいことが欠点である。連続的な換気を計画的に行うことはできない。

温度差換気は温度の違いによって生じる空気密度の違いがもたらす煙突効果を利用した方式で、冷たい外気が下部から導入され、暖かく軽い空気が上部から導出される。この効果は入口と出口に距離があるほど強まるから、上下の換気口はできるだけ高さに差がある方がよい（図56）。平屋ではうまく働かず、2階建て以上で用いることになる。また、温度差が大きいほど換気能力が大きくなるので、冬季に有効に働き、夏季は効果が薄い。そういう意味では、東京などより札幌に向いている手法である。計画換気であっても、冬季に温度差換気を用いる場合には、ファンの回転数を下げることが可能となる。

下に温度差換気の換気量を計算する式を示す。

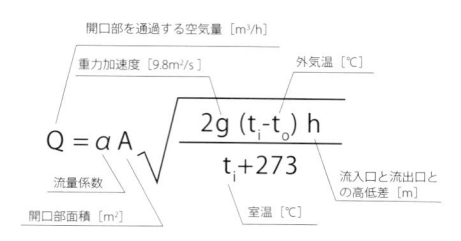

$$Q = \alpha A \sqrt{\frac{2g(t_i - t_o)h}{t_i + 273}}$$

開口部を通過する空気量 [m³/h]
流量係数
開口部面積 [m²]
重力加速度 [9.8m/s²]
外気温 [℃]
流入口と流出口との高低差 [m]
室温 [℃]

温度差換気による換気量

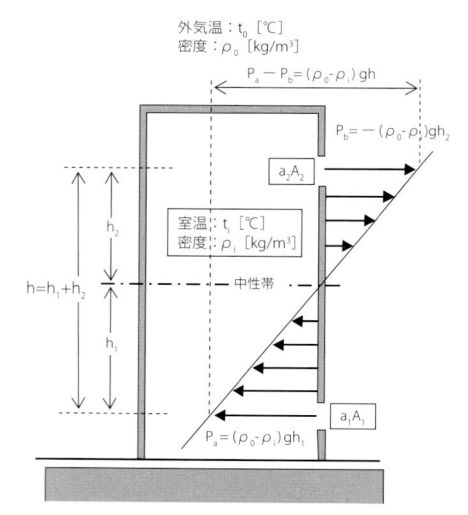

図56――**温度差による圧力差**[10]

換気量は開口部の面積、開口部の高さの差の平方根、室内外の温度差の平方根に比例し、室温（絶対温度）の平方根に反比例する。中間の高さには室内外の圧力が等しい**中性帯**がある。中性帯は上下開口部の大きさが異なる場合には、大きい方の開口部高さに近付く。

通風

風を取り入れる

室内の汚染した空気を排出して、新鮮な空気を導入することが換気であった。それに対して通風は、室内を風が通り抜けることであり、涼感を与えることがひとつの目的となる。

風力換気は不安定であることが問題であったが、通風は自然に涼を取る手段として夏の夜、春・秋の昼間などに適当な手段である。風速は、風を感じる0.2m/sから、書類が飛ばない1.0m/s程度が適当だと言われる。

通風には涼感を得る以外の意味合いもある。ひとつは、汚染物質を急激に排除するという側面であり、もう1つは蓄冷への利用である。夜間の外気導入により建物内部に蓄冷することをナイトパージという（→p118）。オフィスで導入すれば、立ち上げ時の冷房負荷軽減につながるし、断熱性能の良い住宅であれば、クーラーの使用時間を短くできるだろう。

通風を有効に利用するには、風向や風速を見定めることが大事である。海風・陸風、山風・谷風などの地域の風を捉え、周囲の地形・建物・塀・植栽と開口部の関係を見定め、通風経路を考える。p137に示すように、通風輪道（経路）は、さまざまな要因の影響を受ける。

開口部を通過する空気量については、算出式がある（→解説11）。

名　称	形　　状	流量係数 a
普通の窓		0.6〜0.7
ベルマウス		約 1.0
ルーバー	90° 70° 50° 30°	0.70 0.58 0.42 0.23

図57―開口部の形状と流量係数[21]

開口部の形態の影響や摩擦抵抗の影響により、実際に風が通過できる面積は実際の開口部面積より小さくなると見なせる。**流量係数**はその割合を表す。

通常は0.6〜0.7の値を取ることが多いが、ベルマウス型の開口部は1.0に近い値を取る。

αAは、実際に風が通過できる面積に相当するもので、**相当開口面積**または**実効面積**と呼ばれる。

☀ 解説 11

通過風量

下式からわかるように、開口部を通過する空気量は、開口部前後の圧力差が大きいほど、開口部の面積が大きく流量係数が大きいほど大きくなる。並列合成は相当開口面積の合算になるが、直列合成では2つの開口部面積に差がない方が通過する空気量は多くなる。

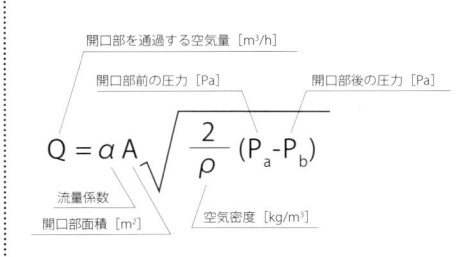

$$Q = \alpha A \sqrt{\frac{2}{\rho}(P_a - P_b)}$$

開口部を通過する空気量 [m³/h]、流量係数、開口部面積 [m²]、空気密度 [kg/m³]、開口部前の圧力 [Pa]、開口部後の圧力 [Pa]

開口部を通過する空気量

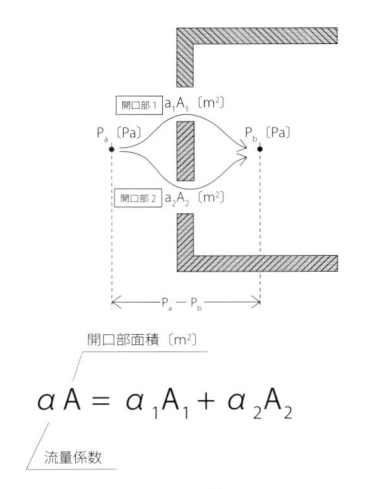

$$\alpha A = \alpha_1 A_1 + \alpha_2 A_2$$

通過風量の並列合成[10]

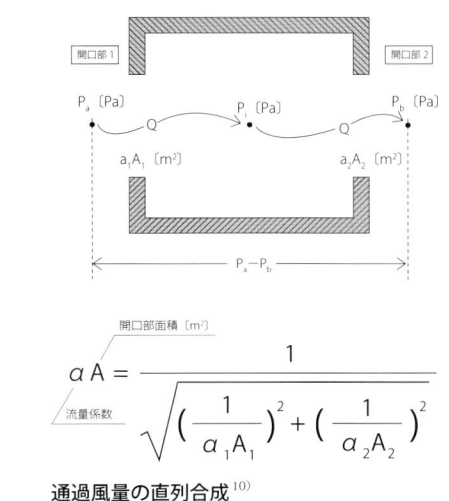

$$\alpha A = \frac{1}{\sqrt{\left(\frac{1}{\alpha_1 A_1}\right)^2 + \left(\frac{1}{\alpha_2 A_2}\right)^2}}$$

通過風量の直列合成[10]

Column

町家の通風・換気の原理——揺り動かしによる微風

京都の町家には、独特の涼を求める仕組みが内蔵されていると荒谷登は言う。[7]

町家の床下には、比較的安定した冷たい空気溜まりがある。坪庭と裏庭に通風によるわずかな風圧差が生ずれば、その空気を微妙に揺さぶる。その時、冷気が床上にもはい出してきて、微風を感じることができるのだという。

昼間、屋根高さと地面高さには、それなりの温度差があるため、冷たい空気は逃げずに地面あたりに滞留している。坪庭や裏庭の上部から出ていくのは、熱せられた上澄みのような空気層のみである。一方、夜間に温度差が小さくなると、通風により空気が入れ換わる。

せっかくの仕組みだが、坪庭や裏庭の改造や室内の建具のちょっとした変更でも影響を受けてしまうセンシティブなシステムでもある。たとえば、扇風機で風を送ることが、せっかくの冷気を追い出してしまえば、このシステムは成立しない。

町家は、涼を得る精妙なシステムなのである。

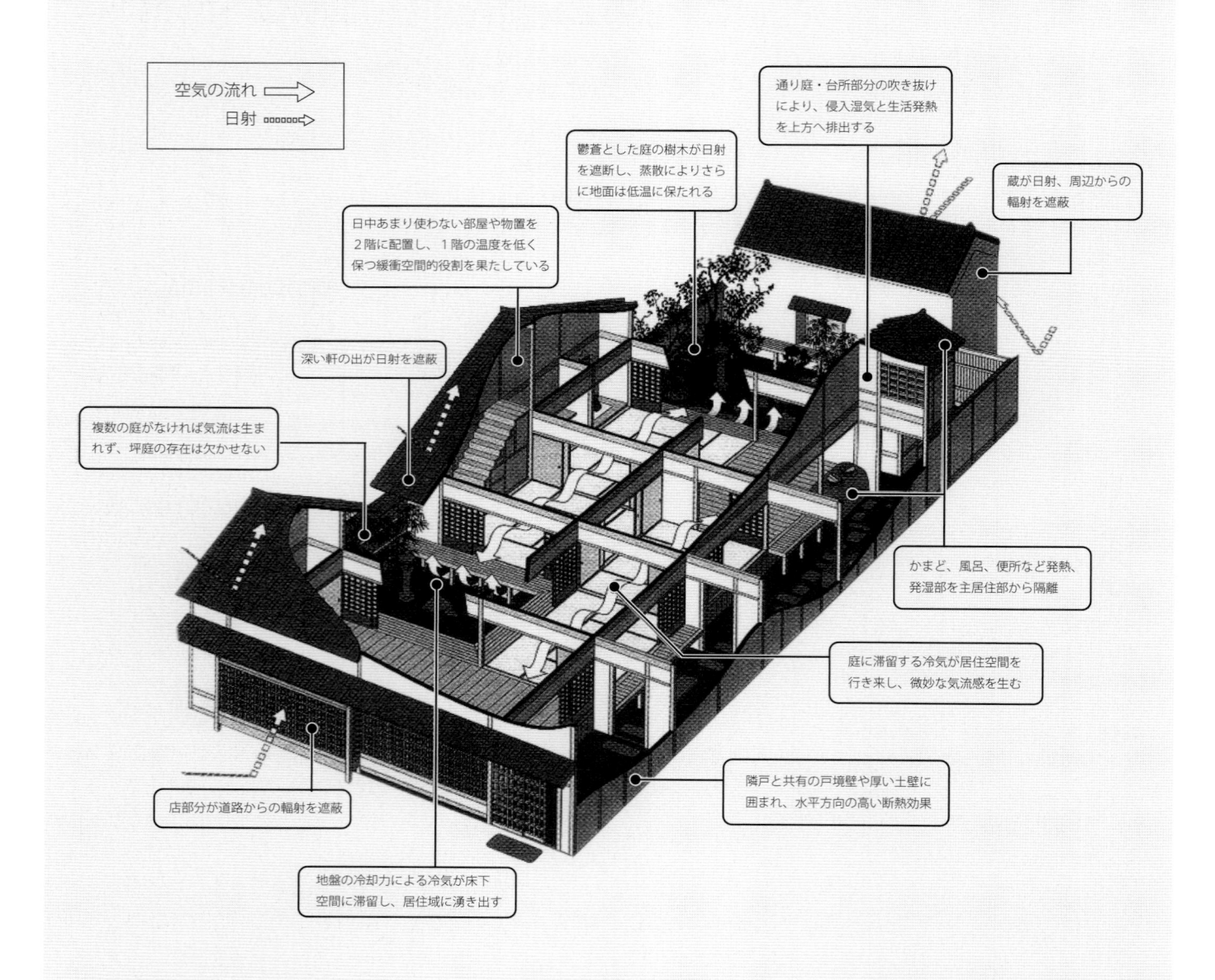

町家の構造と空気の流れ（作図／TUBE）[22]

- 空気の流れ ⇒
- 日射 ⇨

- 通り庭・台所部分の吹き抜けにより、侵入湿気と生活発熱を上方へ排出する
- 鬱蒼とした庭の樹木が日射を遮断し、蒸散によりさらに地面は低温に保たれる
- 蔵が日射、周辺からの輻射を遮蔽
- 日中あまり使わない部屋や物置を2階に配置し、1階の温度を低く保つ緩衝空間的役割を果たしている
- 深い軒の出が日射を遮蔽
- 複数の庭がなければ気流は生まれず、坪庭の存在は欠かせない
- かまど、風呂、便所など発熱、発湿部を主居住部から隔離
- 庭に滞留する冷気が居住空間を行き来し、微妙な気流感を生む
- 隣戸と共有の戸境壁や厚い土壁に囲まれ、水平方向の高い断熱効果
- 店部分が道路からの輻射を遮蔽
- 地盤の冷却力による冷気が床下空間に滞留し、居住域に湧き出す

Column

建物周辺の空気圧——風圧係数

風が吹いて建物にぶつかると、風上側は正圧、風下側は負圧となる。そのことにより、風上側から空気が流入し、風下側から空気が流出するわけであるが、建物形状によって、建物周囲の風圧力は変化する。その風圧力は**風圧係数**を含んだ下式で表される。

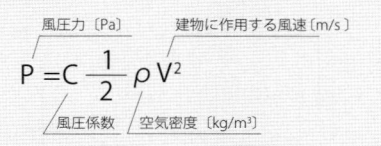

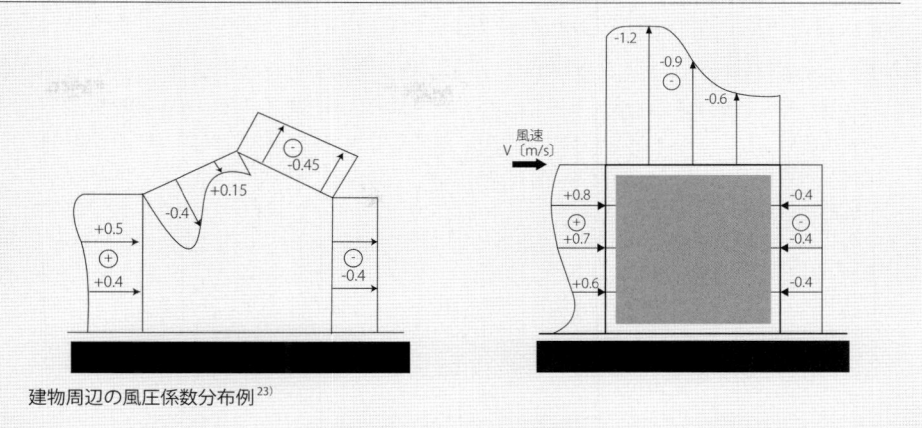

$$P = C \frac{1}{2} \rho V^2$$

- P:風圧力〔Pa〕
- V:建物に作用する風速〔m/s〕
- C:風圧係数
- ρ:空気密度〔kg/m³〕

建物周辺の風圧係数分布例[23]

通風輪道——風の通り道

輪道というのは、通風経路のことである。右の2つの図は、側壁の窓と窓の間に衝立を立てた効果を表している。その下の3つの図は、鉛直面における開口の位置により、気流が床近くを流れたり、天井近くを流れたりすることを表している。右下の4つの図は、開口位置の影響を表している。

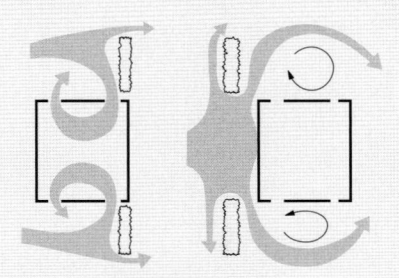

生け垣による輪道の変化
開口部に衝立状のものが存在すると、開口部前の圧力を高めることにより、室内を通過する空気量を増やすことができる可能性がある。

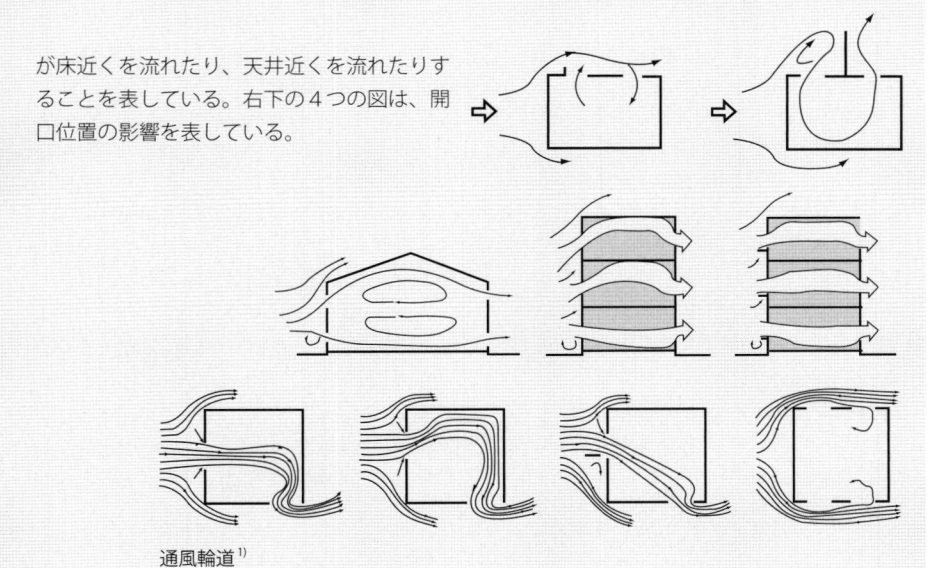

通風輪道[1]

高気密高断熱＋α
調節して住まう

高気密・高断熱の住まいが増えている。もともとは北欧で考えられたスタイルなので、冬を旨とした造りである。高温多湿の日本でこの家に住むには、冷房や除湿という空調技術が必要となる。

空調で快適な環境がつくれるし、都市の外気の汚染や高温化も進んできて、私たちはわざわざ窓を開けて風を通すことは少なくなった。何も住宅に限ったことではない。オフィスや店舗も同様である。空調に頼る生活は、エネルギー消費を増やし、都市の高温化を進行させることとなった。

しかし、シックハウス症候群や、省エネルギー・環境問題の観点から中間期（春や秋）には空調に頼らず通風で涼を得ようという考えも出てきて、通風が再び見直されてきている。

高気密・高断熱という現代の技術に、十分な通風が得られるという昔の建物の機能を上乗せし、季節に応じて、また昼と夜の気温の違いに応じて調節するという発想が出てきたということである。

パッシブな手法を紹介した折にも触れたが、自然と上手に付き合うには調節という発想が欠かせない。建築という道具を利用して、外界を上手に調節して取り入れたい。

Column

光・音・熱・空気のコントロール、その方向性

一定の環境を目指して

光、音、熱、空気環境の制御について見てきた。その各々に、一定の均質な環境を目指すという方向性があった。外部環境の変化は大きいので、それを制御することが必要だ。しかし、それでも完全に一定になることは希であり、ゆらぎが自ずと付加されていた。技術が未熟だったために、外乱を完全には制御できなかったのだ。

しかし、人工照明の発達、吸音材や遮音材の普及、断熱材の使用、気密性の向上などにより、ほぼ一定の環境を実現することも可能となってきている。

ゆらぎのあるコントロール

それにも関わらず、最近のトレンドは完全に一定の環境を目指すものではない。1つには省エネルギー面からの社会的な要請がある。完全な一定を目指せば、エネルギーを大量に必要とする。若干のゆらぎを許容した方が効率がいい。しかし、それだけでもないようだ。

サーカディアンリズムは約1日周期の体内時計だが、我々の体も変化することが常態であることを表している。人類が暮らしてきた環境の方も変化があるのが普通である。こういったことから、環境はゆらぎがあるのが自然だと感じる人も多いだろう。

我々は変化を知覚する傾向を持つと言われる。まったく変化のない環境がいかに耐えがたいものであるかを、感覚遮断の実験が示している。

ComfortとPleasantness

変化には積極的な快という別の意味を持たせることも可能である。久野の2次元温冷感モデルはその一例である。

このモデルは、体内温熱環境と室内温熱環境の状態が一致していないときにこそ快が感じられることを表している。一度不快な状態を経験してこそ、大きな快が得られるということになろうか。

乾は、不快を感じないという意味での消極的な快をComfort、積極的な快をPleasantnessとして区別している。今後は、Pleasantnessタイプの環境制御もあり得るかもしれない。

個人化

乾はComfortと比較し、Pleasantnessは個人差が大きいとしている。

スタンドを用いて自分の机を照らすのは当たり前のことだが、昨今はパーソナル空調と呼ばれる個人に合わせて空気環境を制御するという発想も生まれてきている。ヘッドフォンステレオもそういった個人化の流れの1つと見ることもできよう。

このような1人1人のニーズに合わせるという方向性は、Pleasantnessだけでなく Comfortにも個人差を含んだニーズが潜んでいることを表している。

生活者によるコントロール

個人的なニーズを状況に応じて満たすということになると、センサーを用いた環境調節という考え方が出てくる。近年「ユビキタス」という言葉を聞く機会が増えたが、センサーをそこかしこに埋め込んだ環境構築は、きめ細やかな制御に繋がるものと期待されている。

一方で、人間がセンサーになれば良いという考え方も存在しよう。人は感じて、考えて、行動することができる。それならば、調節の必要性に気付きやすくする仕掛け、環境を調節する手段を提供すればいいのではないか。そういう発想である。与えられた環境より、自分が整えた環境の方が満足度が高いという報告もある。「人間センサー」という考え方が有効な場面も存在するように思う。

複合的な効果

ニーズ把握に基づいて部屋を改装するという実験を繰り返した宇治川らの研究[8]を見ると、機能的な側面が満たされると、殺風景だからダウンライトを設置しようとか、調光装置を備えて気分転換を図ろうというようなニーズが生まれる様が描かれている。

機能的な側面であれば、これまで見てきたように光・音・熱・空気を分けて考えればいいが、高次の欲求への対処を考えると、それらを統合した視点が必要になるかもしれない。祭りの情緒は、裸電球と、太鼓や笛の調べ、高めの気温が相まって、生み出されているではないか。印象、意味、文化、記憶といったものを手がかりにした環境整備もあり得るかもしれない。

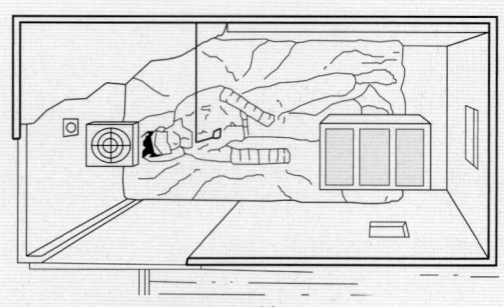

ズベックらの感覚遮断の実験[24]
ふかふかのベッドに寝かせ、目隠しをし、ヘッドフォンで一定の音を聞かせる。刺激を一定にすると、幻聴が聞こえ、大きな苦痛を感じるようになる。
高額の謝礼にも関わらず、すべての被験者が3日目までに実験への協力中止を申し出たという。環境には、変化が必要なのだ。

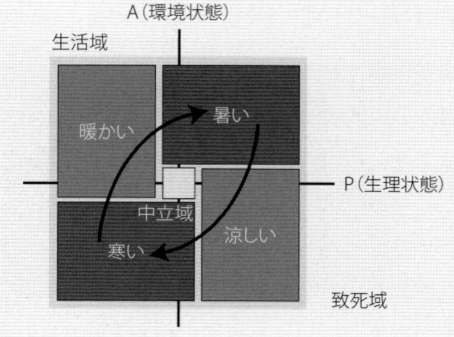

2次元温熱感モデル[24]
「熱い」と「暖かい」、「寒い」と「涼しい」の違いは何か。心地良い暖かさは、寒い場所から温度の高い場所に移動したときに得られる。体は冷えているが環境は冷えていないというギャップが暖かさの要因だと考えられる。

4章 環境のサステナビリティ

この本での"環境"とは、「人間または生物個体を取り巻き、相互作用を及ぼし合う、すべての外界」を意味している。しかし、世の中で"環境"といったら、普通"自然環境"や"地域環境"・"地球環境"の意味で使われる場合が多い。まえがきにも記したように、自然環境は快適に過ごすには厳しいので、人間は人工環境を身の回りに構築して防御している。したがって、建築環境工学では各人のまわりの人工環境をいかに快適に調整するか、という観点で考えることが多く、めったに直接触れることのない自然環境には、考えが及びにくい。一方、各人の勝手な快適さへの追求の結果、自然環境に影響が及び均衡が崩れてしまうのが、いわゆる環境問題である。この2つの"環境"は、同じ言葉で語られるものの、場合によっては相反する方向を向いてしまうこともある。本章では、この2つの"環境"の間で起きている問題について、空気・温熱環境と水環境を中心に述べていく。

1 水環境

水は人にとって必要不可欠なものでありながら、災害をもたらす存在でもあり、うまくコントロールしながら関わってきた。水との関わり方は、治水（洪水・津波・高潮などによる被害の防止）、利水（生活用水・工業用水・農業用水としての利用、水運、発電など）、親水（景観、観光、レクリエーション、ウォーターフロントなど）にまとめることができる。写真は黒部ダム。ダムは治水・利水・親水を兼ね備えた多目的な事業であり、人間と水との関わりの象徴的存在である。

水の役割
なくてはならない

環境・設備分野の中には、光・音・熱・空気以外に、**給排水衛生設備**という「水」を扱う分野がある。水は人間に不可欠なものである一方、自然環境から調達し排出するものであり、サステナビリティを考える上では、外せない要素である。

人間の体重の60％近くは水である。人体は、水を飲むことや食物の水分から1日2.0ℓ程度の水を補給し、体内で代謝により約0.3ℓの水をつくり出す。そして同じ量の水を呼吸・発汗・尿・大便により体外に放出している。まったく水を飲めないと10日も生命を保つことができないといわれ、最低でも1日1.3～1.5ℓを摂取しないと生命維持が難しい。

生命維持以外にも衛生保持・搬送・気候や温度の調節・心理的効果など、水の果たす役割は多岐にわたる。日本人は1人あたり1日平均200ℓ余りの水を使っている。くらしの中で水と関わるのは、炊事・洗面・入浴・排泄・洗濯などと、あとは屋外の雨水と散水・修景であろうか。目立たないがエアコンの除湿した水というのもある。住まいでいうと、給水設備・給湯設備・排水設備と衛生設備（洗面台・流し・浴槽などの水を使う機器）が対応している。

循環する水

利用できるのはほんの一部分

　地球は**水の惑星**と呼ばれ、水蒸気→雨・雪→河川・地下水→海→水蒸気と水が循環しているのが特徴的な星である。水の循環が、穏やかで生物の暮らしやすい環境に重要な役割を果たしている。しかし、地球の水の97％は海水であり、氷を除く淡水・水蒸気は1％、人間が利用しやすい河川水に至っては0.0001％に過ぎない。

　日本の平均降雨量は約1,700mm/年と世界平均の2倍程度であるが、河川は急流で、降った雨はすぐに海に流れてしまう。また日本は人口も多く、1人あたりの年間降水総量で見ると世界平均の1/3程度（約5,000㎥/人・年）しかない。つまり、水資源は豊富にあっても、うまく取り入れて分けあって使わないと、すぐに足りなくなってしまうのである。

　さらに、水は循環しているので、人間が使ったのと同量の汚れた排水が生じる。人間が好き勝手に使って汚したままの水を自然に返すのでは、自然環境に負荷をかけることになる。自然の浄化作用を越えた水質汚染は、自然にダメージを与えると同時に、人間にとっても深刻な問題を引き起こす。日本初の公害といわれる明治時代の足尾銅山鉱毒事件（栃木県）では、下流の渡良瀬川の魚類や流域の作物に被害が及び、対策として広大な渡良瀬遊水池がつくられた。また「森は海の恋人」というスローガンを掲げて、森を守る活動を始めた牡蠣養殖業者もいた。世界遺産となった白神山地（青森県、秋田県）の保存では、日本海の漁業関係者も保存運動に加わった。このように、水を通じて上流と下流は一体の環境を形成しているとも言えるのである（図1）。

　使う水はできるだけ少なく、使った水はきれいにして戻す、これが私達が水を利用する時の大原則なのである。

　そこでまず、私達がくらしの中でどのように水を扱っているのか、建築の給排水衛生設備の基本的な事項について簡単に触れておくことにしよう。しくみを知っておくことで、節水や環境に配慮した水の使い方が理解できるはずである。

図1―**水環境のあらまし**[1]

給水のしくみ
圧力をかけて水を供給する

給水には、**上水**と**中水**がある。上水を給湯機で熱して給湯も行われる。いずれも圧力をかけて水を供給する。

前述のように限られた水資源を大事に使うためには、**節水**が大切である。出しっぱなしにしない各人の努力も大事だが、便器や洗濯機などは節水型の機器を使う、水圧をしぼる、自動水栓・節水コマ・泡沫水栓などの節水器具を使う、トイレ擬音装置を設置するなど、無理なく自然に節水する方法もたくさんある。

■上水

上水は飲用できる水のことである。上水道や井戸水などから供給される。

上水道は、河川や湖沼から取水して浄水場で処理し、高低差やポンプで加圧して供給するものである。浄水場では原水を沈殿・ろ過して不純物を取り除き、殺菌・消毒のために塩素を付加する。離島などでは海水を淡水化することもある。

上水は水質基準などが厳しく決められている。また、万が一にも汚れた水が混じらないように、各戸においても、クロスコネクション（中水や排水の管との直結）やバックフロー（溜まった水の上水への逆流）などが禁止されている。

■中水

中水とは上水と下水の中間という意味で、一度使用した水を簡単に処理して、便所洗浄水や散水用など衛生的に問題のない場所で再び利用するものである。水質の悪い井戸水や雨水も同じように利用することがある。工場や大規模オフィス・団地などの一部では、省エネと経済的観点から中水道が導入されている。

■給水方式

建物の高さや建設された年代によって給水方式はいくつかに分かれる（図2）。形式によって、断水時や停電時に使える水の量が違ったりするので、自宅の給水方式を確認しておくとよいだろう。

戸建て住宅や2、3階までの集合住宅ならば、各戸の蛇口まで上水道の圧力をそのまま利用した**直結直圧方式**である。電気は使わないので、停電も関係ない。

中高層の建物の場合は、上水道の圧力では上階で圧力が足りなくなるので、一度地上や地下に設置した受水槽に上水を溜める。受水槽があるので、断水しても受水槽の分は水を確保できる。受水槽からは、ポンプで各蛇口に給水するポンプ**直送方式**か、**高置水槽方式**などがある。高置水槽方式は、受水槽から屋上の高置水槽に再び溜め直してから重力による高度差で給水する。停電時でも高置水槽に溜まった分の水は普段通りに使うことができる。以前はよく用いられたが、ポンプと2つも水槽が必要で維持管理が大変なので、現在ではポンプ直送方式が一般的である。

また、最近では技術の進歩で、中高層

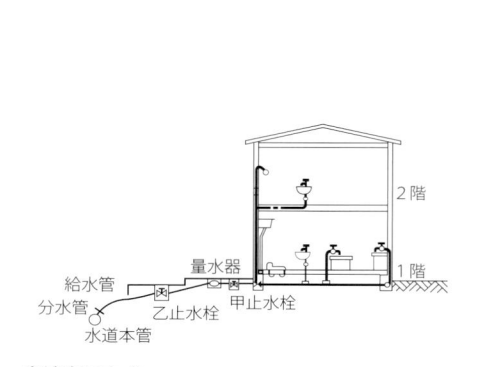

直結直圧方式

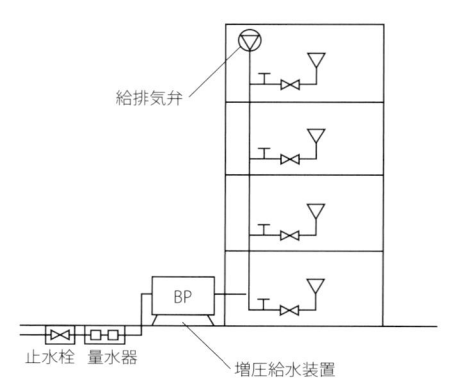

直結増圧方式

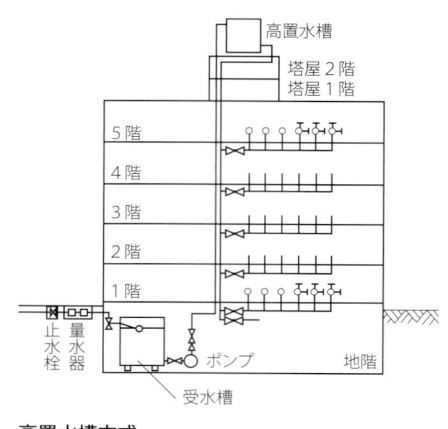

高置水槽方式

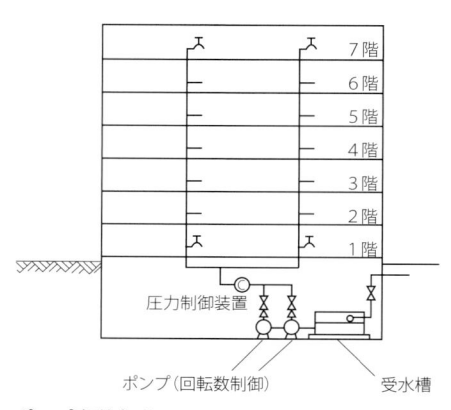

ポンプ直送方式

図2―**給水方式**[2)]

でも受水槽を用いない**直結増圧方式**も増えてきている。この方式は上水道の圧力だけでは足りない分をポンプで補助して増圧を図るものである。したがって、停電時は上水道の圧力で給水できる下層階だけは断水しない。

なお、給水管は凍結による管の破裂や結露を防止するため、保温材を巻いて断熱する必要がある。それでも寒冷地の別荘などで長期間使わない時には、凍結被害を避けるために、水抜きをしておいた方がよい。

Column

井戸水──熱的には理想だが

井戸水は温度変化が少なく、水道水に比べて夏は冷たく冬は温かい。ただし、掘って出る場所と出ない場所があり、深さも一定しない。水質もさまざまで、周辺工場などからの排水や廃棄物によって汚染されることもある。

高度成長期、工場が大量の地下水を汲み上げたため地盤沈下が起きた。以来、東京などの大都市では地下水の利用は厳しく制限されている。その一方で、災害時の貴重な水資源として、非常用に井戸を持っている施設は多い。

水道のにおい──カルキ臭とカビ臭

水道のにおいといえば、消毒用の塩素の"カルキ臭"が一番に思い出される。カルキ抜きには、しばらく日光に当てるか、煮沸するか、薬品を入れる。また、夏場には"カビ臭"がすることがある。これは、汚れた湖沼が水源であるためだ。

カルキ臭やカビ臭は浄水器などで取り除けるが、手入れをしないと浄水器内に雑菌が繁殖して、かえって水質が悪くなる場合もある。一方最近では、浄水場の設備も良くなり、ミネラルウォーターに匹敵する水質の"高度処理水"も登場している。

■給湯方式

今から30年前は、蛇口をひねるとお湯が出てくる家なんてほとんどなかった。今は便利になったものである。

給湯といっても、飲用と一般生活用では、求められる水質や温度が異なるために区別されている。建築設備で用意されるのは、もっぱら一般生活用である。管を流れる間に湯温が下がらないように管が長い場合にはしっかり断熱する必要がある。また管材は熱によって伸縮を繰り返し、漏水事故を起こしやすいので、管のつなぎ方や留め方に注意することが大切である。

◇中央式と局所式

お湯を各場所でつくるのが局所式、1ヵ所でつくるのが中央式(セントラル式)である。住宅の場合はその中間の、住戸ごとに1台または2台の給湯器で給湯する住戸セントラル方式が主流である。そのほか、地域冷暖房から熱をもらう場合もある。

中央式は、つくる場所と使う場所が離れているため蛇口を開けてから湯が出るまでの時間が長くかかったり、ほかで湯を使うと湯量や温度が変動したりする。そこで、湯が出るまでに時間がかからないように、湯を常に循環させる方式がとられることも多い。

◇貯湯式と瞬間式

貯湯式はあらかじめお湯をつくってタンクに溜めておく方式で、瞬間式は大量の熱を与えて瞬時にお湯をつくる方式である。

石油・ガスなどの燃焼系の給湯器は、一度に大量の熱を発生させることが容易なので、瞬間式に向いている。排熱・排気の問題があるため、給湯器は原則として屋外に設置される。

電気式は貯湯式がほとんどである。ガスが使えない・安全重視・少量使用などの場合に使われる。洗面器用の少量タンクもあるが、安価な深夜電力で何百ℓも大量にお湯をつくり大型タンクに溜めておくタイプが多い。お湯が冷めてしまうとエネルギー効率が悪くなるので、タンクには十分な断熱が施されている。これまでガス瞬間式に比べて効率が悪かったが、ヒートポンプ式の登場によって省エネ性はほぼ同等となった。なお、貯湯タンクの水は、断水時には水道水の代わりになることは覚えておくと役に立つ。

Column

風呂の給湯──追い焚きできるか

風呂の給湯には、風呂釜が付いていて追い焚きできるものがあり、室温に温めた水や昨夜使ったぬるま湯を温め直せるので、省エネである。ただし、設備にお金がかかるので、賃貸住宅では追い焚きなしの物件が多いようである。

太陽熱温水器──補助熱源

太陽熱温水器のエネルギー効率はそれほど高くなく、天気によってはまったくお湯ができない日もあり、電気やガスの給湯の補助的な役割しか期待できない。しかし、太陽熱で温水をつくることは、クリーンで省エネにもなり意味はある。最近は一時期ほど注目されなくなったが、構造が簡単なので、もっと活用されてもいいだろう。

レジオネラ菌──60℃以上を維持

レジオネラ菌は土壌や湖沼等に広く生息するが、菌が混じった霧状の水を吸い込むと"レジオネラ肺炎"を起こすことがある。温泉・共同入浴施設・家庭用24時間風呂・超音波加湿器からの感染例がある。屋上の空調冷却塔から強風時に飛散する水にも注意が必要だ。感染防止のために、60℃以上の維持か塩素消毒が決められている。

排水のしくみ
エネルギーをかけずに効率良く集めて流す

排水は人間にとってはもういらなくなったものを流すだけなので、給水や給湯のようにエネルギーやコストをかけることもなく、重力による自然流下が原則なので、設計条件には制約が多い。また、以前は排水をそのまま地域の水面に放流していたので、環境を汚染したりと、サステナビリティを考える際には、意外と重要で難しい分野である。

■排水システムの基本

建物内の排水管は大きく立て管と横枝管に分かれる（図3）。横枝管は直径50〜150mm程度の横引きの太い管で、各排水器具からの排水は横枝管に接続される。横枝管は、1/50〜1/100以上の勾配をとらないと、うまく流れず詰まりの原因になる。

各階の横枝管は立て管に合流する。そして、立て管を下った排水は、横主管を経て建物を出たところで屋外の排水管に合流する。屋外の排水管には、合流部や曲がり部に排水桝を設けメンテナンスできるようになっている。1階の排水器具は上階からの逆流事故を懸念して立て管には合流させず、直接屋外の排水桝に接続するのが一般的である。また、地下の排水はいったんピット等に溜めてからポンプアップして排水桝に流す。

排水管にはさまざまな異物が流れるため、そのままでは詰まる可能性が高い。できるだけ固形物は流さないようにするのが原則であるが、管の腐食・油脂の固化などで管路が狭くなることもある。したがって、定期的に点検・清掃することが大変に重要である。

■排水管の工夫

排水で問題になるのは、逆流して排水が噴き出すことと、におい・ガス・虫などが排水管から上がってくることである。

◇通気

排水管は水だけでなく一緒に空気も運んでしまい、管内圧力が大気圧と激しく差ができた時に逆流などの事故が起きる。そこで圧力が大きく変わらないように、要所要所で通気をとって（つまり穴を開けて）大気に開放する。ただ穴を開

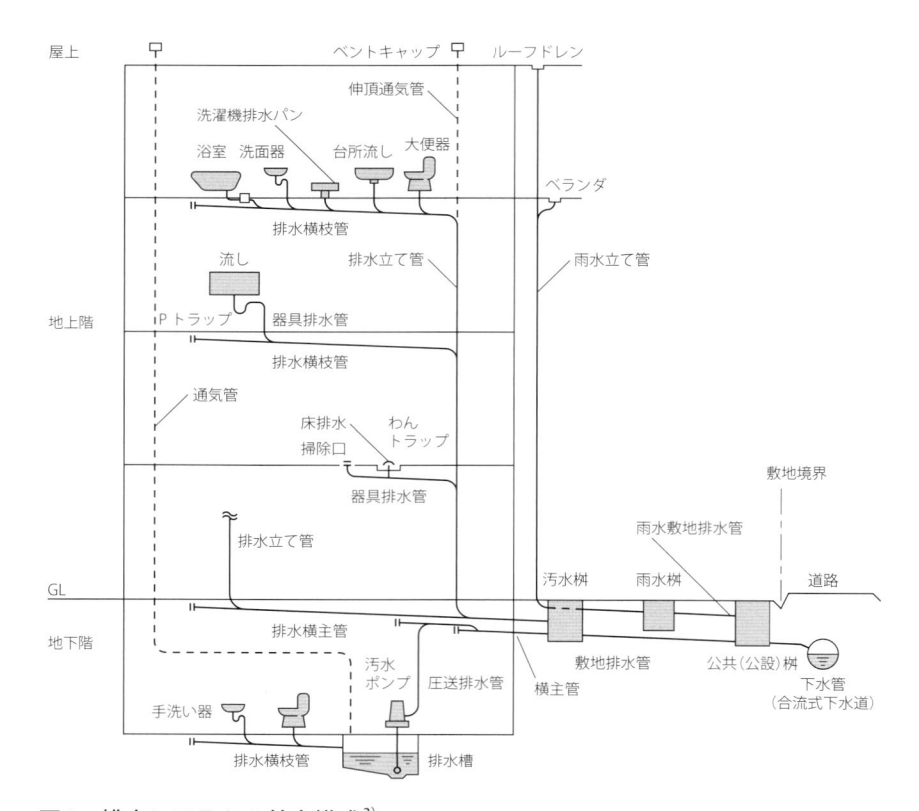

図3―排水システムの基本構成[3]

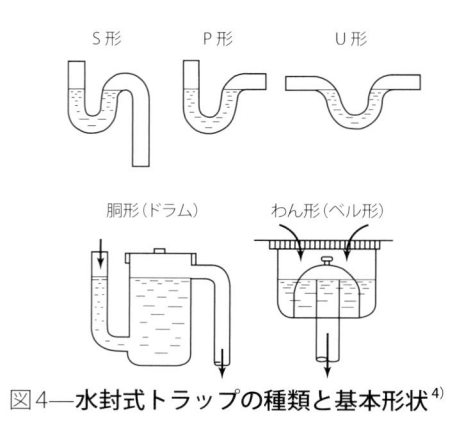

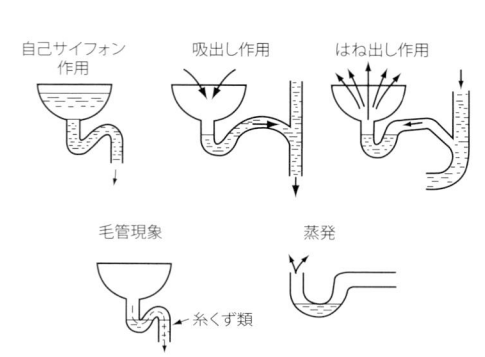

図4―水封式トラップの種類と基本形状[4]

図5―水封式が破れる現象[4]

けたのでは排水やにおいが漏れるので、通気管を伸ばして人間のいない屋上などで開放している。

◇トラップ

トラップは、管内と室内の空気を分離して、におい・ガス・虫などが排水管から室内に上がってこないようにしているものである。なかでも常に水を溜めることで排水管を塞ぎ、トラップを形成するものを水封式トラップといい、溜まっている水を封水という（図4）。ただ、長期間使われなくて封水が蒸発してしまったり、通気が悪く管内圧力が変動して封水が吸い出されてしまうと、封水が切れる場合があるので（図5）、万能とは言えない。そのため、めったに使わない排水口などには、封水がなくなってしまわないように定期的に水を流して、トラップに水を補給してやらないといけない。

■排水系統

排水は、以下の4つの系統に分かれる。

◇汚水：し尿等の排泄物を含む排水
◇雑排水：汚水を除く生活排水
◇特殊排水：厨房・病院・研究所・工場・ゴミ処理場などの有害物質を含み特別な処理を必要とする排水
◇雨水：降水・湧水・散水等の排水

なお、公共下水道では雨水以外（汚水・雑排水・特殊排水）をまとめて"汚水"と呼ぶので、混同しないように注意しないといけない。

し尿はもともとくみ取り式であったが、水洗便所と公共下水道の普及にしたがって、排水として扱われるようになった。汚水と雑排水が合流する場所は、建物内・敷地内（屋外）・下水管放流時といろいろあるが、最近では事故も減ったので配管効率も考えて、2つの系統をはじめから区別しない**合流式排水**も増えている。

■下水道

各戸から出た排水は下水道を通って終末処理場に送られる。そして処理水は河川や海に放流される（図6）。

下水道には、汚水・雑排水と雨水を一緒にする**合流式下水道**と、分けて流す**分流式下水道**がある。合流式は下水管が1本で済むが、処理場の負荷が大きくなることと、豪雨時には未処理の排水がオーバーフローして河川や海に流れ込むことが問題である。そのため最近は分流式が増える傾向にある。

■合併処理浄化槽

以前、し尿はくみ取り式で定期的に集めて処理するか、し尿処理槽で処理して

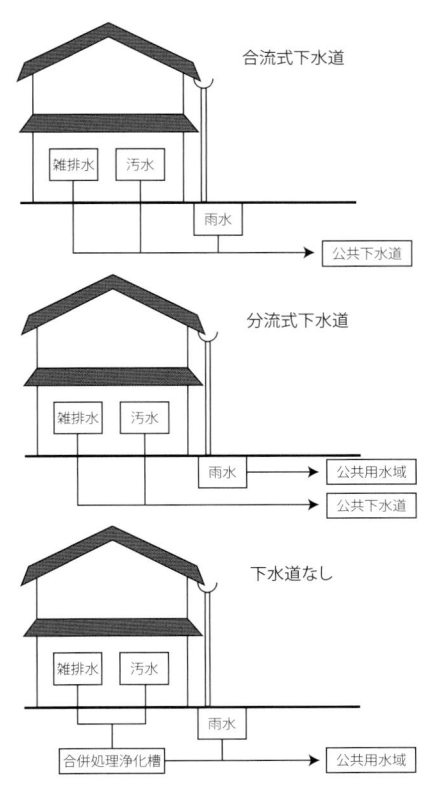

図6—排水系統の主な組み合わせ[5]

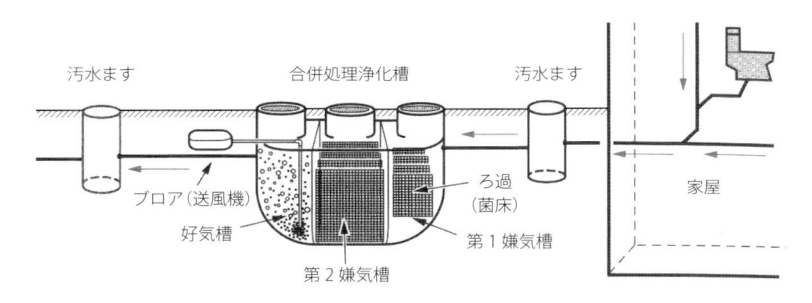

図7—合併処理浄化槽例[6]

| Column

し尿は貴重な資源——江戸のまちでのリサイクル

し尿の処理は、衛生状態の維持の点で大変重要である。

中世から19世紀までのヨーロッパの都市では、し尿を窓から道路に投げ捨てており、コレラ・赤痢・ペストなどの伝染病流行の原因となった。

一方、江戸のまちでは、便所に溜まったし尿は、有機肥料として近郊の農家によい値で売れた。農家同士で取り合いになることもしばしばだったそうだ。採れた野菜と交換することもあったし、売買で得たお金は長屋の共同管理費などに使われた。いったん田畑の脇にある肥溜めで発酵させることで、完全ではないが寄生虫や病原菌を死滅させていた。現代では料金を払って処理してもらっているのに、時代が変われば価値も変わるものである。

放流するかであったが、雑排水は未処理のまま水路や河川に垂れ流されていた。しかし生活排水による水質汚濁が無視できなくなってきたため、し尿と雑排水を一緒に処理する**合併処理浄化槽**が開発され（図7）、現在では下水道につながらない施設・住宅では合併処理浄化槽の設置が原則必要である。

浄化槽の中では、嫌気性と好気性のバクテリアを組み合わせて、効率的に有機物を除去していく。もちろん浄化槽には定期的なメンテナンスが必要である。

■ 雨水の処理

屋根に降った雨は横樋、屋上・バルコニーの雨はルーフドレンで集められ、雨水立て管（堅樋）を伝って雨水排水管に合流する。樋は落葉などで詰まることと、寒冷地で凍って壊れることに気を付ける必要がある。

都市では道も庭も舗装が進んで、雨水が地面に浸透しにくくなっているため、大雨が降ると一気に河川の水量が増えて、都市型洪水の原因となっている。そこで、河川改修と並行して、道路舗装などに**雨水浸透**が可能な素材を用いるようになってきている。また、各建物でも、自分の敷地に降った雨は下水や道路に直接流さずに、浸透管や浸透桝を使って自分の土地に浸透させる（図8）か、または**一時貯留**して雨がやんだ後にゆっくり放流するという原則に変わりつつある。

■ 雨水利用

公共の施設においては、中水と同じように雨水を利用することも行われるようになってきた。タンクに雨水を溜め（図9）、軽く処理したのちに、庭やグラウンドの散水や便所の洗浄水として利用する。災害時には飲料水としても期待されている。

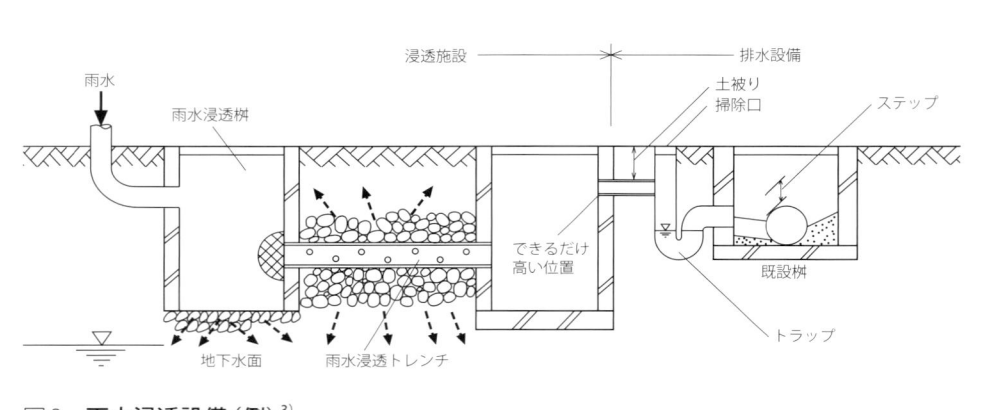

図8―雨水浸透設備（例）[3]

図9―雨水タンク（例）

Column

ディスポーザ――生ゴミを粉砕

ディスポーザは、台所流しの排水口と一体になっていて、生ゴミを落とし込んでスイッチを入れると粉砕して、水と一緒に流してしまう設備である。魚の小骨くらいまでなら問題なく処理できる。生ゴミを気軽に処理できて便利であるが、卵の殻や太い骨、繊維質など投入できないものもある。

また、下水道に過度の負荷がかかるのを懸念して、下水道にそのまま流すのを禁止している自治体が多い。その場合、ディスポーザ排水はいったん浄化槽で処理する必要があるので、現状では大規模な高級マンションなど限られた範囲で普及している。

衛生機器の進化――劇的変化

ぼっとんから水洗へ、和式から洋式へ、便器もずいぶん進化した。以前は1回20ℓ近く流していた洗浄水も、今の節水便器ではなんと6ℓ以下である。温水洗浄便座（ウォシュレットなど）や自動水栓も、一般的になったのはこの20年くらいのことである。

トイレ以外でも、最近ではバリアフリーを実現すべく、段差のない風呂場や、車椅子でも使えるように下が空いていたり、高さが変えられる洗面台・キッチンなども製品化されている。

湧水――水質浄化に一役買う

地下を掘ると湧水が出る場合がある。放っておくと地下が水浸しになってしまうので、集めてポンプアップして、排水する必要がある。

地下鉄などのトンネル内の湧水は膨大な量で、処理にはお金もかかる。たいがいは大変にきれいな水なので、最近は湧水を汚れた河川やお堀に引いて水質を浄化することも行われている。

生活排水と富栄養化
排水口は海につながっている

　人間が炊事・洗濯などで使って捨てた水は、人間にとっては汚れた要らない水だが、そこには多くの有機物や窒素・リンが含まれており、生き物にとっては栄養豊富な水でもある。

　以前、それらの生活排水はそのまま河川や湖沼に放流されていた。排水に含まれる有機物の粒は水を濁らせるが、少量であればそれを好んで食べる微生物によって、汚れは浄化される。しかし、都市化が進み排水の量が増えると、餌が多くなって、水の**富栄養化**が進み、悪臭や微生物の大量発生（アオコや赤潮など）が引き起こされている（図10）。

　アオコや赤潮は、見映えが良くないだけでなく、水中の酸素を多量に消費して酸欠を起こす上に、光を遮ったり、毒を出したりするので、水中の魚などが死滅してしまう。このようにして私達の出した排水は、過剰だと地域の水域の生態系を破壊してしまうのである。

　水質汚濁の指標として、有機養分濃度にはBOD・COD・TOC、無機養分濃度にはT-N・T-Pが用いられる。BODは**生物化学的酸素要求量**といい、水に含まれる有機物を微生物が分解するのに必要とする酸素の量を表したものである。CODは**化学的酸素要求量**のことで、薬品で有機物を反応除去するのに必要な酸素の量である。河川ではBOD、湖沼・海では

図10―アオコに覆われた湖　岸に近い、くすんだ水面がアオコ

CODが従来から使われている。それに対してTOC・T-N・T-Pはそれぞれ有機炭素・窒素・リンの総量を表したものであり、汚染の把握の正確さから、こちらを使用することも増えている。

　BODでいうときれいな水は 1 mg／ℓ 以下、5 mg／ℓ を超えると魚は棲めなくなり、10 mg／ℓ で分解に必要な酸素が足りなくなる（酸欠）（表1）。表1を見ると、1世帯の排水量はおよそ800ℓ／日であるが、BODは230mg／ℓもあり、20数倍に薄めないと魚が棲める水質にならないことがわかる。

　食品ごとに見ると（表2）、単に捨ててしまう米のとぎ汁（2ℓ）でさえ風呂桶4杯分の水で薄めないといけないほど環境負荷が高い。てんぷら油（0.5ℓ）に至っては風呂桶50杯分の水が必要である。だから、そのまま流すのではなく固形化してゴミとして捨てることがルールになっているのである。油に限らず、再生紙などで食べ残しや汚れを拭き取ってから洗う方が、いかに環境に優しいことかがわかるだろう。

　一方、いったん汚れてしまった水を浄化するのは簡単ではないが、自然の浄化作用を手助けするような活動がなされている。植物では、ヨシやマコモやアマモ、ホテイアオイやクレソンがよく利用される。貝のカキの水質浄化能力も優れている。ただ、大事なのは汚れる前の生態系に戻すことであり、元来そこにいなかった生物を利用するのは、あまり好ましいことではないと考えられている。

排水	排水量	BOD負荷量	平均BOD
台所排水	104 ℓ／日	65.5 g／日	
浴室排水	367 ℓ／日	11.1 g／日	
洗面所排水	31 ℓ／日	3.26 g／日	
洗濯機排水	130 ℓ／日	30.9 g／日	
便所排水	176 ℓ／日	65.3 g／日	
家庭全体	計 806 ℓ／日	計 184 g／日	230 mg／ℓ

※洗剤はすべて石けん系として計算

表1―**一世帯（4人家族）の一日の排水量と水質汚濁負荷量**[7]

排水	容量	BOD	希釈に必要な水量
お茶 1杯	200mℓ	300 mg／ℓ	風呂桶 0.04 杯
米のとぎ汁 1回	2,000mℓ	3,000 mg／ℓ	風呂桶 4 杯
コーヒー 1杯	200mℓ	6,000 mg／ℓ	風呂桶 0.8 杯
ラーメンの汁 1杯	200mℓ	27,000 mg／ℓ	風呂桶 3.3 杯
ビール 1杯	500mℓ	81,000 mg／ℓ	風呂桶 27 杯
てんぷら油 1回	500mℓ	150,000 mg／ℓ	風呂桶 50 杯

※魚が生息可能な水質（BOD＝5mg／ℓ）に希釈　※風呂桶 1 杯＝300ℓ

表2―**食品の水質汚濁負荷と希釈するのに必要な水量**[8]

2 都市の空気・温熱環境

真夏の強い日射で熱が溜まる都市と発達する積乱雲

都市環境とは
屋外の人工環境

　都市環境とは、たくさんの人々が集まって住む場所の屋外環境、と言える。屋外であっても自然環境そのものではなく、人々が暮らしやすいように人工的な環境をつくり出している。たとえば、森を伐採し、山を削り、整地して舗装する。河川は川筋を変えたり、河岸をコンクリート化したり、暗渠化することもある。道路も、何車線もある広い道路、高架やトンネルによる立体交差、雨に濡れずに歩けるようなアーケードなど、いろいろと工夫されている。

　一方で、人間の活動に伴って人間自身や機器からは排熱・排気・排水・騒音などが出る。室内空間の環境を快適に調整した結果、これらは屋外（＝都市内）に放出される。1つ1つは少量でも集まると甚大な量になり、都市環境への影響は無視できない。そういう意味でも、都市環境はやはり人工環境の一部なのである。

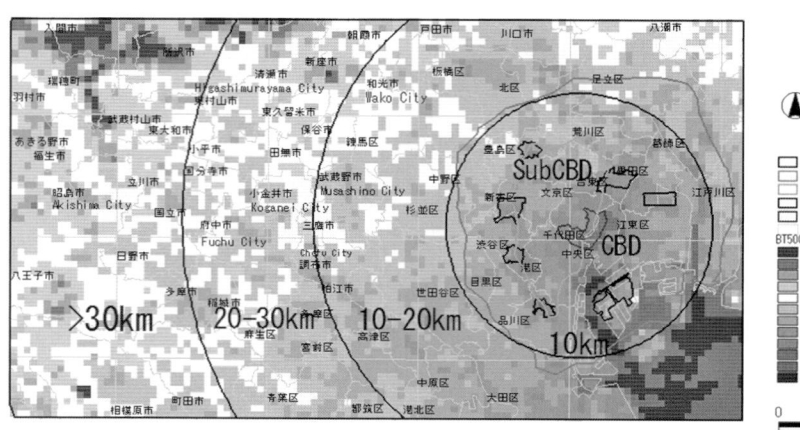

図11―**東京の気温の分布**　都心部と郊外部では数℃違うことが見て取れる

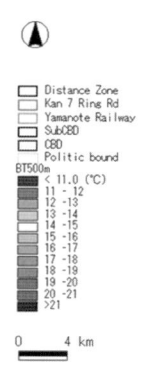

ヒートアイランド現象

都市の暑熱化

　一般的に都市部の気温は郊外部より高くなる。これを**ヒートアイランド現象**という。温度差は日中よりも夜間が大きく4～5℃以上にもなる（図11）。そのため、冬には真冬日・霜日の減少、そして夏には真夏日・猛暑日や熱帯夜の増加を生んでいる。とくに夏の暑さは熱中症を引き起こし、冷房のエネルギー負荷を増大させるなど、影響が大きい。

■ヒートアイランド現象の影響

　ヒートアイランド現象はただ暑くなるだけではない。図12のように高温の都心部では上昇気流が起こるため、夏には巨大な積乱雲が湧き上がり、**ゲリラ豪雨**と呼ばれる局所的な集中豪雨が頻繁に発生し、都市内の小さな河川が氾濫し水害を引き起こす。

　また、上昇気流が発生した分だけ、低温の周辺部から大気が流入するため、臨海部の工業地域からの汚染大気（窒素酸化物・硫黄酸化物・炭素酸化物など）が居住地域に流入する。建築物が建て込んだ都市空間は風が通りにくく、風速が減衰するので、いったん入り込んだ汚染空気は拡散しにくい。そのため汚染物質は、雨に混じって**酸性雨**として地上に降り注いだり、上空で紫外線によって化学反応を起こし、有害な**光化学スモッグ**となったりするのである。

　とくに、都市の中でも緑地や河川などの比較的気温の低い場所があると、有害なガスが集中的に降下して、局所的に樹木や緑を枯らしてしまう**クールアイランド現象**というものも起こっている。

■ヒートアイランド現象の原因

　ヒートアイランド現象は、以下のような事柄が原因だといわれている。

◇地表面被覆の人工化

　都市化が進むことによって、緑と土で覆われていた地表面が、コンクリート・アスファルトや金属で覆われるようになる。

　水分があたためられて蒸発するときには、気化熱（潜熱）を奪っていく。海や河川からの蒸発はもちろんのこと、土の地面ならば透水性があり地中・地表の水分が蒸発し、植物の葉からも水蒸気が発散される。都市化によって緑地や土の地面や水面が減ると、この冷却効果が減少してしまう。

　一方、建物の屋根面・壁面や地面の舗装（コンクリートやアスファルトなど）に使われる人工的な材料は、日射を受けると大量の熱をためこんでしまう。夜間にはそれが放熱され、気温がなかなか下がらない原因となっている。

◇建築物による都市の形態の複雑化

　建築物の密集化・高層化によって、都市の地表近くの形態は複雑になる。そのため、都市内は風が通りにくくなり、熱がこもってしまう。都市が大きくなるほど、風は抜けにくく、熱は逃げにくくなる。また沿岸にある都市は、涼しい海風をはばみ、都市の背後にある内陸部の気温の上昇も引き起こしてしまう。

　さらに、地面・屋根面だけでなく、建物の壁面など日射を受け反射・輻射する

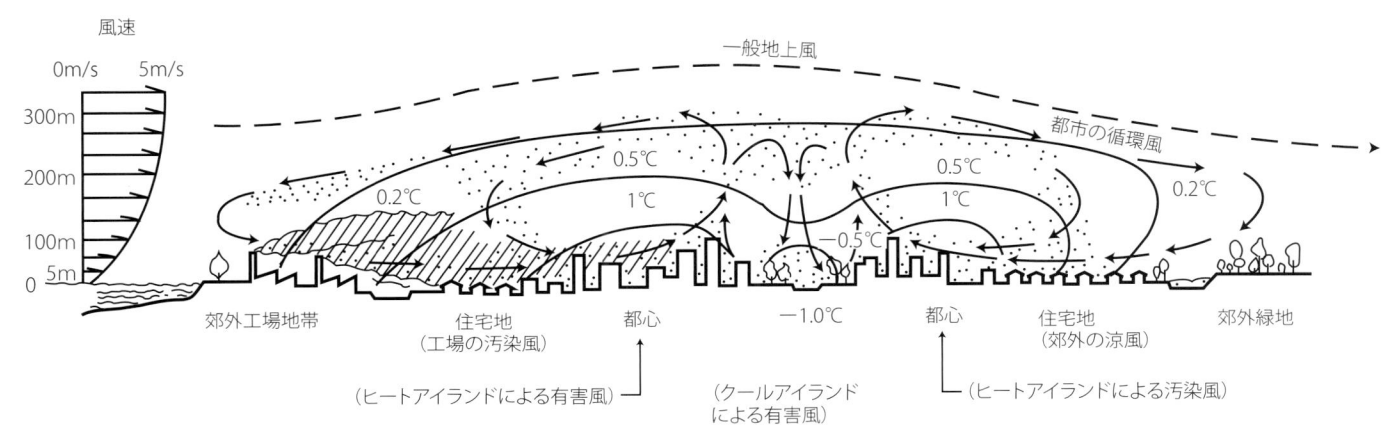

図12―ヒートアイランド現象の概要[9]

面が増加するので、気温以上に暑さを感じさせると言われる。

◇排熱の増加

都市活動が活発なほど、人口集中や、生産活動・自動車・冷暖房・照明・電子機器などのエネルギー消費量が増加する。人間とコンピュータなどの排熱で、東京のオフィスでは真冬でも冷房を入れないといけないほどである。

とくに、暑くなるとその分冷房を強くするので、屋外への排熱がさらに増えて、気温があがるという悪循環も起きてしまう。

■ヒートアイランド現象への対策

ヒートアイランド現象によって引き起こされる影響に対する対症療法的な対策として、大気汚染については、工場や自動車などの出す汚染物質の量が厳しく規制されている。また水害に関しては、各敷地での**雨水浸透**や**一時貯留**などの推進や、地下河川・地下貯水池などの巨大土木工事も行われている。

一方、原因を絶つような対策としては、省エネ機器の開発・導入による排熱の削減、**屋上緑化**や**壁面緑化**を含む都市の緑化の推進、透水性・保水性の舗装への切替え、**風の道**の確保などが試みられている。しかし、都市活動の増大もあって、劇的な改善効果は得られていないのが実情である。

ただ、大気汚染物質など人間の活動による悪影響の一部分については、ヒートアイランド現象のおかげで広く自然環境に拡散せずに済んでいるという側面もある。そういう意味でも、都市環境は、自然環境と私達との間の緩衝材の役割を果たしていると言えよう。

Column

風の道――夕涼みは復活する!?

川端での夕涼み。花火や縁台将棋。こういう風情が楽しめたのは、アスファルトのように熱を発散するものもなく、高い建物もないため風が通り抜けたからかもしれない。東京新橋の繁華街は、汐留に超高層ビル群が建ったために、海からの涼しい風が遮られて、ずいぶん暑くなったという話も聞く。

そこで最近では、季節や時間帯によって決まるその地域の卓越風を捉えて、都市の周辺（海や山）からの風の通り道を確保しようという考え方も生まれてきた。ドイツのシュツットガルトやカールスルーエの計画がよく知られている。風の道にあたる場所には、超高層ビルは建てないとか、建てる場合でも風に対して見付を薄くして邪魔をしないことなどが求められる。

コンパクトシティ――都市縮退のあり方

人口が次第に減少していくことは、近年ではあまり経験のない事態である。それに合わせて都市もコンパクトにした方がいいと言われている。集中することが都市のメリットであるから、歯の抜けたようにスカスカになっていくのはインフラサービスの面では極めて効率が悪い。とはいえ、実現にはさまざまな課題があり、現在は適切な縮小の仕方を模索している状況である。

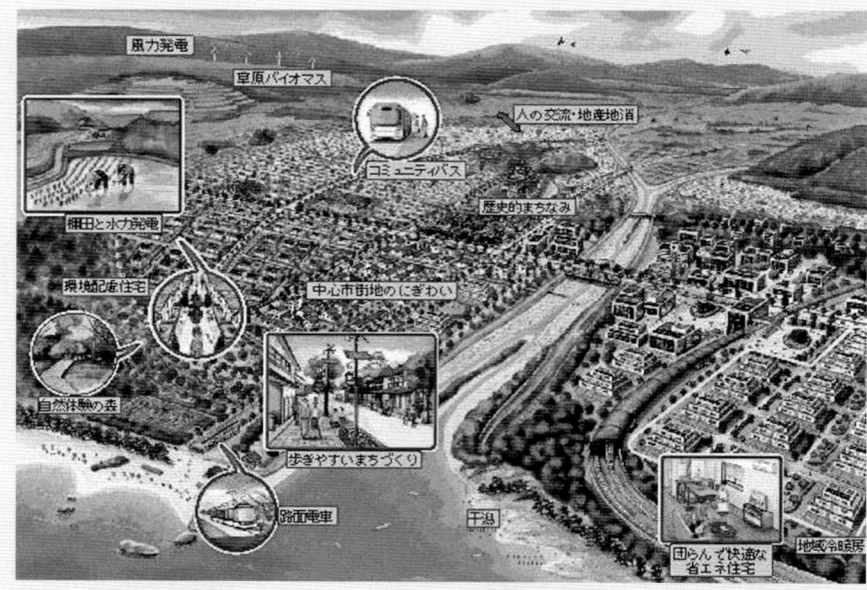

コンパクトシティのイメージ（例）

微気候
都市内の小さな気候が生活に影響

海風・山風のようなものよりもっと小さく、建物や住まいの周辺の一部分で局所的に発生する気候を**微気候**という。微気候には、その場所の地形や建物の配置・人間活動などが影響する。南側にビルがあるとか、緑豊かな公園に接しているとか、大量に排熱しているとか、そういうことの影響である。それらが地域の**卓越風**を乱し、微気候をつくり出す。通風を利用するのであれば、そのあたりも考慮する必要がある。

■ビル風

高層建築物が風速の大きい上空の風を遮って、吹き下ろしたり巻き込んだりすることで、ビルの周辺で局所的に強風が発生する。これを**ビル風**という（図13）。ビル風は、歩行者に対しては歩きにくい・傘がさせない・寒いなどの障害となり、商品が飛ばされる・ガラスが割れるなどの物質的な被害も生じさせる。

ビル風を防ぐため建物は、角を落とした平面形で、外装には粗い表面や凹凸を付け、脚部に広く低層建物を配置したり、庇を設置したりすると効果的である。その他、防風用のネットやフェンス、高木の植栽などもある程度は効果がある（図14）。

■ストリートキャニオン

都心の幅の広い道路では、通りが高いビルにすっかり囲まれてしまうことも多い。都市がつくり出した人工の谷、**ストリートキャニオン**である（図15）。谷底の道路空間は、道路や壁面からの照り返しやガラス面の多重反射などで高温となり、風が抜けにくいために車の排気ガスが滞留し、相当に不快な環境となる。

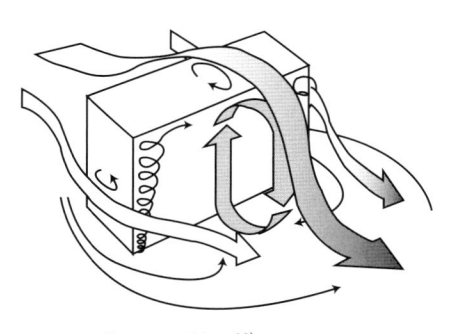

図13―ビル風の様子[10]

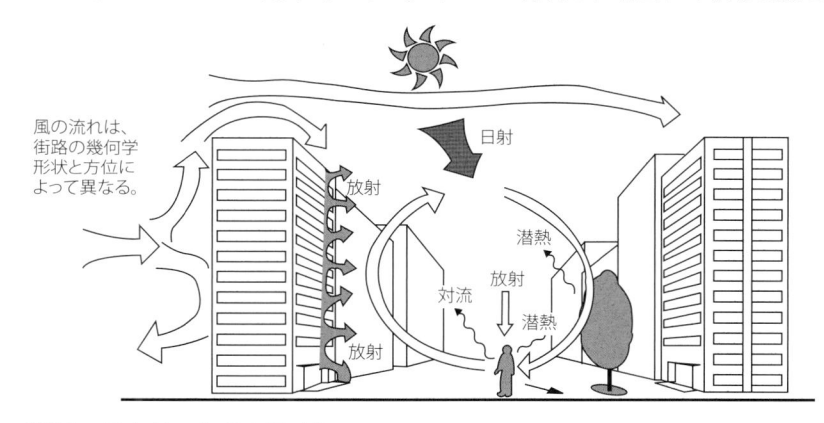

図15―ストリートキャニオン

図14―防風をねらった高木植栽

Column

屋敷林――微気候をつくり出す

富山県の砺波（となみ）平野では、散村といって1ヵ所に集まらない住まい方が見られる。その場合、それぞれ家は厳しい風雪に晒されてしまうために、家屋の周囲に屋敷林を作って対処している。屋敷林によって、風雪や日射をコントロールして、穏やかで暮らしやすい微気候をつくり出す。また、屋敷林は木材・燃料・腐葉土の調達などエコロジカルな生活にも役立つ。

砺波平野の散村と屋敷林

3 環境汚染・環境破壊

写真は、1990年代の東京港中央防波堤内側のゴミ埋立処分場の様子である。ゴミと土を交互に積み上げ、標高30m（当時）の島が出現した。
当時プラスチック系ゴミは、ダイオキシン発生問題もあって不燃ゴミとしてそのまま埋め立てられていた。また可燃ゴミも焼却能力が追いつかず、一部はそのまま埋め立てられていたので、強烈な臭いとともに、残飯を狙って海鳥たちが大量に群がっていた。さらに、ゴミが土中で分解されるにしたがって、大量のメタン（可燃性・温室効果ガス）を放出しながら、土地が沈下していくので、数十年間は都市的な利用はできない。現在は、風車が立ち、100万本の植樹による緑化が行われるなど、環境を考える先端地となっている。
時代を経て、現在の処分地はこの沖合いに展開しているが、プラスチック系ゴミも資源回収の上、焼却・減量して埋め立てるなど徹底しており、以前のようなショッキングな光景は見られなくなっている。

過剰な環境負荷
人間の営みの負の影響

人間の生活や生産活動によって、環境は当然影響を受ける。もともと自然環境には浄化作用があり、多少人間が資源を搾取しても、廃棄物を出しても、軽微ならば自然がうまく対応して元通りになる。しかし、人間の力がここまで強大になると、自然が独力では修復できない場合も出てくる。こうして自然環境がダメージを負ってしまうのが、**環境汚染**や**環境破壊**である。

汚染されるのは、大気であり、水であり、土壌である。破壊されるのは地形であり、**生態系**である。影響はたいがい地域的な広がりに限定されるが、大気に拡散するものや経済・流通に関係する場合には、国を越えて影響が及ぶ場合もある。大気の汚れは雨に混じって地面に降り注ぎ、土が汚れれば河川や地下水を伝って広がり海を汚す。いずれも、自分達が豊かなくらしをするために行った行為に対して、人間はしっぺ返しをうけているのである。自然の力ばかりに任せず、自分達で汚染物質を除外し、環境を守っていかなくては、このままの生活を持続することは不可能なのである。

酸性雨
健康を害し、森を枯らし、構造物を破壊する

工業活動や自動車から発生し、大気中に放出されるエアロゾルのうち、粒径2.5μm以下の微小粒子状物質を**PM2.5**という。PM2.5は小さいので肺の奥まで入り、ぜんそくや肺がんとの関連が疑われている。

また、その中でも**窒素酸化物（NO_X）・硫黄酸化物（SO_X）・炭素酸化物（CO_X）**や塩酸、酸性のエアロゾルなどが、雨滴に吸収されると酸性の雨や雪になって地表に降り注ぐ。pH5.6以下を**酸性雨**といい、時にはpH2を示すこともある。

酸性雨は、人体の目・喉・皮膚に刺激を与え、森を枯らす。土壌や河川の酸性化による微生物・植物・水生生物への影響は深刻である（図16）。その他、金属や大理石・コンクリートなどの建材を腐食させる。古代ギリシャの神殿などの文化財の崩壊も問題になっている。酸性雨で最もpHが低いのは降り始めで、大気中のちりや埃をたっぷり含んでいるので、十分な注意が必要である。

酸性雨・PM2.5対策は、有害物質除去技術の確立・エネルギー使用形態の見直しなど、大気汚染の防止対策を徹底するしかない。しかし、日本での酸性雨・PM2.5は、中国で排出された汚染物質が偏西風で運ばれたきたものの影響が大きいともいわれ、問題は国際的である。

図16——酸性雨で枯れた樹木

Column
黄砂——風は西から吹いてくる

日本の上空には偏西風（ジェット気流）という強い西風が常に吹いている。だから、天気も西から変わってくる。

PM2.5や酸性雨の原因となる酸化物だけでなく、風に乗って中国から飛んでくるものに"黄砂"がある。黄砂自身は沙漠の砂が飛んでくる自然現象だが、汚染物質を吸着して運ぶことで、健康被害・経済被害が懸念されている。また、近年の中国内陸部の急速な砂漠化とともに、黄砂の頻度が増えていることもあり、黄砂は単なる自然現象というよりは、環境問題の側面を強く持っている。

ダイオキシン
さまざまなものを燃やすとできてしまう猛毒物質

以前はどこの学校にも小さな焼却炉があって、毎日ゴミを燃やしていた。それが平成9（1997）年の文部省通達で使えなくなった。猛毒のダイオキシンの発生が心配されたからである。

ダイオキシン類は、似たような構造を持ち、似たような毒性を持つ有機化合物の総称である。人工物質としては最も強い毒性を持つ物質のひとつである。また強い発ガン性も有し、環境ホルモンとしても疑われている。ダイオキシンは、無色無臭の固体で、水には溶けず、脂肪などには溶けやすい。安定した物質なので、いったんできてしまうと容易には壊れない。煙突や巻き上がった灰から大気や土壌に拡散し、食物連鎖の中で動物の体内に濃縮され蓄積される。体内に取り込むと、量が半分になるのに約7年かかると言われている。

ダイオキシンは炭素・酸素・水素・塩素を含む物質を熱するような工程で、意図せずにできてしまう。金属精錬・紙などの塩素漂白工程・農薬製造時の不純物など、さまざまなところで発生する。森林火災・火山活動などの自然現象でも発生し、タバコの灰からも見つかっている。ゴミ焼却では、とくに低温での燃焼で生じやすいことが問題視され、上述の学校焼却炉の撤去につながった。公共のゴミ焼却場でも、面倒がって身勝手にゴミ分別のルールを守らない人間がいると、生み出されてしまう。ビニール袋や新建材などに安価で便利に使われている"ポリ塩化ビニル（塩ビ）"が、プラスチックの中でもとくに塩素を多く含むのでやり玉に挙げられ、不買運動なども起きた。しかし現在では、さまざまな物質の燃焼からできることがわかっており、塩ビだけが悪者にされることはなくなった。

ダイオキシン対策としては、不燃ゴミの分別を徹底し、燃やさずにリサイクルや埋め立て処分をすることが1つである。もう1つは、より高温で完全燃焼させてしまうことである。800℃以上の燃焼ではダイオキシンは発生しないとされており、新しい焼却炉はすべてこの高温タイプの炉になっている。可燃・不燃を分けずに収集している自治体では、新型炉ですべて焼却していることが多い。

土壌汚染
他人事ではない身近な問題

水俣病の有機水銀、イタイイタイ病のカドミウム、四日市ぜんそくの二酸化硫黄など、高度成長期に公害問題が次々と表面化し規制が強化された結果、河川や大気への汚染物質の垂れ流しはほぼなくなっている。しかし、近年では都市再生の流れの中で、かつての工場が住宅地等に変わっていく際に、**工場跡地**の**土壌汚染**が発覚するケースがよく見られる。

電機系なら鉛・PCB、自動車・機械系なら油・有機溶剤、金属・めっき系ならカドミウム・六価クロム、薬品系ならヒ素・水銀など、各業種でさまざまな有害物質が扱われ、土壌汚染を引き起こしている。さらに産業廃棄物の処分場なら複数の有毒物質が集められている可能性もある。土壌からしみ出して地下水が汚染され、汚染域の拡大も懸念される。

土壌汚染の解決策は、汚染物質が含まれる土を掘り返し、薬剤を混ぜて中和するか、土を入れ替えて処理をする方法が採られる。多大な時間と費用がかかる上に、処理済みとはいえ、周辺住民の不安は拭いきれないものがあり、大きな負の遺産を残すことになる（図17）。

図17―身近な場所の汚染状況を知っておく

写真は、東京都内のある大きな公園の風景である。芝生の広大な広場のまわりには大規模な集合住宅が建ち並び、毎週末には遊び回る子供達で賑わっている。しかし、この公園の地中には有害物質である六価クロムが完全に処理されず、多量に埋められたままにされている。当時は大きな社会問題になったが、30年以上が経過し、それを知る住民はもはや多くはないだろう。しかし、実際に汚染物質が漏れ出した事故も報告されていて、安心できるとは言いきれない。

さらに、この公園は、原発事故による放射性物質のホットスポットとして騒がれた場所でもある。

あらゆるリスクが0である状況は存在しない。危険性を知りつつも、他のリスクや得られる利益との関係を冷静に判断し、行動する賢さが各個人に求められている。ただそのためには、正確で十分な量の情報が必要である。その情報の提供が、原因企業や行政の責務と言えるだろう。

Column
放射能による環境汚染──影響がわからない、処理策がないのが最大の問題

2011年3月11日の東日本大震災に伴って、福島第一原子力発電所が炉心溶融を起こし、水蒸気爆発によって大量の放射性物質が大気中に放出された。汚染物質は、大気や海流にのって既に全世界に拡散し、原発周辺数十kmの長期間にわたる立入制限、数百km離れた場所でのホットスポットの出現など、未曾有の事態を引き起こした。

幸いにして一度に高レベルの放射線を浴びる事態はなかったので、急性障害は一般には発生しなかった。しかし、低レベル放射線被曝による晩発性障害の可能性が懸念されている。最も可能性の高い甲状腺異常については、原因となるヨウ素131の半減期が約8日と短く、数ヶ月でほぼなくなってしまったので、もう対策のたてようがない。残りのセシウム134・137などは、その健康への影響はよくわかっていないが、半減期が約2年・約30年と長いので、食料などから身体に取り込む量を減らし、できる限り内部被曝を避けるのが賢明であろう。特に小さい子どもや胎児は危険性が高いと言われているので、我々大人が守っていく必要がある。事故後数年〜10年くらいが、障害発症のピークと言われている。今後どんな事態が起こるかは、正確には誰もわからないのである。

放射性物質の最大の問題は、人類がそれを無毒化する方法をまだ知らないことである。原子力の平和利用は、将来の子孫がきっとその方法を見つけてくれるだろう、という期待のもとに行われている。いまのところ放射性廃棄物は、何千年も外界に出ないように管理し続けることしか方法はない。廃棄物が溜まるばかりでは、持続可能な方策とは言えないのではないだろうか。

廃棄物

3Rで省エネ・省資源

廃棄物は産業活動に伴って発生した**産業廃棄物**とそれ以外の**一般廃棄物**に分かれる。一般廃棄物は日常生活に伴って発生するゴミやし尿のことであり、発生する場所によって**家庭系ゴミ**（図18）・**事業系ゴミ**に区別され、処理費用の負担の仕方も異なる場合がある。

日本の場合、集められた廃棄物のうち燃やせるものは焼却処分することが一般的である。焼却することによって体積が著しく減少し、埋め立て処分する量を圧縮できることと、病原生物の死滅という衛生的理由のためであり、狭い国土で人の近くに最終処分地を設けねばならない特性を反映している。

産業廃棄物の最終処分量の約9割が建物から出るといわれている。建物は解体されれば、不燃ゴミの固まりなのである。とくに、日本の家屋は木造が圧倒的に多く、石造やRC造に比べ耐久性に劣るので、比較的短い期間で建物を建て替えることに抵抗感が少ない。そのため、壊しては建てるを繰り返す**スクラップ&ビルド**が横行し、批判の対象となっている。

廃棄物の削減のためには、**3R**の実践が求められている。3Rとは、**リデュース（ゴミの発生抑制）**、**リユース（再使用）**、**リサイクル（再資源化）**の頭文字をとったもので、対策がより有効な順番に並んでいる。3Rの対策が進めば、新しい資源を大きなエネルギーをかけて獲得・加工するより、省資源・省エネルギーになるのである。

リサイクルは、形を変えて次の何かに役立つことである（図19）。アルミ缶が電車の車体になったり、PETボトルが服やベンチに変わるようなことを指す（リサイクルショップは厳密にいうとリユース品を扱っていることになる）。生ゴミも発酵させて堆肥としてリサイクルできる。電気の力を借りて、高速で堆肥化（**コンポスト化**）する家庭用の製品も売られている。可燃ゴミなら燃やして、熱や電気を取り出すこともできる。産業界だけでなく、私達の日常生活でも3Rを実践していくことが、持続可能な循環型社会をつくることになるのである。

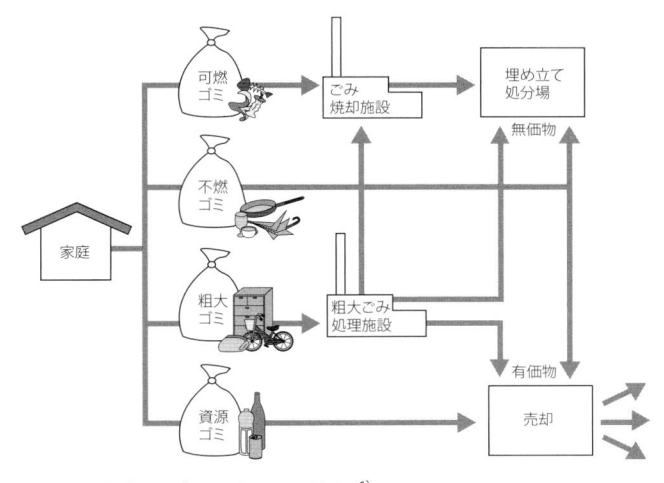

図18―家庭系ゴミの処理の流れ[6]

図19―リサイクル建材（例）
道路舗装用のアスファルトは、石油精製品を抽出したあとの残りかすで、それを廃品利用したものである。写真は、産業廃棄物の燃えかす（スラグ）を骨材として利用し、コンクリートで固めたタイル床材である。建設業界でもリサイクルに関する開発・研究は盛んに行われている。
一方、コンクリートは、壊すのが非常に大変な上、壊したものはほとんど役に立たない。壊れにくく安定した物質だからこそ、そのまま長い間使い続けるのが最適であろう。

資源乱獲・乱開発

限りある資源を大事に使う・育てる

クジラの乱獲による減少と捕獲の禁止、同じようなことがクロマグロでも起きようとしている。**森林破壊**は、焼畑農業による開墾、木材調達のための乱伐、鉱山資源採掘のための乱開発・事故などが原因とされているが、森林の減少は土地の**砂漠化**を進行させる。社会の省資源化が進めば、不要な資源の獲得量は減らせるはずである。一方、かつて日本人がクジラを獲った時のように、自然から授かったものは捨てるところがないくらい使い尽くすことも大事である。また、農林水産物などの**生物資源**は、ただ自然から搾取するのではなく、「採る」から「育てる」への転換が求められている。

4 地球環境問題

地球温暖化によって水没の危険性がある珊瑚礁の島

気候変動問題
地球は温暖化に向かっているのか？

■**気候変動と地球温暖化**

人間による環境破壊は、たいがい特定の地域内や国内の問題にとどまることが多いが、その中で国境を越えて全地球規模にまで原因や影響が拡大したものが、**地球環境問題**である。

北欧や南極大陸の氷河の減少、北極海の不凍化、太平洋島しょ部の海水面の上昇、内陸部の砂漠化、温暖帯の亜熱帯化、熱帯生物の北上など、今までにない異常気象が発生し、気候が変動してしまう現象が、世界各地のさまざまな地域で確かに起きており、生活に大きな影響が出ている。これらを**気候変動問題**という。これら気候変動の原因は全世界的な気温の上昇ではないかといわれているので、**地球温暖化問題**という場合も多い。しかし、実は実際に地球温暖化が進行しているかはまだ確定していない。ただ、わかるまで待っていて手遅れにならないように、温暖化が進んでいるという前提で予防的に対策が行われているのである。

■**温室効果ガスと二酸化炭素**

その地球温暖化の原因としては、人間が排出した**温室効果ガス**の増加が疑われている。温室効果ガスには、**二酸化炭素・一酸化二窒素・メタン・フロン・水蒸気**などがある。二酸化炭素の温室効果はメタンやフロンの数十分の一から数千分の一でしかないが、排出量が桁違いに多いので、温室効果ガスとして二酸化炭素に注目が集まっている。

二酸化炭素の発生は、生物の呼吸や有機物の分解・燃焼によって生じる。近年の大気の二酸化炭素濃度の上昇は、人間による**化石燃料**（石炭や石油など）の大量消費によるものと考えられている。

一方、大気中の二酸化炭素を減少させる**炭素固定**は、植物の光合成や、海中生物の殻が堆積した石灰岩など、生物の活動によるものがほとんどである。したがって、近年の**森林伐採**による炭素固定能力の減少も、二酸化炭素濃度の上昇の原因の1つといわれている。

このまま温室効果ガスが増加すれば2030年には産業革命以前の2倍の温室効果が現れ、気温が1.5〜4.5℃上昇し、海面も20〜140cm高くなると予想されている。そうすると、上の写真のような珊瑚礁の島では全体が水没してしまう。

■**二酸化炭素排出量削減への取り組み**

日本は、二酸化炭素排出量では世界で4番目に多い。1995年の温暖化防止京都会議で、世界的に二酸化炭素排出量の削減に対して具体的な目標を掲げて努力していくことが確認され（**京都議定書**）、

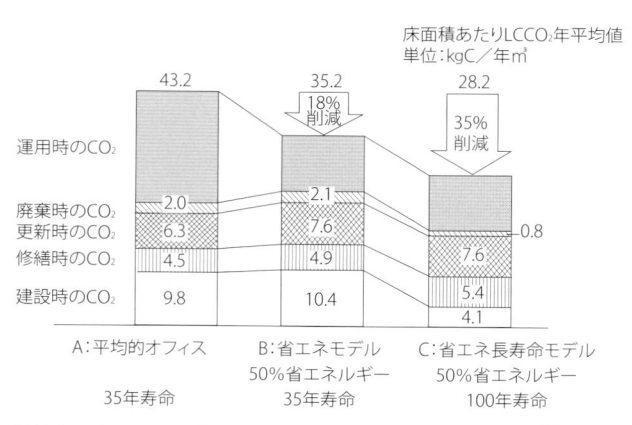

図20—オフィスビルのライフサイクルCO_2試算例[11]

各国がその目標に向かってあらゆる分野で環境対策を進めているが、米国や中国・インドなど大規模な排出国の参加が得られず、実効性に懸念が残っている。

建設に関わる二酸化炭素発生量は、日本では全体の約1/3を占めるといわれる。しかし、二酸化炭素の発生量の削減には、建設時だけではなく、施設修繕や更新時、解体時の発生量も加味しないといけないし、日々の運用の中で発生する分も考慮する必要がある。そこで、建物のライフサイクル全体で評価する指標として、**ライフサイクルCO_2**（**$LCCO_2$**）が提案されている。二酸化炭素の発生量は建設時と運用時が多く、運用時の発生量は省エネルギー型の設備機器を導入するなどで削減し、建設時については多少発生量が多くなっても寿命の長い建物をつくることで年あたりの発生量を小さくして対処できる（図20）。

オゾンホール

天然のUVカット機能が薄れていく

大気の上層、成層圏の高度20〜25kmあたりにはオゾンの濃度の高い**オゾン層**というものがあり、太陽から地球に降り注ぐ有害な**紫外線**のほとんどを吸収してくれている。

しかし、人間がつくり出して廃棄した**フロン**という物質は、オゾンを破壊してしまう性質を持っている。そのため、特に夏季の高緯度地方では、オゾン層が一部なくなってしまう現象が起こる。これが**オゾンホール**である。

オゾンホールによって多くの紫外線が地表面にまで届くこととなり、皮膚ガンや白内障・遺伝子異常などが増加している。

フロンはそれまで非常に便利な物質として空調機の冷媒、スプレー缶の溶媒、半導体基板の洗浄などに幅広く使われていた。現在ではとくにオゾン破壊力の強い**特定フロン**は製造・使用が禁止され、影響の少ない**代替フロン**や他の物質に切り替えられている。空調機などを廃棄する場合にも、フロンの回収が義務付けられている。さらに将来的には代替フロンの製造中止も既に決まっている。対策が効を奏してか、ここ数年のオゾンホールの拡大は鈍っているようである。

私達も、サングラスや日焼け止めで防御するだけでなく、エアコンや冷蔵庫を不法に投棄したり放置したりせず、フロンの回収に協力することが必要である。

> **Column**
>
> #### 奇跡の星——温室効果のありがたさ
>
> もし、地球に大気がなかったら、地表面の平均温度は-19℃となる。大気の温室効果がなく、太陽から降り注ぐ膨大なエネルギーはとどまることなくドンドン宇宙空間に逃げてしまう。これでは生き物には寒過ぎる。温室効果は実は私達の生存になくてはならないものなのである。
>
> ただし、大気はあっても水がなければ地表面の平均気温は29℃となる。温室効果で保温はされるが、少し暑過ぎて住みづらい。
>
> 水は、水蒸気・水・氷と相変化をしながら地球上を対流し、効率的に熱を上空に運び、過度な温室効果を調整し、平均気温15℃という生物の暮らしやすい環境を絶妙なバランスでつくり上げている。
>
> 太陽からの供給熱量は膨大であり、ヒートアイランドを起こす都市の排熱などは、それに比べれば微々たる量である。温室効果の微妙な変化でも、いかに大変な影響を与えるかが想像できるだろう。

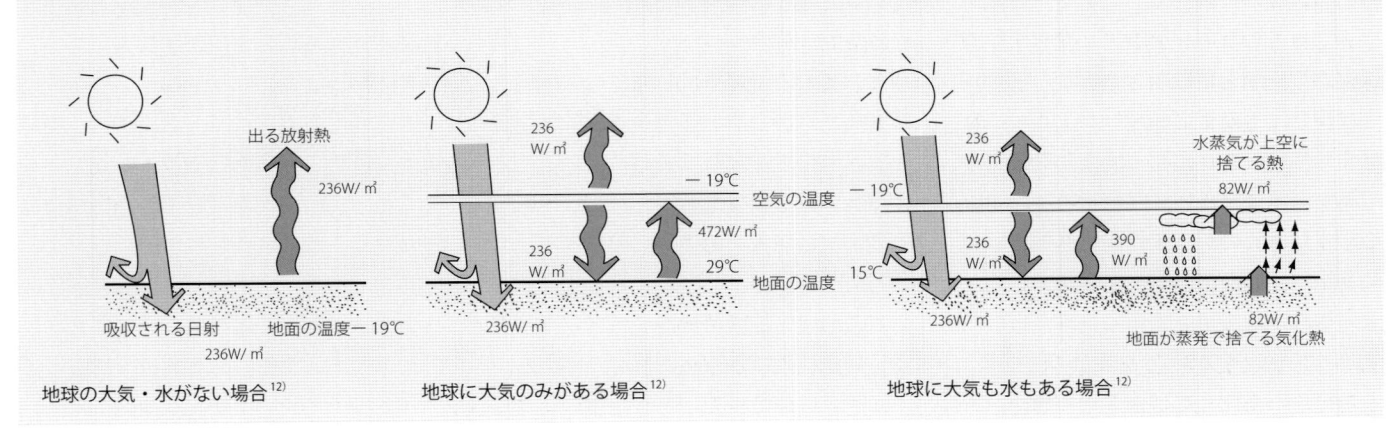

地球の大気・水がない場合[12]

地球に大気のみがある場合[12]

地球に大気も水もある場合[12]

5 持続可能なくらし

都市の環境は、思いのほか乾燥しており、暑い。緑地はまさに都市のオアシスである。写真は、福岡の都心にある天神中央公園と公園に面するアクロス福岡という建物である。

サステナビリティとエコ

環境の持続可能性

　サステナビリティは、日本語でいうと**持続可能性**となる。人類の活動が将来にわたって持続できるかどうかを考慮するという概念である。環境だけでなく、経済・社会のシステムや人間関係なども含んだものである。

　石油はこのままではあと数十年で掘り尽くされてしまい、天然ガス等もせいぜい数百年しかもたない。つまり石油燃料に依存した文明には環境・エネルギーに関する持続可能性はなく、太陽を源にした**再生可能エネルギー**に転換を図っていく必要があるのだ。鉱物資源も無尽蔵ではなく、使用量の節約と再利用の推進が求められる。ゴミも完全に処理が行われないといつか廃棄物であふれかえって、立ち行かなくなってしまうだろう。

　一方、**エコロジー**という言葉は**生態学**という意味であるが、人間が環境を破壊し生態系を壊してしまう状況があり、生態系に配慮した取り組みを"エコロジカル"と表したところから、今では環境配慮全般を示す言葉として、日本語では"エコ"と略し一般的に使われるようになった。

　サステナビリティはそもそも人間社会の持続を念頭に置いた言葉だが、エコは人間以外の生物・生態系の持続に通じる言葉といえそうである。ただし、生態系の破壊は結局人々の生活に影響を与えることになるので、サステナビリティもすべての環境の持続可能性を包含した言葉として使われるようになってきている。

　人間は地球に巣くった寄生虫のようなものである。ドンドン増えて宿主である地球を滅ぼしてしまうのではなく、バランスをとって**共生**の道を探ることが求められている。そこでここでは、都市から地域の自然、地球全体まで、人間の活動によって現れた環境への悪影響を抑え込んで、生態系を破壊せず、環境と共生し持続可能なくらしを実現する方法について考えていこう。

　ここまで見てきてわかるように、持続可能な社会のためには、以下にまとめられるように、エネルギーと資源の消費の仕方を変えなければならない。
①代替エネルギー・代替資源への転換
②省エネルギー・省資源なシステム
③エネルギー・資源の再利用・再資源化

エネルギーの効率的利用

新しい住宅設備機器の開発

自動車業界では、エコカーと称してハイブリッド車が人気である。電気自動車の本格的な販売も始まり、燃料電池車の開発も進んでいるようである。

一方、住宅においてはどうだろうか。図21のグラフは、日本の住宅のエネルギー使用量の推移を示している。1965年と比べて、ピークの2000年頃には約2.5倍もエネルギー消費量が増えている。給湯と動力・照明他の伸びが大きい。蛇口をひねればお湯が出て、明るい照明と便利な家電類、それだけ豊かな生活に変わってきた表れである。暖房が増えていないのは、より快適にと要求が高くなっても、家屋の**断熱化**と機器の効率化が進んだために、消費エネルギーが増えずに済んでいると考えるべきだろう。

2011年においては、暖房27％、冷房2％、給湯28％、厨房8％、動力・照明他35％という割合になっている。冷房の割合が思いのほか少なく、**ヒートポンプエアコン**の効率の良さがよくわかる。暖房時でも、ただ加熱するヒーターやストーブよりも、ヒートポンプエアコンによる暖房の方が省エネなのである。一方、給湯の割合は意外に大きい。知らず知らずのうちに水で済む場合でもお湯を使ってしまっているのかもしれない、と考えさせられる。

増える一方だった家庭内のエネルギー消費量であるが、1995年～2000年をピークに下がってきている。エコな新しい住宅設備機器が開発されてきているのも、その一因であろう。そのいくつかを紹介しよう。

■高効率型の給湯器

ガス式では、排熱ロスを少なくし効率を95％まで高めた（従来型は80％）"エコジョーズ"などと名付けられた**潜熱回収型給湯器**が普及している。

一方電気式では、**ヒートポンプ給湯機**が普及してきている。エアコンや冷蔵庫と同じヒートポンプを使って空気の熱でお湯を沸かす。冷媒にフロンではなく二酸化炭素を使うものが"エコキュート"の名前で製品化されている。安い深夜電力でお湯をつくり貯湯しておくのは従来の電気温水器と同じであるが、使った電気エネルギーのおよそ3倍の熱エネルギーを集められるヒートポンプなので、効率は送電ロスを加味してもエコジョーズに伍するところまで改良されている。

■家庭用コジェネレーションシステム

コジェネレーションシステムとは、燃料を燃やして発電と給湯を同時に行うシステムのことで、熱併給発電ともいう。電気の使用場所の近くで発電し送電ロスが少ないこと、廃熱を利用して給湯を行うことなど、高効率なエネルギーシステム、つまり省エネなシステムである。

従来は、ホテルや病院など一定の給湯量が見込まれる施設での採用が多かったが、最近では都市ガスを利用した"エコウィル"という家庭用システムも登場している。また、**燃料電池**を利用したコジェネレーションシステム（都市ガスから水素を取り出す）も"エネファーム"の名称

Column

氷蓄熱──住宅には向かないが

夏の夜間に氷をつくり、昼間の冷房などに利用するのが氷蓄熱である。冷やすのに使うエネルギー量は一緒でも、深夜電力を使うことで電気代が安いという効果がある。水を氷にするには水を1℃冷やす場合の約80倍のエネルギーが必要なので、冷水ではなく氷になるまで冷やしておくことで、小さな蓄熱槽で済む。また、冬季にはお湯を沸かして溜めておくことで、同じように暖房にも利用する。発電所の最大負荷を低減するという意味では、若干の省エネにもなる。

"エコアイス"の名前で商品化されているが、小型化が難しく、現状では商店やオフィスなどの中規模以上の施設向けの設備である。

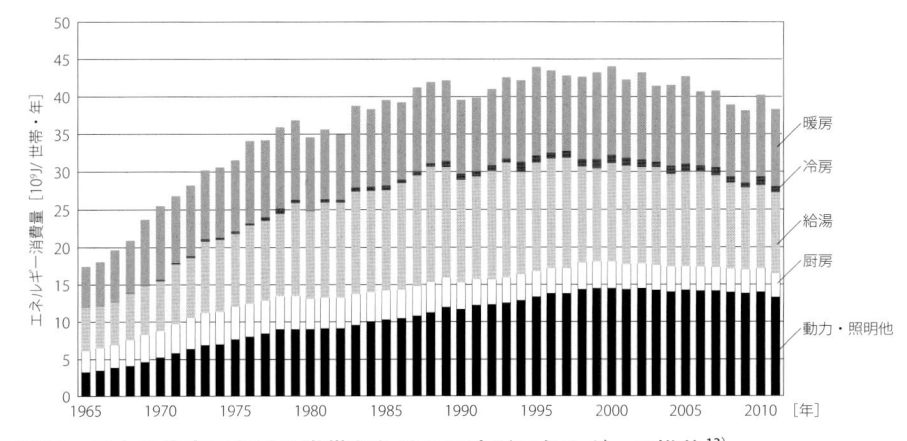

図21──日本の住宅における世帯あたりの用途別エネルギーの推移[13]

で実用化している。いずれも余った電力は売電できるものの、給湯量と発電量のバランスが難しいと言える（図22）。

■太陽光発電

太陽光発電は石油代替エネルギーとして、再生可能エネルギーである太陽光を利用するものである。太陽電池パネルを住宅の屋根面などに並べて発電を行う。

電力需要が最も高い夏場の晴れた昼間に発電量も最大になるので、**ピークカット**できるのが利点である。動作部分がなく保守が楽、送電ロスが少ないのも利点である。一方で、太陽電池の発電効率は十数％とまだまだ高くはない上に、昼間しか発電できない、天候に左右される、太陽との角度が一定せずに効率が悪いなどのデメリットもある。

しかし、それでも太陽電池を生産し、設置・維持管理・撤去・廃棄するのにかかるエネルギーや二酸化炭素発生量を取り返すには、日本では3年程度の稼働で済むところまで改良が進んでおり、環境的には十分な性能に達しつつあると言える。ただし、**ライフサイクルコスト**の面でいうと、家庭用では政府の補助金があって初めて経済的に何とかトントンというところであり、今のところは環境には優しいが、財布には優しくないシステムになっている。

図22—**太陽光発電パネル**（例）

Column

風力発電——有力な代替エネルギーだが都市には向かない

風力発電は、再生可能エネルギーによる代替エネルギーの代表格である。近年、欧米では導入が進んでおり、デンマークでは供給電力の約2割を占めるまでになっている。

大型化・広域連携化することで、コストや変動の問題は解決されつつある。また騒音や振動の問題があり、人里離れた海上などに設置する方向である。

一方、都市内は、ヒートアイランドの項で触れたように、風が遮られるので風が弱い。したがって、都市内の風力発電は教育・啓蒙目的以外には、あまり効果的ではないと言われている。

再生可能エネルギー——自然エネルギー

再生可能エネルギーとは、自然界に存在して、使っても枯渇しないエネルギーのことである。代替エネルギーとして近年注目されているもので、大きくは以下のようなものがある。

- 太陽熱（温水・熱源・発電など）
- 太陽光（採光・発電など）
- 風力（換気・動力・発電など）
- 地熱（温泉・熱源・発電など）
- 水力（動力・発電など、河川・海流・潮汐・波力）
- 温度差（換気・発電・氷雪熱）
- バイオマス（生物由来、薪・炭・糞・バイオエタノールなど）

いずれも昔から熱源・採光・換気・動力などとして生活の中で利用されてきたものであるが、小規模・変動性・効率の悪さなどから、一時期石炭・石油・天然ガスなどの便利な化石燃料に押されていたものである。しかし、化石燃料や原子力燃料は有限な枯渇性燃料であり、二酸化炭素による地球温暖化などの懸念もあり、その対策として近年、再生可能エネルギーの有効性と必要性が見直され、利用が活発化している。

バイオマス以外は利用に際して、二酸化炭素をほとんど出さない。一方、バイオマスは生物がいったん固定した炭素をまた空気中に戻すだけなので、"カーボンニュートラル"といって、温暖化を進めることにはならないと見なされている。ただし、生物が二酸化炭素を固定するペース以上で使うと、その理屈が成り立たなくなるので、気を付けて使う必要がある。

環境に配慮したものづくり

循環型社会へ向けての産業界の取り組み

図23は、日本のエネルギー消費量の推移である。終戦後から1970年代までは急激に増加している。いわゆる高度経済成長期である。その後73年、78年の2度の石油ショックの影響で一時停滞していたものの、増加傾向は続いていたが、2005年頃を境にして全部門で低下を始めている。

用途別に見ると民生部門・運輸部門は、人口増加と生活レベル向上で着実にエネルギー消費量が増加してきたのに対して、産業部門は1970年代以降は実はほとんど変わっていない。これは、70年代以降のエネルギー危機と公害問題を受けて、産業界が省エネ・省資源技術の開発・実践に取り組んできた成果である。

■環境アセスメント

環境に配慮したものづくりとしては、1960年代から90年代にかけて各国で制度化された**環境アセスメント**がよく知られている。環境アセス(環境影響評価)は、それまで経済原理だけで行われ公害や自然破壊を引き起こしてきた大規模開発に対して、周辺環境への影響を事前に評価するものである。

評価項目は、典型7公害(大気汚染・水質汚濁・土壌汚染・騒音・振動・地盤沈下・悪臭)と自然環境項目(地形・地質・動植物・自然景観)に加えて、最近ではアメニティ(快適さ)・生物多様性・日照・廃棄物・里山などの二次的自然地・干潟など、地域や事業の特性に応じた多様な項目を評価することが求められている。

実効性に課題が残るという声はあるものの、都市や地域の環境のサステナビリティには有効な手段である。

■ライフサイクルアセスメント

一方、地球環境問題に対しては、都市・建築に限らずあらゆる製品・サービスについて、**ライフサイクルアセスメント(LCA)** が行われるようになってきている。LCAは、ある製品の一生(原料調達・製造・輸送・販売・使用・維持管理・廃棄・再利用など)すべてにわたる環境負荷を勘案した環境影響評価手法である。

エネルギー収支・$LCCO_2$・LCC(ライフサイクルコスト) などのトータルな検討も行われているが、**ゼロ・エミッション**(製造時の廃棄物ゼロ)や**フードマイレージ・ウッドマイレージ**(輸送時の環境影響を評価)など個別の過程での、環境対策も反映されている。

もし、$LCCO_2$で二酸化炭素排出量が多い場合は、その分、他の環境対策を実施したり、出資したりしてバランスをとる。これを**カーボンオフセット**という。

Column

エントロピー
——エネルギーや物質の質・価値

地球は、太陽から多量のエネルギーを得ている。それでも地球がほぼ同じ環境を保っているのは、温室効果の項でも触れたように、同じ量のエネルギーを宇宙に捨てている(長波長放射)からである。同じ量とはいえ、2つのエネルギーは質が違う。太陽エネルギーは方向や時間が限られる分、密度が高く、使いやすい。一方、地球から宇宙への放射は、時間も方向も一様で密度の低い使い勝手の悪いエネルギーである。

このような物質やエネルギーの質(廃物性)を表す物理量として"エントロピー"がある。エントロピーが低いほど秩序があって偏在した有用な状態で、エントロピーが高くなると無秩序で拡散して役に立たない。万物は放っておくとエントロピーが高くなる方向に変化してしまう。そのため、人間や生物はわざわざエネルギーをかけて、エントロピーの低いものを摂り入れ、エントロピーの高くなったものを排出することで、内部の秩序を保っているのである。

一度手に入れたものは捨てずにとことん使う方がエコと思うかもしれない。ただ、買い物はするし、排泄物やゴミは必ず出る。これらをため込めばゴミ屋敷と化してくらしは立ち行かなくなる。入ってきたのと同じ量は捨てることが必要なのである。問題なのは、エントロピーが十分高くない、まだ価値のある状態で捨ててしまうことである。

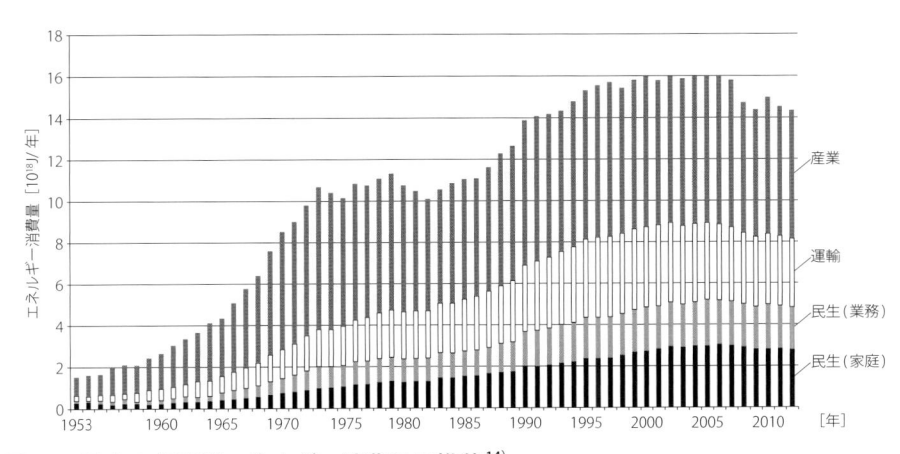

図23——日本の部門別エネルギー消費量の推移[14]

緑化
自然の力を利用する

　緑地には、微気候の緩和・大気の浄化・斜面地の保護・雨水の保持・火災の延焼防止・安らぎやリフレッシュの場・動物の生息場所などの多くの効用がある。これらの効果を狙って緑を整備するのが、**緑化**である。

■都市緑化

　二酸化炭素の吸収効果はあまり期待できないが、蒸散効果・土壌の湿潤化による気温低下や潤いの提供など、緑化はとくに都市環境の改善には効果的である。都市計画では、公園・緑道等が計画的に配置・整備されている。一方、各敷地に建物を建てる場合には、都市ごとに**緑化基準**があって、敷地面積の何割か、接道長さの何割かを緑化することなどが定められている。また、総合設計制度など、緑化面積が大きいとその分多くの建物を建てていいというボーナス制度もある。

　たとえば、樹木は日よけに使うと有効である。街路樹は路面の温度を低くできる。樹木を西側に植えれば、西日による壁面の温度上昇を抑えることもできる。また、芝生は**蒸散効果**で地表面の温度上昇を抑えつつ、**照り返し防止**も図れる。落葉樹は、夏は日差しを遮り、冬は暖かい日の光を取り入れることができる。**屋上緑化**や**壁面緑化**も、建物への日射取得を低減し、躯体の蓄熱を防止する効果がある（図24、25）。

■ビオトープ

　ビオトープとは、生物がありのままに生息・活動する場所のことで、開発によって生態系を破壊してきた反省として、1970年代にドイツで始まった考え方である。つまり、本来は自然環境そのものがビオトープなのだが、今日ではとくに都市内に人工的に構築された擬似的な自然環境のことをビオトープと呼ぶようである。

　ただ単に緑化するのではなく、自然が自ら維持・再生できるように配慮してつくられるのが特徴である。そのためには、気候風土に適した計画が必要であり、特定の種だけを優遇するのではなく、食物連鎖を考え、人間の好まない生物も含めての生物多様性の確保が必要である。一方、自律的な生態系の再現とはいっても、周辺は人工的な都市環境であるから、その影響を薄めるためには、必要最小限でも何らかの人の手は加えないと成り立たない自然でもある。

■里山保全

　里山は人間のくらす地域と手つかずの自然の中間にある二次的な自然地である。豊かな実りをもたらす日本人の原風景として刻み込まれた自然であり、人間の手が入り管理された自然である。人間の生活に役立つ樹木（建材や食料など）

> **Column**
>
> #### 近自然工法──自然に近付けた人工
>
> 　近自然工法は、土木分野でコンクリート河岸によって破壊された自然生態系の復元工法として、1970年代にスイスやドイツで誕生したものである。いったん破壊された生態系が、早く元の成熟した状態に戻れるように、ある程度自然に近い状態まで人間がつくり込んでおくのが、近自然工法の役割である。ビオトープの考え方に近い。
>
> 　その思想と技術は河川改修や森林の整備手法として確立し、道路や都市基盤整備にも応用され、持続可能な地域づくりの重要な手法の1つとなっている。
>
> #### 人工林──伐って使ってこその森林
>
> 　有数の森林国である日本は国土の約2/3が森林で、そのうち約4割が人工林である。
>
> 　天然林と異なり、使うために人が植えた人工林は、適当な樹齢で伐って木材として使うことによって、樹木が固定した炭素を街の中に固定し続けることができる。また、伐った跡には新たに元気な若木を植林することによって、さらなる炭素を固定できる。
>
> 　森林を伐採するのは悪いことのような漠然としたイメージがあるが、人工林は伐ってこそ活きる森林なのである。

図24──屋上緑化（例）

図25──壁面緑化（例）

が植えられ、里山を利用する産業（林業や狩猟・採集型農業）が成立した。彼らが山を守ることで、生態系が保全され、**治山治水**が維持されるという仕組みであった。

ところが、戦後復興に合わせて大量に植林が行われたものの、高度成長期に安い外国産木材が大量輸入されたことなどによって、里山の産業は衰退し、護る者がいなくなった山は荒廃して、崖崩れ・洪水などの深刻な事態の遠因になっていた。花粉症も手入れの悪い樹木による花粉の大量放出が影響しているとも言われる。

しかし里山は、昨今の環境意識の高まりによって、都市に一番近い自然として、環境を守ってきた役割、自然を身近に感じる存在、**地産地消**の環境への効用などが見直されてきている。

環境と共生するくらし
地域と地球全体の環境保全と健康・快適の両立をめざして

LOHASという言葉を耳にしたことはあるだろう。Lifestyles Of Health And Sustainabilityの頭文字をとったもので、健康と環境の持続可能な社会生活を志向する生活スタイルを表す。**スローフード・スローライフ**とエコが合わさったような考え方である。

最近まで人類は、母なる地球は人間のやることはすべて許容してくれるものだと思っていた。しかし、この章の冒頭でも触れたように、人間が快適さを求めたことによって、自然環境・地球環境が大きな影響を受け、それがまた人間の生活にはね返ってくる結果となっている。一方で、より良いくらしを手に入れたつもりが、公害や交通戦争、花粉症やシックハウスなど、いつの間にか健康を脅かされる状況になってしまっている。結局、生物たちが長い年月をかけて築き上げてきた安定した生態系を維持することが、人間にとっても暮らしやすい環境なのである。したがって、それを破壊するような、人間の増大する環境への負荷を減らすことが急務なのだ。

では、昔ながらの生活に戻ればいいかというと、人間は一度手にした快適はなかなか手放せないものである。そこで、**環境共生**の発想が重要になる。周辺環境や地球環境に十分に配慮しながらも、健康で快適な生活を実現する、それが"環境と共生する"という考え方である。

ただし、快適や便利がそもそもどうい

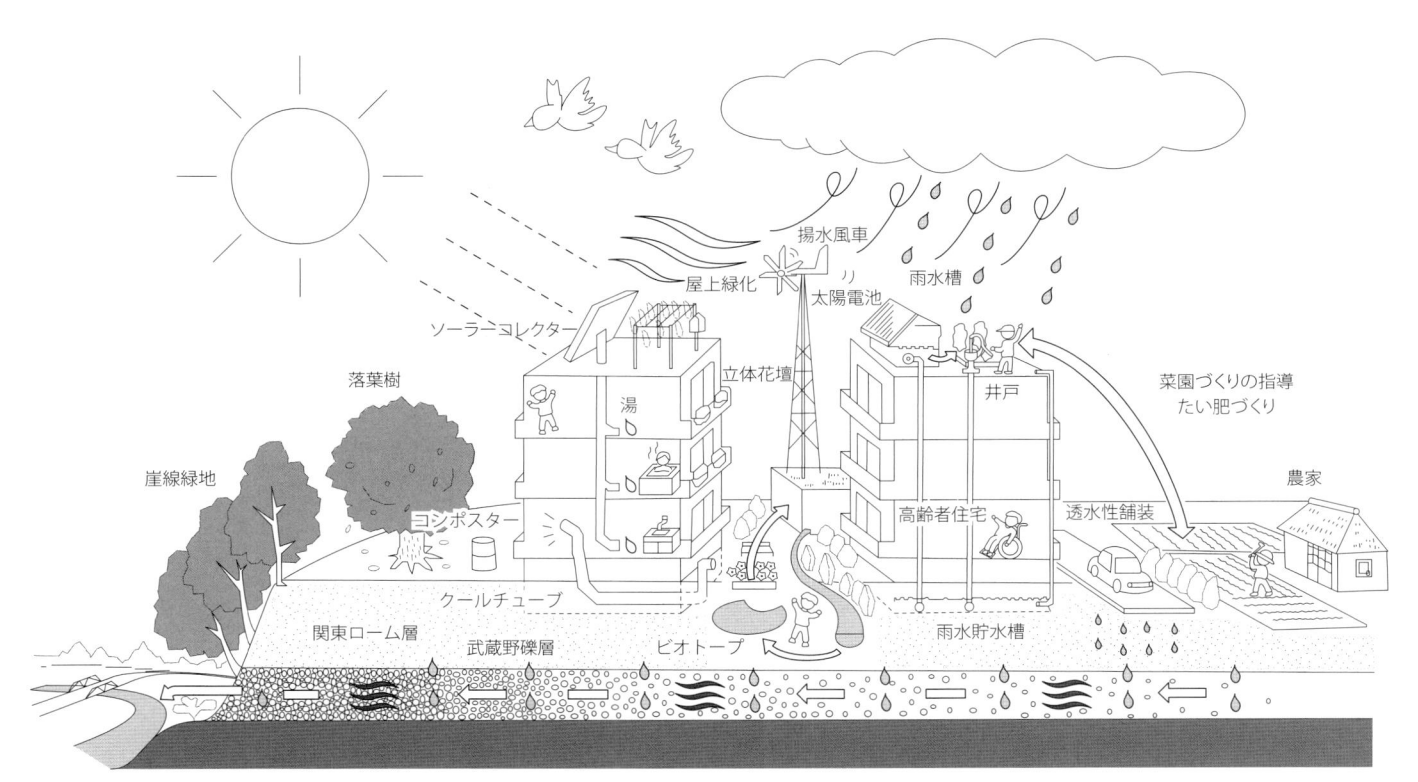

図26—**環境共生住宅の概念図**[15]

うものなのかは、少し考え方を変える必要があるかもしれない。たとえば、いつも同じ室温であることが快適というのではなく、季節や時間によって寒さや暑さを感じられる方が、豊かな生活を送っている、といった考え方の転換である。昔の生活の見ならうべきところは見ならって、新しい技術も使えるものは有効に使うことで、快適性や利便性の犠牲を許容範囲内にしながら、健康と環境に配慮した生活を心掛けることが大事であろう。

■ 環境共生住宅

環境との共生の考え方に基づいて、地球と人にやさしくつくられた住宅が、**環境共生住宅**である（図26）。具体的にいうと、以下の3点に配慮された住宅である。

◇ ロー・インパクト（地球環境の保全）
・エネルギーの消費削減と有効利用
・自然・未利用エネルギーの活用
・資源の有効利用
・廃棄物の削減

◇ ハイ・コンタクト（周辺環境との親和）
・生態系の豊かさと循環性へ配慮
・周辺地域と調和する配慮
・内外の連関性への配慮
・地産地消による輸送エネルギーの削減と、地域産業振興による治山治水

◇ ヘルス＆アメニティ
（居住環境の健康・快適）
・住宅内外のアメニティの高度化
・住宅の安全・健康性の高度化
・美しく調和のとれたデザイン
・豊かな集住性の達成

これら3点は地球環境、自分達の住む地域の環境、身の回りの環境と、それぞれ範囲の異なる環境への配慮に対応する（図27）。これまでの建築環境工学は身の回りの環境のみを対象としていたが、これからは3つの環境すべてにバランスをとりながら配慮していく必要が求められているのである。

■ くらしの中の工夫

環境共生は、身の回りの簡単なことから始めることができる。たとえば、買い物袋や箸を持参して、レジ袋や割り箸を使わない。クールビズやウォームビズのように空調に頼らず、服装で温度調節する。自家用車を使わず、徒歩や自転車・公共交通機関を利用する。一般的になってきたカーシェアリングを利用するのもいいだろう。自然素材の食品・服・建材を選ぶ。生産者の顔の見える地元の野菜を買う。雨水を溜め、ベランダで緑のカーテンをつくって、夏の日よけと収穫を楽しむ（図28）。生ゴミをコンポスト化して家庭菜園の肥料にする、などなど‥‥。くらしの中での工夫はいくらでもできる。我慢するのではなく、楽しみながら、人と環境にやさしい生活を実践してみてはどうだろうか。

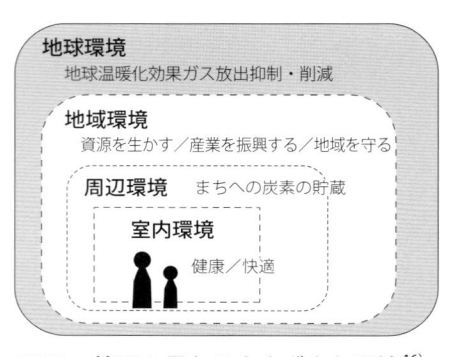

図27—範囲の異なるさまざまな環境[16]

図28—ベランダにつくった緑のカーテン　ゴーヤを育てつつ、覆われた葉が日を遮っている。

Challenge

環境家計簿をつけてみよう

最近、環境家計簿をつける試みが広がりつつある。これは、電気、ガス、水道、灯油やガソリンなどの使用料を基に、どの程度のCO_2を排出しているかを計算するものである。

多くのホームページがあるので、手許に電気やガスの請求書、ガソリン等の領収書を用意して、みなさんの1ヵ月あたりのCO_2排出量を計算してみてほしい。

他人と比較することにより、どんな事柄が排出量と関連しているのかがわかるだろう。きっとエコ行動を考えるのに役立つはずである。

演習問題

1章 光環境のデザイン

1-1 目が感じる光

1. 次の問いに○・×で答えよ。

(1) 可視光線は電磁波である。

(2) 和室の天井から釣ってある照明の豆球が点いている。そのあたりは薄明視と考えてよい。

(3) 12cd/m² の光を捉えているのは錐体である。

(4) 曇りの日の空は1,000cd/m² 程度の明るさである。

(5) 壁面で反射される光の量は、壁面の照度と関連している。

(6) 天井からつるした照明で机の上の紙を照らす。紙が白くても黒くても照度は変わらないが、輝度は変化する。

2. 次の（　）内に適切な答えを入れよ。もしくは選択せよ。

(1) 200nmの電磁波は（　　　）線、1,000nmの電磁波は（　　　）線と呼ばれる。

(2) 明所視の場合、最大比視感度の（　　　）nmと比較すると、500nmでは約（　　　）割の感度しかない。つまり、ほぼ（　　　）lm/Wの感度ということになる。暗所視時、580nmではその最大比視感度と比較し、（　　　）割程度の感度となるので、ほぼ（　　　）lm/Wの感度ということになる。

(3) 照明器具から発せられるすべての光の量を表すのであれば、（　　　）を単位とするのが適切である。

(4) 机上面に置いた紙を等距離から同じ照明器具を用いて照らした場合、上方から照らすより斜め方向から照らす方が（明るくなる・暗くなる）。机上面の法線方向（＝面に垂直に上方向）から60°傾いた位置からの照明の場合、明るさは法線方向の（　　　）％になる。

1-2 均一な照明環境を目指して

1. 次の問いに○・×で答えよ。

(1) 天井に1m間隔で照明が並んでいる。このとき、光束法で照度を算出するのは理にかなっている。

(2) 子供室より居間の方が推奨照度が高い。

(3) 一般に、教室中央のベクトル照度は、片側だけに全面窓がある場合より、両側全面に窓がある場合の方が小さい。

(4) 一般に、正面から強い光を当てた方が、斜め上方から光を当てるより、

好ましいモデリングとなる。□

(5) 光束が同じなら、点光源である白熱電球より線光源である蛍光ランプの方がグレアを生じやすい。□

(6) 光幕反射や反射映像は、背景輝度が低いほど気になりやすい。□

(7) 鏡とベニヤ板と障子紙でもっとも拡散度が低いのは鏡である。□

2. 次の（　）内に適切な答えを入れよ。もしくは選択せよ。

(1) 一般に机上面照度は、床から（　　　）mmの高さで計測する。

(2) 机上面照度は、机の上で計測した（鉛直面照度、水平面照度）である。

(3) 教室の窓際が1,800lx、中央が900lx、廊下側が300lxであった。この3つのデータから均斉度を算出すると（　　　）となる。

(4) 天井面が反射率80％、壁が70％、床が30％であるとき、机上面から天井面までの高さが2m、部屋の縦が4m、横が4mの部屋の照明率は、室指数が（1/4、1/2、1、2、4）だから、（　　　）となる。

1-3 不均一な照明の設計へ

1. 次の問いに○・×で答えよ。

(1) テーブルの机上面照度が同じであれば、光天井よりシーリングライトの方がテーブルの影が濃くなる。□

(2) 一般に、下面にボウルが付いた照明と上面にシェードが付いた照明では、シェードの方が机上面照度が高い。□

(3) 一般に、ダウンライトとブラケットでは、ブラケットの方が天井面を明るく照らす。□

(4) コーニス照明はコーブ照明より天井面が明るくなる。□

(5) シーリングライトよりダウンライトの方がアンビエントライトに向いている。□

2. 次の（　）内に適切な答えを入れよ。もしくは選択せよ。

(1) 常時人工補助照明を（　　　）と呼ぶ。片廊下型の教室では（窓側・廊下側）の照度を上げることで、最低照度と平均照度の比（＝　　　）を改善する効果がある。

(2) 美術品を保護するガラスに光源が映り込まないようにするためには、光源をできるだけ絵の（上方、正面）に置いた方がいい。鑑賞者の姿を映り込まないようにするためには、絵を（明るく・暗く）照らし、鑑賞者側を（明るく・暗く）照らす。

（3）モニターへの映り込みを防ぐために照明に取り付けられた羽根を（　　　　）と呼ぶ。

（4）リラックスする環境の照明ほど、照度は（高く・低く）なり、照明の位置は（高く・低く）なり、色温度は（高く・低く）なると言われている。

（5）TALの照度ムラは（タスクライト・アンビエントライト）がもたらす。

（6）昼間、室奥と窓際の照度の不均衡を緩和するにはフロアスタンドを室奥に設置するとよい。ただし、（　　　　）が生じる危険があるので、笠により照明光を（集中・拡散）し、（輝度・照度）を下げる。

（7）曇天空のように頭上から均一な光を提供する建築化照明として（　　　　）がある。

1-4 照明の色・部屋の色

1. 次の問いに○・×で答えよ。

（1）蛍光ランプの光が赤の色紙に当たって反射した。この色を表示するには、色温度を用いるよりXYZ表色系を用いるべきである。□

（2）光源の分光分布が同じであれば、同一の物体表面を照らしたとき、同じ色に見える。□

（3）晴れた日の日陰の色温度に近いのは標準の光Bである。□

（4）HIDランプには、蛍光ランプと蛍光水銀ランプとメタルハライドランプが含まれる。□

（5）LEDと白熱電球と蛍光ランプは、同じソケットで交換が可能なものがある。□

（6）色覚異常者や白内障の人への対応を考えても、色相差を十分確保して、視認性を上げることがカラーユニバーサルデザインの第一歩となる。□

2. 次の（　）内に適切な答えを入れよ。もしくは選択せよ。

（1）食卓のステーキがより赤く見えるのは、色温度が（高い・低い）（昼白色・昼光色）蛍光ランプである。

（2）平均演色評価数の略号は（　　　）であり、その最高値は（　　　　）である。蛍光ランプと白熱電球では、（　　　　）の方が数値が高い。

（3）蛍光ランプにWWと表記されていれば（　　　　）であることを表している。このランプとNと表記されているランプでは（WW、N）の方が色温度が高い。

（4）面積効果により、中明度中彩度の色は（明度・彩度）が上昇する。

（5）中間的な灰色の視感反射率は（　　　　）％程度である。

(6) 視感反射率を80％にするには、（2.5YR 3/9、3Y 9/2、9PB 8/3）を用いればよい。

1-5 昼光照明

1-6 照明計画

1. 次の問いに○・×で答えよ。

(1) 昼光率を計算する場合、全天空照度は窓から照度計を差し出して計測する。□

(2) 頂側窓と天窓では天窓の方が室内の照度確保に有利である。□

(3) 側窓の上に庇が設置されていると室奥での昼光率は下がる。□

(4) 光ダクトは安定した昼光を室奥にもたらす。□

(5) 階段の踏み面を目立たせるにはボウル型の照明を用いるとよい。□

(6) ライトシェルフには、窓面輝度を抑える働きと室の均斉度を大きくする効果が期待できる。□

(7) 老人施設では、高輝度の照明を視界に入るように設置して明るく照らし、明暗対比を大きくする。□

(8) 映画館に入る時と出る時では、入る時の方が照明環境に慣れるのに時間が掛かる。□

(9) 食事をする人のモデリングを改善するには、下向きに光を出すペンダント型の照明をテーブルの上に設置するとよい。□

2. 次の（　）内に適切な答えを入れよ。もしくは選択せよ。

(1) ある「薄曇りの日」、机の上の照度を計測したら1,000lxであった。この状態での昼光率は（　　　）である。普通の日であれば、机上面は（　　　）lx程度になると見込まれる。

(2) 側窓が光源である場合の立体角投射率を求める。P41右側の解説図を用いて説明すると、d=2、b=2、h=1、Aの幅=1、Aの高さ=1である。このとき、窓Aの立体角投射率を求めると、（　　－　　＝　　[%]）となる。全天空照度が20,000lxであれば、照度は（　　　）lxとなる。

(3) 建築基準法の採光規定によれば、病院では居室床面積の（　　　）以上、住宅の居室では（　　　）以上、学校の教室では（　　　）以上の有効採光面積を確保しなくてはならない。
天窓を用いた場合は、側窓の（　　　）倍の面積と同等と見なせる。

(4) 1,000cd/m²の窓面の手前の人物の顔がシルエット現象を起こすのは、人物の顔面輝度が（　　　）cd/m²より暗い場合である。

(5) 天井面から光を取り込む手法として、（　　　）、（　　　）、（　　　）などがある。

(6) 南窓の外に取り付けられた垂直なルーバーは（東と西・南と北・東と南）からの日差しを遮るのに効果的である。一方、水平に取り付けられたルーバーは（東、南、西）からの日差しを遮るのに効果的である。

(7) 電球で照らされた部屋にある黄色みを帯びた物体は、時間が経つにつれて（白っぽく・より黄色く・やや黒みがかって）感じられるようになる。

2章 音環境のデザイン

2-1 音の響きのデザイン

1. 次の問いに○・×で答えよ。

(1) 音の波長は音の大きさの感覚と関係している。□
(2) 摂氏25度のとき、音速は348m/sほどである。□
(3) 室容積に比例して残響時間は増大する。□
(4) 一般に、残響時間は同じ床面積なら天井が高くなると長くなる。□
(5) シューボックス型のホールの幅は音響を考えると20mくらいまでが限界であるが、奥行きは30mくらいあってもよい。□
(6) グラスウールは中高音部の吸音力に優れる。□
(7) 音の焦点は平行な壁の間で起こりやすい。□
(8) 平行な壁の間では定常波（定在波）が生じやすい。□
(9) 円筒形の部屋の中央で声を出すと反響し、エコーが聞こえる。□

2. 次の（　）内に適切な答えを入れよ。もしくは選択せよ。

(1) 音叉のような正弦波で示される音は（　　　）、楽器の音は楽音と呼ばれる。

(2) 楽音には（　　　）成分が含まれ、それが響きを生み出す。音程は（　　　）が規定する。

(3) 全周波数帯域の音が均等に含まれるような音を（　　　）と呼ぶ。

(4) 500Hzの音から3オクターブ上がった音は（　　　）Hz、2オクターブ下がった音は（　　　）Hzである。

(5) ピアノは約（6・7・8・9）オクターブの音が出る。

(6) ヌートセンとハリスによれば、W:25m×D:40m×H:10mのコンサートホールの最適残響時間は、500Hzの場合（　　　）秒ほどである。125Hzについては、それより（長い・短い）残響時間とした方がよい。

(7) セービンの式を用いたとき、平均吸音率0.1、W:20m×D:20m×H:10mの部屋では、表面積が（　　　）、室容積が（　　　）になる

から、残響時間は約（　　　　　）秒となる。
(8) コンサートホールや教室などでは、音源側の壁面で音を反射し、奥の壁で音を吸収する（　　　　　　　　　　）が基本となる。
(9) 吸音材は3つのメカニズムに分類される。（　　　　　　　　）吸音機構は、中・高音の吸音率が高い。（　　　　　　　　）吸音機構は特定の周波数の音を吸収できる。（　　　　　　　　）吸音機構は、吸音率は小さいが、低音域の吸収力に優れる。
(10)（　　　　　　　　　）吸音機構では、ボードの裏側に吸音材を貼ると、より効果的に音を吸収できる。
(11) 木製椅子に着席した人物の500Hzの吸音率は（　　　　）程度である。
(12) コンサートホールの天井面が（凹面・凸面）だと、音の集中が起きやすい。

2-2 音の強さ・大きさ

2-3 静かな環境をつくる

1. 次の問いに○・×で答えよ。

(1) 同じ音圧であれば1,000Hzより100Hzの方が大きな音に感じる。☐
(2) 一般的な用途の場合、40phonの部屋は静かである。☐
(3) 高齢者は、高音より低音が聞き取りづらくなる。☐
(4) コインシデンス効果により、低い音の遮音性能は質量則より小さくなる。☐
(5) 遮音性能を上げるには、壁の厚みを2倍にする方が、同じ厚みの壁体を2枚設置するより効果的である。☐
(6) 吸音性能の良い壁体は、一般に、遮音性能も良い。☐
(7) 木造住宅の界壁に吸音材を入れるのは定在波を抑制するためである。☐

2. 次の（　　）内に適切な答えを入れよ。もしくは選択せよ。

(1) 騒音源から10m離れた場所のラウドネスレベルが80phonのとき、理論上は、20mで（　　　）phon、30mで（　　　）phon、100mで（　　　）phonになる。（整数で答えよ）
(2) 60dBの音と60dBの音を合成すると（　　　　　）dBになる。60dBの音と70dBの音を合成すると（　　　　）dBになる。（整数で答えよ）
(3) dB[A]は、音圧レベルを聴感レベルに合わせるために、音圧レベルの低音部の数値を（小さく・大きく）する変換を施している。
(4) 2m離れたA、B 2つの点の中央に高さ2.73m（=1+1.73m）の塀がある。A点の高さ1mに設置したスピーカーから出力された音を、B点の高さ1mの地点で耳にするときの回折による音の減衰量を求めたい。
　　δ＝（　　　　）mであるから、500Hzの音の減衰量は約（　　　　）dB

である。算出には、70頁のグラフを用いる。また、塀は無限の長さを持つと仮定してよい。

(5) 透過損失30dBは、透過率（　　　　）ということを表している。

(6) W:2.0m×H:2.0m×D:0.5m、2,000kg/m³の壁体がある。このとき面密度を計算すると（　　　　）kg/m²となる。

2-4 音の意味

1. 次の問いに○・×で答えよ。

(1) 軽量衝撃音はタッピングマシンで音を発生させ計測する。☐
(2) 子供が飛び跳ねる音の遮音性能は、特に63Hz付近の遮音性能と関連が深い。☐
(3) 床の遮音性能はN値で表現される。☐
(4) 映画館の騒音が40dB[A]であれば、気にならない程度である。☐
(5) 水琴窟はサウンドスケープを形づくる要素となることができる。☐

2. 次の（　）内に適切な答えを入れよ。もしくは選択せよ。

(1) 200mm四方の換気口を8畳ほどの部屋に設けた場合、外壁の遮音性能を30dBから50dBに上げたとしても、総合透過損失は（1dB、3dB、5dB、10dB）程度しか向上しない。

(2) 界壁の向こうとこちらの音圧レベル差が125Hzで30dB、500Hzで40dB、2,000Hzで60dBであった。このデータに基づけば遮音等級はD-（　　　　）である。

(3) 建築基準法により、アパートの住戸間の壁は、500Hzで（　　　　）dB以上の透過損失が必要とされる。これを満たした住戸で隣戸の室内を40dB以下とするには、発生する音を（　　　　）dB以下に抑える必要がある。

(4) 階上にカラオケボックスがある場合には、その床を（　　　　）構造としないとクレームにつながる。

(5) ホテルの部屋の間の防音を考える。コンセントは（同じ位置・離れた位置）にした方がいい。ドアは（離した方が・近付けた方が）いい。
ドアの枠に（　　　　）が生じないよう、パッキング・コーキングする。バス・トイレを廊下側に配し、コンサートホールの入口に用いられる（　　　　）と同様の効果をもたせるのもよい。

3章 熱環境・空気環境のデザイン

3-1 温熱感と空気調和

1. 次の問いに◯・×で答えよ。

(1) スーツ着用は約1.5cloに相当する。　□
(2) 人が出す水蒸気の大半は呼気に伴うものである。　□
(3) エネルギー代謝率は、仰臥（仰向け）時の代謝量を規準としている。　□
(4) アネモスタット形吹き出し口は、気流を吹き下げる効果がある。　□

2. 次の（　）内に適切な答えを入れよ。もしくは選択せよ。

(1) 温熱6要素は（　　）、（　　）、（　　）、（　　）、（　　）、（　　）である。
(2) 気流が静穏な時の（　　）温度はグローブ温度計で計測できる。
(3) 窓下に（　　）を設置して温風を吹き上げるのは、（　　）を防ぐためである。
(4) 熱は（　　）の物質から（　　）の物質に流れる。この現象を（　　）と呼ぶ。これを逆流させるのが（　　）である。
(5) （　　）は、朝鮮半島や中国東北部で見られる暖房形式である。温熱6要素のうち、（　　）と関連が深い。

3-2 断熱と伝熱

1. 次の問いに◯・×で答えよ。

(1) 厚手のカーテンを窓下まで吊り下げると断熱性能が増す。　□
(2) 同じ厚みのガラスを用いるならば、ペアガラスは1枚ガラスの2倍以上の断熱性能を持つ。　□
(3) ヒートブリッジとなる部位は、コールドブリッジとなり得る部位でもある。　□
(4) 日射吸収率の高い材料は、日射を受けると多くの赤外線を放射する。　□
(5) 次世代省エネルギー区分に設定された熱損失係数は、東京の場合2.4W/（m^2・K）である。　□
(6) 暖房デグリーデー（18℃）の値は、寒冷地ほど大きくなる。　□

2. 次の（　）内に適切な答えを入れよ。もしくは選択せよ。

(1) 対流熱伝達の値は、一般に（室内側、屋外側）の方が大きい。これは、外の方が（　　）ためである。

(2) コールドドラフトは、（伝導、対流、放射）による熱の移動である。

(3) 熱伝導抵抗は、部材の厚みを熱伝導率で除することで得られる。したがって、熱伝導率1W/(m・K)の材料100mmの熱伝導抵抗は、（　　　）[K/W]である。熱伝導率0.1W/(m・K)の材料10mmの熱伝導抵抗は、（　　　）[K/W]である。2つの部材を組み合わせた時の熱伝導抵抗は（　　　）[K/W]となる。

(4) 熱貫流抵抗が0.4m²・K/Wのとき、熱貫流率は（　　　）W/m²・Kとなる。

(5) 遮熱高断熱Low-Eガラスは（室内側、屋外側）のガラスに金属膜を塗布したペアガラスである。これは高断熱Low-Eガラスに比べて、より（暖房負荷、冷房負荷）を減らす効果がある。Low-E金属膜は（紫外線・可視光線・赤外線）を遮る機能を持つ。

(6) 熱橋となりやすい箇所として、（　　　）部、内壁と接続した外壁部分、（鉄骨造、鉄筋コンクリート造、木造）の柱部分などがある。

(7) 吹き抜けを設ける時には、断熱性能を上げた方がよい。これは、（伝導・対流・放射）が抑えられ、室内の（垂直方向・水平方向）温度分布が均等になり、上下階の温度差が（小さく・大きく）なるためである。

(8) 建物の暖冷房負荷を計算するには、屋根面、壁面、床面等の（　　　）量、換気による（　　　）、日射による屋根面・壁面の壁面上昇に関わる（　　　）、室内での日射の熱への変化に関わる（　　　）を考慮する。

3-3 湿気と結露

1. 次の問いに○・×で答えよ。

(1) 木造家屋において、外壁の防湿層は室内側に設けた方がよい。□

(2) 屋根面より天井面に防湿層を設けた方が、小屋裏で結露が発生しにくい。□

(3) 開放型のストーブは使用中、絶対湿度を上げる効果がある。□

(4) 除湿するには、一旦湿り空気の温度を上げた後、温度を下げる。□

(5) 厚手のカーテンを窓下までつり下げると結露を防ぐ効果がある。□

(6) 木質繊維系断熱材は調湿性能を持つ。□

(7) 外気に面した壁内側の押入で結露が発生しやすいのは、そこが熱橋となっているためである。□

(8) 壁面の透湿抵抗は外側に向かうほど小さくするのが安全である。□

2. 次の（　　）内に適切な答えを入れよ。もしくは選択せよ。

(1) 湿り空気の絶対湿度の単位は（　　　）、相対湿度の単位は

（　　　　）である。

(2) 22℃湿度60％の空気は（　　［℃］）になると結露する。一方、加温していき29℃にしたときの湿度は（　　［％］）である。この空気の水蒸気分圧は（　　［kPa］）である。

3-4 パッシブな手法

1. 次の問いに○・×で答えよ。

(1) パッシブソーラーハウスにおいて、室温のピークを抑えるには断熱をきちんとすることが有効である。□

(2) ダイレクトゲインとは、日射を室内に導き入れ、断熱により熱を逃がさない手法のことである。□

(3) 鉄筋コンクリート造の建物の熱容量が大きいのは、木よりコンクリートの方が比熱が大きいためである。□

2. 次の（　）内に適切な答えを入れよ。もしくは選択せよ。

(1) OMソーラーハウスでは、夏、屋根面で吸収された日射熱を屋根下の空気に吸収させ、換気口から放出する。一方、冬はその空気を（　　　　）に搬送して蓄熱し、夜間には徐々にその熱を室内に放出する。それに対し、夏の夜は（　　　　）から冷えた空気を取り込んで蓄熱。昼間その冷熱を循環させ、室温の変動を抑える。

(2) 暖まりにくく冷めにくいのは、熱容量の（大きな・小さな）壁体を用いた（内断熱・外断熱）である。

(3) 夜間通風により蓄冷することを（　　　　　）と呼ぶ。

(4) 西側の窓から夕方入ってくる日射を遮るには、（すだれ、オーニング、ブリーズソレイユ）が有効である。

3-5 気候と日照・日射

1. 次の問いに○・×で答えよ。

(1) 日本は夏高湿で冬低湿という傾向があり、日本全国ほぼ共通している。□

(2) 真北を向いた窓は1年中日照を得ることはできない。□

(3) 夏至における日射量は東西壁面より南壁面の方が多い。□

2. 次の（　）内に適切な答えを入れよ。もしくは選択せよ。

(1) 温度と湿度を表示する図（＝　　　　　）によれば、日本の夏は湿度

（　　　）～（　　　）％程度である。
(2) 平均的な風向を表したものを（　　　）図という。
(3) 冬至にもっとも日射を受けるのは（北・東西・南）壁面、夏至にもっとも日射を受けるのは（北・東西・南）壁面である。
(4) 冬至と夏至では、南中時の太陽高度は（　　　）°ほど異なる。北緯35°の東京では、夏至で（　　　）°、冬至で（　　　）°となる。
(5) 太陽位置図によれば、3月6日10時における太陽の方位角は（　　　）°、高度は（　　　）°である。
(6) 高さ2mの棒を垂直に立てた。10月23日の14時40分にできる影は、（西北西、北西、北北西、北東、北北東、東北東）方向に約（　　　）mの長さとなる。

3-6 換気と通風

1. 次の問いに○・×で答えよ。

(1) 換気回数は、部屋の容積が大きいと増加する。　□
(2) ホルムアルデヒドの放散は、冬にはほとんど問題とならない。　□
(3) 隙間が小さい住宅では温度差換気は有効でない。　□
(4) 温度差換気は平屋より2階建ての方がうまくいく。　□
(5) 顕熱交換は夏より冬に効果を発揮する。　□
(6) 2つの窓の総面積が同じ場合、風上側の窓を大きく取る方が、風下側の窓を大きく取るより、通風量が大きくなる。　□

2. 次の（　　）内に適切な答えを入れよ。もしくは選択せよ。

(1) 日本では、換気の目安として（　　　　　）の濃度を用いることが多い。
(2) 2003年に改正された建築基準法では、シックハウスの症状と関わる物質のうち（　　　　　　　）の使用を禁止し、（　　　　　　　）については建材の放散速度によって使用時の換気回数を定めている。
(3) 一般に、手術室には（第1種・第2種・第3種）換気設備が使用される。このとき、室内は（正圧・負圧）に保たれるため、廊下から菌が入ってきづらい。
(4) たばこ1本あたりの粉塵の発生量を20mgとする。1時間あたりにたばこを2本吸う場合、室内空気の粉塵濃度を0.2mg/m³とするためには、少なくとも粉塵のない新鮮空気（　　　　　）m³を必要とする。

4章 環境のサステナビリティ

4-1 水環境

1. 次の問いに○・×で答えよ。

(1) 1人あたりの降水量は、日本は世界平均を大きく下回る。□

(2) 水圧を高くすると、一度に出る水の量が多くなるので水を使う用事が早く終わり、節水になる。□

(3) ポンプ直送方式は、断水していなければ停電時でも2階には給水できる。□

(4) 長期間使わない排水口は、蓋をせずに完全に乾燥させるようにするとよい。□

(5) 雨水と汚水が合流する合流式の下水道は、大雨時には下水が川や海に流れ出ることがあるので、衛生的にも環境的にも問題がある。□

2. 次の（　　）内に適切な答えを入れよ。もしくは選択せよ。

(1) 人間の水との関わり方は、（　　）・利水・親水に大別できる。

(2) 結露や（　　）を防ぐために、給水管には断熱材を巻く必要がある。

(3) 住宅の給湯設備では、住戸ごとに1台の給湯器でまかなう（　　）方式が主流である。

(4) レジオネラ肺炎を起こさないためには、湯温を（　　）℃以上に保たなければならない。

(5) 下水道の整備されていない地域では、汚水と雑排水をあわせて処理する（　　）の設置が必要とされている。

(6) 都市型水害を防ぐために、敷地内に降った雨はそのまま、下水や河川に流さず、地中に（　　）させたり、一時的に貯留することが求められることが多い。

(7) 生物化学的酸素要求量（BOD）で（　　）mg/ℓを超えると、酸欠で魚は住めなくなる。

4-2 都市の空気・温熱環境

4-3 環境汚染・環境破壊

4-4 地球環境問題

1. 次の問いに○・×で答えよ。

(1) 都心部が郊外部よりも気温が低くなる現象をクールアイランド現象という。□

(2) 酸性雨の刺激が一番強いのは、雨の降り始めである。□

(3) 地球温暖化が進行していることは、確定していない。□

(4) 大気の温室効果がないと、ほとんどの生物は地球上では生存できない。□

(5) 大気中の二酸化炭素を減少させる炭素固定は、そのほとんどが生物によって行われたものである。□

2. 次の（　）内に適切な答えを入れよ。もしくは選択せよ。

(1) 都市のヒートアイランド現象は、気温の上昇による熱中症の他、（　　　　　　）による水害や、汚染物質の流入と（　　　）しにくさによる健康被害を引き起こす。

(2) ヒートアイランドの原因は、都市活動による（　　　）の増加、日射蓄熱材の増加、土・緑・風などの熱を逃がす方法の減少などが考えられている。

(3) 高層建築物の周辺で局所的に発生する強い風を（　　　）という。

(4) （　　）℃以上の高温で完全燃焼させれば、ダイオキシンは発生しない。

(5) 廃棄物削減のために実践が呼びかけられている3Rとは、（　　　　）、（　　　　　）、（　　　　　）の頭文字である。

(6) 生物資源は、採るものから（　　　　）ものへと考え方を転換すべきである。

(7) 物の製造から使用・廃棄まで全体の中で発生する二酸化炭素の量を評価する指標として（　　　　　　）が提案されている。

(8) 大気の上空にあるオゾン層は、太陽からの（　　　）のほとんどを吸収する。

4-5 持続可能なくらし

1. 次の問いに○・×で答えよ。

(1) サステナビリティは人間社会の持続可能性を目的とした言葉であったが、現在では、生態系や地球環境の持続可能性を含む意味でも用いる。　□

(2) エコジョーズは、自然冷媒ヒートポンプ給湯機の商品名である。　□

(3) 風力発電は都市内では効率的ではない。　□

(4) ビオトープは自律的な生態系を再現したもので、出来上がって以降は、人間のコントロールは必要としない。　□

(5) 里山を守るためには、地産地消の推進が効果的である。　□

(6) 環境共生とは、不便なくらしを我慢しても、自然環境のことを第一に考える思想である。　□

(7) 内装に使われている木材も、呼吸している。　□

2. 次の(　　　)内に適切な答えを入れよ。もしくは選択せよ。

(1) 高度成長期から2000年頃にかけて、家庭のエネルギー消費量は、ずっと増大してきているが、特に(照明・暖房)と(冷房・給湯)の伸びが大きい。

(2) 太陽光発電では、発電で削減できるCO_2の量は製造から廃棄で発生するCO_2の量より(多い・少ない)。

(3) 生物がいったん固定した炭素を燃やしてエネルギーとすることは、二酸化炭素を増やすことにならないという考えを(　　　　　)という。

(4) 大規模開発について周辺への環境影響を事前に評価することを(　　　　　)という。

(5) ある製品の原料調達から廃棄までの環境影響評価手法を(　　　　　)という。

(6) エネルギーや物質の質・価値(廃物性)を測る物理量を(　　　　　)という。低いほど秩序があって有用である。

索引

A
ASHRAE 91
A特性 66

B
BOD 147

C
cd 10
cd/m² 12
Chroma 35
clo 88
COD 147
COP 92
C特性 66

D
D65 33
dB(A) 66
D値 74

E
ET* 89

H
Hue 35

L
LED 34
LAeq 67
live end & dead end 57
lm 10
LOHAS 163
lx 11
L値 76

M
met 88

N
NC値 78
N値 78

O
OMソーラーハウス 116

P
PAC 93
phon 66
PMV 90
PM2.5 153
PPD 90
ppm 129
PSALI 18

R
Ra 33
rlx 10

S
SET* 90

T
TAL 25
T-N 147
TOC 147
T-P 147

V
Value 35
VOC 129

X
XYZ表色系 33
xy色度図 33

あ
雨水浸透 146, 150
アリーナ型 62
暗騒音 63

い
硫黄酸化物（SOx）................ 153
板振動型吸音材料 58
一時貯留 146, 150

一般廃棄物 155
色温度 31, 32
色順応 49
インシュレーションボード 99

う
ウェーバー・フェヒナーの法則 ... 12
浮き床 77
鶯張り 83
内断熱 108
ウッドマイレージ 161
上向き放射 117

え
エアフローウィンドウ 118
永久日影 126
エコロジー 158
エネルギー収支 161
エネルギー代謝率 88
演色性 33
演色評価数 31
エンタルピー 134

お
扇型 62
オーニング 44
屋上緑化 150
オクターブバンド 54
押出法ポリスチレンフォーム ... 99
オゾン層 157
オゾンホール 157
音の3要素 52
音の焦点 60
音の強さ 64
音の強さのレベル 65
音の特異現象 60
音圧 64
音圧レベル 65
音階 53
音響障害 60
温室効果ガス 156
音節明瞭度 63
音速 53
温度差換気 134
温熱感覚指標 89

温熱6要素	87
音波	52

か
カーボンオフセット	161
回折	69
界壁の透過損失	74
開放型燃焼器具	131
化学的酸素要求量	147
楽音	53
拡散音場	56
カクテルパーティー効果	83
可視光線	8
化石燃料	156
風の道	150
可聴域	52
合併処理浄化槽	146
家庭系ゴミ	155
側窓	43
換気	128
換気回数	132
換気計画	133
第1種換気設備	132
第2種換気設備	132
第3種換気設備	132
環境アセスメント	161
環境汚染	152
環境音楽	83
環境共生	163
環境共生住宅	164
環境破壊	152
間欠暖冷房	107
干渉	61
寒色	37
間接音	55
間接照度	40
完全放射体	32
桿体	9
カンデラ	10
貫流熱流量	96

き
基音	53
気温	88
機械換気	132
機械空調	93
気化熱	88
気候変動問題	156
輝線スペクトル	31
基礎断熱	112
輝度	12
輝度計	13
輝度対比	16
輝度分布	12
吸音	59
吸音率	58
給排水衛生設備	140
共生	158
強制対流	94
京都議定書	157
共鳴器型吸音材料	58
共鳴透過現象	71
鏡面	23
局所換気	133
局所暖冷房	107
距離減衰	68
距離の逆二乗則	17
気流	88
均時差	124
均斉度	14, 15
均等拡散面	23

く
隅角部	98
空気調和	91, 93
クールアイランド現象	149
グラスウール	99
クリモグラフ	121
グレア	21
グローブ	27
グローブ温度計	89
クロマ	35
クロルピリホス	130

け
蛍光ランプ	34
軽量衝撃音	75
結露	104, 108
ゲリラ豪雨	149
建築化照明	28

顕熱	134
減能グレア	21

こ
コインシデンス効果	71
高圧水銀ランプ	34
高圧ナトリウムランプ	34
光化学スモッグ	149
硬質ウレタンフォーム	99
工場跡地	154
恒常性	50
光束	10
光束発散度	10
光束法	16
後退色	37
光沢	23
高断熱low-Eガラス	100
高置水槽方式	142
光庭	45
光度	10
光幕反射	21
合流式下水道	145
合流式排水	145
光梁	28
コーニス照明	28
コーブ照明	28
コールドドラフト	92
コールドブリッジ	98
黒体	32
黒体軌跡	32
コジェネレーションシステム	159
固体音	75
固体伝搬音	75
コファ照明	28
固有振動	61
コンポスト化	155

さ
採光規定	42
最小可聴閾	66
再生可能エネルギー	158
彩度	35
サウンドスケープ	84
サウンドロック	81
ささやきの回廊	60

サステナビリティ ... 158	充填断熱 ... 108	生態系 ... 152
雑音 ... 53	集熱 ... 115	正反射 ... 23
里山 ... 162	周波数 ... 52	生物化学的酸素要求量 ... 147
砂漠化 ... 155	シューボックス型 ... 62	生物資源 ... 155
作用温度 ... 89	重量衝撃音 ... 75	設計用熱伝達率 ... 96
3R ... 155	重力換気 ... 134	節水 ... 142
三角関係 ... 54	縮退 ... 61	絶対湿度 ... 104
残響 ... 55	純音 ... 53	セルローズファイバー ... 99
残響音 ... 55	省エネルギー基準 ... 103	ゼロ・エミッション ... 161
残響音の制御 ... 55	上音 ... 53	全天空照度 ... 39
残響時間 ... 56	蒸散効果 ... 162	潜熱 ... 88, 134
産業廃棄物 ... 155	上水 ... 142	潜熱回収型給湯器 ... 159
サンスペース ... 114	上水道 ... 142	全熱 ... 134
酸性雨 ... 149, 151, 153	照度 ... 11	全般換気 ... 133
	照度計 ... 13	
し	照度の余弦法則 ... 11, 17	**そ**
シーリングライト ... 27	初期反射音 ... 55	騒音計 ... 66
シェード ... 27	初期反射音の制御 ... 55	騒音等級 ... 78
視感度 ... 9	除湿 ... 107	騒音レベル ... 66
視感反射率 ... 36	シルエット現象 ... 44	相関色温度 ... 32
時間率騒音レベル ... 67	進出色 ... 37	総合透過損失 ... 70
色覚異常 ... 37	真太陽時 ... 124	総合熱貫流率 ... 101
色相 ... 35	真太陽日 ... 124	総合熱伝達率 ... 96
事業系ゴミ ... 155	新有効温度 ... 89	相対湿度 ... 104
子午線 ... 124	森林破壊 ... 155	相当外気温度 ... 101
鹿威し ... 83	森林伐採 ... 156	相当開口面積 ... 135
次世代省エネルギー基準 ... 103		相当隙間面積 ... 133
自然換気 ... 134	**す**	側路伝搬 ... 80
自然対流 ... 94	水琴窟 ... 83	外断熱 ... 108
持続可能性 ... 158	推奨照度 ... 14, 15	外張り断熱 ... 108
シックハウス症候群 ... 130	錐体 ... 9	
実効値 ... 64	スカラー照度 ... 19	**た**
実効放射 ... 117	スクラップ＆ビルド ... 155	第1種換気設備 ... 132
湿度 ... 88, 104	スタンド ... 27	第2種換気設備 ... 132
質量則 ... 71	スティーヴンスの法則 ... 13	第3種換気設備 ... 132
視認性 ... 36	スティフネス ... 71	ダイオキシン類 ... 153
島日影 ... 126	ステファン・ボルツマンの法則 ... 102	大気放射 ... 117
湿り空気 ... 104	ストリートキャニオン ... 151	代謝量 ... 88
湿り空気線図 ... 105	スポット ... 27	代替フロン ... 157
遮音等級 ... 74	スローフード ... 163	対比 ... 50
遮熱高断熱low-Eガラス ... 100	スローライフ ... 163	対比グレア ... 21
自由音場 ... 57		太陽位置図 ... 125
終日日影 ... 126	**せ**	太陽高度 ... 124
収縮色 ... 37	正圧 ... 132	対流 ... 94
修正有効温度 ... 89	生態学 ... 158	対流熱伝達 ... 96

た

- 対流熱伝達率 96
- ダイレクトゲイン 114
- ダウンライト 28
- 高窓 43
- 卓越風 151
- 多孔質型吸音材料 58
- タスク・アンビエント・ライティング 25
- タッピングマシン 75
- ダブルスキン 118
- 暖色 37
- 炭素固定 156
- 炭素酸化物（CO_X） 153
- 断熱 94
- 断熱化 159
- 断熱材 99
- 暖房デグリーデー 103

ち

- 地球温暖化問題 156
- 地球環境問題 156
- 逐点法 16
- 蓄熱 113
- 地産地消 163
- 治山治水 163
- 窒素酸化物（NO_X） 153
- 着衣量 88
- 昼白色 32
- 昼光色 32
- 昼光率 39
- 中水 142
- 中性帯 134
- 聴感曲線 66
- 調湿 109
- 頂側窓 43
- 長波放射率 102
- 直接音 55
- 直接音の制御 55
- 直接グレア 21
- 直接照度 40
- 直送方式 142
- 直達音 55
- 直結増圧方式 143
- 直結直圧方式 142

つ

- 通気 144
- 通気工法 109

て

- 定常波 61
- デシベル 65
- デッドスポット 60
- 照り返し防止 162
- 電球色 32
- 電磁波 8
- 伝導 94
- 伝熱 94
- 天窓 43

と

- 等価騒音レベル 67
- 透過損失 70, 74
- 透過率 70
- 等時間日影 126
- 透湿壁工法 109
- 透湿抵抗 111
- 透湿防水シート 109
- 等ラウドネス曲線 66
- 特定フロン 157
- 独立型照明器具 27
- 土壌汚染 154
- トラップ 145
- ドラフト 92
- トロファ 28
- トロンブウォール 114

な

- 内外透湿抵抗比 110, 111
- 南中 124

に

- 二酸化炭素 156
- 二重壁 72
- 日影図 126
- 日較差 121
- 日赤緯 124
- 日射吸収率 102
- 日射熱取得率 101, 102
- 日照権 126
- 日照時間 122
- 日本標準時 124

ね

- 熱貫流 95
- 熱貫流抵抗 96
- 熱貫流率 96
- 熱橋 98
- 熱損失係数 103
- 熱伝達 96
- 熱伝導 95
- 熱伝導抵抗 96
- 熱伝導率 95
- 熱容量 114
- 熱流量 96
- 燃焼器具
  - 開放型燃焼器具 131
  - 半密閉型燃焼器具 131
  - 密閉型燃焼器具 131
- 燃料電池 159

の

- ノーマルモード 61

は

- 倍音 53
- 配光曲線 26
- 白内障 37
- 白熱電球 34
- パッケージエアコン 93
- パッシブ 113, 118
- 波面 55
- バランス照明 28
- バリュー 35
- 反響 60
- バングマシン 75
- 反射映像 21
- 反射音 55
- 反射グレア 21
- 半自由音場 68
- 半密閉型燃焼器具 131

ひ

- ピークカット 160
- ビーズ法ポリスチレンフォーム 99

ヒートアイランド現象 149
ヒートブリッジ 98
ヒートポンプ 93
ヒートポンプエアコン 159
ヒートポンプ給湯機 159
ビオトープ 162
日影規制 126
光井戸 45
光ダクト 45
光天井 28
微気候 151
必要換気量 131
比熱 114
ヒュー 35
標準の光C 33
標準新有効温度 90
標準の光A 33
標準比視感度曲線 8
表面結露 107
ビル風 151
ピンクノイズ 53

ふ
負圧 132
ファンコイルユニット 93
フードマイレージ 161
風配 121
ブーミング現象 61
風力換気 134
富栄養化 147
フェノールフォーム 99
不快グレア 21
不快指数 90
不感蒸泄 88, 107
輻射 94
複層ガラス 96
プサリ 18
物体色 31
ブラケット 27
フラッターエコー 60
ブリーズソレイユ 44
プルキンエ現象 9
フロン 156, 157
分光反射率 31
分光分布 31

文章了解度 63
分流式下水道 145

へ
平均演色評価数 33
平均太陽時 124
平均熱貫流率 101
平均放射温度 89
壁面緑化 150
ベクトル照度 19
ベクトル・スカラー比 19
ペリメーターゾーン 91
ヘルツ 52
偏西風 153
ペンダント 27

ほ
方位角 124
防湿シート 108
放射 88, 94
放射熱伝達 96
放射熱伝達率 96
放射率 102
放射冷却 117
膨張色 37
ボウル 27
飽和水蒸気圧 104
飽和水蒸気量 104
ポリエチレンフォーム 99
ホルムアルデヒド 130
ホワイトノイズ 53
ホン 66

ま
マスキング効果 83
マンセル色立体 35
マンセル色相環 35
マンセル表色系 35

み
水の惑星 141
密閉型燃焼器具 131

む
無彩色 35

め
明・暗順応 49
明視性 14
明度 35
メタルハライドランプ 34
メタン 156
面積効果 36
面密度 71

も
モデリング 17

や
夜間放射 117

ゆ
有効温度 89
有効採光面積 42
誘目性 36
床衝撃音の遮音等級 76

よ
余弦法則 17
予測平均温冷感申告 90

ら
ライトウェル 45
ライトコート 45
ライトシェルフ 45
ライフサイクルCO_2
（$LCCO_2$）........................... 157, 161
ライフサイクルアセスメント
（LCA）................................... 161
ライフサイクルコスト 160, 161
ラウドネスレベル 66
ラドルクス 10

り
リサイクル（再資源化）............ 155
立体角投射の法則 40
立体角投射率 40
リデュース（ゴミの発生抑制）... 155
リフレクター 27
リユース（再使用）..................... 155
粒子速度 53

流量係数 135
緑化 162
緑化基準 162

る
ルーバー 23
ルーバーロール 28
ルーメン 10
ルミネッセンス 31

れ
冷橋 98
冷熱源 92

ろ
ロールスクリーン 44
ロックウール 99
露点 105
ロングスパンエコー ... 60

図版出典

1章
1) 北畠耀『色彩演出事典』セキスイインテリア、1989
2) 乾正雄『照明と視環境』理工図書、1978
3) 日本建築学会編『建築設計資料集成1 環境』丸善、1978
4) ASHRAE 2001、Fundamentals
5) 佐ömit仁人・中山和美・名取和幸「壁面色の面積効果に関する研究」(日本建築学会計画系論文集) 2002
6) 山形一彰『実用教材建築環境工学』彰国社、2000
7) 江森文・深尾謹之介・大山正『色―その科学と文化』朝倉書店、2011
8) Edward H. Adelson
9) Bart Anderson

2章
1) 日本建築学会編『建築設計資料集成1 環境』丸善、1978
2) 伊藤克三・中村洋・桜井美政・松本衛・楢崎正也『大学課程建築環境工学』オーム社、1978
3) 加藤信介・土田義郎・大岡龍三『建築環境工学』彰国社、2002
4) ＜建築のテキスト＞編集委員会編『初めての建築環境』学芸出版社、1997
5) 日本建築学会編『設計計画パンフレット4 建築の音環境設計』彰国社、2009
6) 久我新一監修『住宅の防音と調音のすべて』建築技術、1991
7) 日本建築学会編『騒音の評価法 各種評価法の系譜と手法』彰国社、1981
8) 彰国社編『光・熱・音・水・空気のデザイン』彰国社、1980
9) 出典3) p108をもとに作成
10) 出典5)をもとに作成
11) 田野正典・中川清・縄岡好人・平松友孝『建築と音のトラブル』学芸出版社、1998
12) 出典1) p13をもとに作成

3章
1) 日本建築学会編『建築設計資料集成1 環境』丸善、1978
2) 出典1) p119をもとに作成
3) 岩田利枝『生活環境学』井上書院、2008、p107をもとに作成
4) 野沢正光ほか『居住のための建築を考える』建築資料研究社、1994
5) 渡辺要編『防寒構造』理工図書、1957
6) 藤井正一『住居環境学入門第二版』彰国社、1984
7) YKK AP HP
8) 小原俊平、成瀬哲生作成
9) 田中俊六・武田仁・岩田利枝・土屋喬雄・寺尾道仁共著『最新建築環境工学［改訂3版］』井上書院、2006
10) 倉渕隆『初学者の建築講座 建築環境工学』市ヶ谷出版社、2006
11) 奥村昭雄『パッシブデザインとOMソーラー』建築資料研究社、1995、p111、図1をもとに作成
12) 奥村昭雄『パッシブデザインとOMソーラー』建築資料研究社、1995
13) 野沢正光ほか『居住のための建築を考える』建築資料研究社、1994
14) 『SD 9901環境共生の現在』鹿島出版会、1999
15) 気象庁HP
16) 日本建築学会編『設計計画パンフレット24 日照の測定と検討』彰国社、1977
17) 環境省
18) 日本建築学会編『建築設計資料集成1 環境』丸善、1978
  生活環境審議会編「一酸化炭素(CO)による大気汚染の測定と人への影響」(大気汚染研究) 1972
19) 国土交通省住宅局建築指導課『2005年版 換気・空調設備技術基準・同解説』日本建築設備・昇降機センター、2005
  倉渕隆『初学者の建築講座 建築環境工学』市ヶ谷出版社、2006
20) 辻原万規彦監修、今村仁美・田中美都著『図説 やさしい建築環境』学芸出版社、2009
21) 日本建築学会編『設計計画パンフレット18 換気設計』彰国社、1957
22) OM研究所『日本の建築デザインと環境技術』OMソーラー協会、2001
23) British Standard Code of Practice CP3-Chap.V (1952)
  倉渕隆『初学者の建築講座 建築環境工学』市ヶ谷出版社、2006
24) Heron, W: Pathology of boredom. Scientific American, 196, 1957 をもとに作成

4章
1) 岡田誠之監修『新装改訂 水とごみの環境問題』TOTO出版、2007
2) 空気調和・衛生工学会編『空気調和・衛生工学便覧Ⅲ』空気調和・衛生工学会、1987
3) 坂上恭助＋鎌田元康編『基礎からわかる給排水設備』彰国社、2009
4) 彰国社編『デザイナーのための建築設備チェックリスト』彰国社、2003 をもとに作成
5) ＜建築のテキスト＞編集委員会編『初めての建築環境』学芸出版社、1997 をもとに作成
6) 岩田利枝ほか『生活環境学』井上書院、2008 をもとに作成
7) 出典6)
  武藤暢夫・岡田誠之「住宅における水洗便所の汚水量および水質」(日本建築学会大会学術講演会梗概集) 1987
  武藤暢夫・岡田誠之「洗顔の行為と排水の性状に関する研究」(日本建築学会大会学術講演会梗概集) 1989
  岡田誠之「入浴行為における水質に関する研究」(日本建築学会大会学術講演会梗概集) 1994
  小川雄比古・立本英機・大野茂「生活雑排水の用途別汚濁負荷単位」(下水道協会誌論文集 Vol.33, No.407) 1988
  吉川サナエ・稲森悠平ほか「手作り石けんの有機汚濁負荷」(水環境学会誌) 1996
  阿部幸子「廃植物油を利用した手作り石けんの性状および環境影響について」(青山学院短期大学紀要) 1998
8) 岡田誠之編『新・水とごみの環境問題―環境工学入門編』TOTO出版、1998
9) 尾島俊雄ほか『新建築学大系9 都市環境』彰国社、1982
10) R.M. AYNSLEY "Wind effects around buildings" Architectural Science Review, Vol.15, No.1, pp.8-11, 1972
11) 伊香賀ほか「地球環境と都市建築に関する総合的研究」(科研費報告書 03302050) 1994
12) 岩田利枝ほか『生活環境学』井上書院、2008
  宿谷昌則編『エクセルギーと環境の理論』北斗出版、2004
13) 『エネルギー白書2010～2013』
  (一財)日本エネルギー経済研究所『エネルギー・経済統計要覧』
  資源エネルギー庁『総合エネルギー統計』
  総務省『住民基本台帳』
14) 『エネルギー白書2013』
  『平成24年度(2012年度)エネルギー需給実績(速報)』
  資源エネルギー庁『総合エネルギー統計』
  内閣府『国民経済計算』
  (一財)日本エネルギー経済研究所『エネルギー・経済統計要覧』
15) 日本勤労者住宅協会「環境共生住宅」(ルミナス武蔵小金井)
  村上光正編『環境用水浄化実例集(2)』パワー社、1996
16) 藤野珠枝・古賀誉章・田中稲子ほか「杉並区エコスクールにおける住環境プログラムの開発 その7」(日本建築学会大会学術講演 41238) 2012 をもとに作成

写真撮影・提供

1章
やなぎさわ建築設計室(p43 バランツァーテの教会)
福井通(p43 ファンズワース邸)
一般社団法人照明学会(図60上 光ダクト)
小林茂雄(図64)

2章
小野寺康(p82 ペイリーパーク)

3章
秋山実(中扉 ヤオトン)
二尋(ふたひろ)ブログ「水深3.6メートル」(中扉 セントメリーアクス)
MAKOTO.T(中扉 囲炉裏)
南砺市市民ポータルサイト なんとーe.com(中扉 五箇山)

土木学会付属図書館 伊藤清忠景観デザイン・フォトラブラリー（p86 ③）
小林茂雄（p86 ②⑤⑦）
天野由佳（中扉 グラスハウス、p94）
ブログ「yoplog」（p93 オンドル）
佐藤仁重 快晴堂フォトサロンBLOG（p118 すだれ）

4章
本巣芽美（p160 風力発電）
藤野珠枝（p164 図28）

引用文献

1章
[1] 中島龍興『照明［あかり］の設計』建築資料研究社、2000

3章
[1] 村上周三『ヴァナキュラー建築の居住環境性能』慶應義塾大学出版会、2008
[2] 藤井正一『住居環境学入門 第二版』彰国社、1984
[3] 堀越哲美ら『〈建築学テキスト〉建築環境工学 環境のとらえ方とつくり方を学ぶ』学芸出版社、2009
[4] 南雄三『スラスラわかる断熱・気密のすべて』日本実業出版社、2004
[5] 建築環境・省エネルギー機構『住宅の省エネルギー基準の解説 第3版』2010
[6] 倉渕隆『初学者の建築講座 建築環境工学』市ヶ谷出版社、2006
[7] OM研究所『日本の建築デザインと環境技術』OMソーラー協会、2001
[8] 宇治川正人、武藤浩、安岡正人、平手小太郎、山川昭次、土田義郎「居住環境評価による地下オフィスの問題点と改善効果の把握：地下オフィスの環境改善に関する実証的研究 その1」（日本建築学会計画系論文集）1994

参考文献

伊藤克三・中村洋・桜井美政・松本衛・楢崎正也『大学課程 建築環境工学』、オーム社、1978
田中俊六ほか『最新建築環境工学［改訂第3版］』井上書院、2006
〈建築のテキスト〉編集委員会編『初めての建築環境』学芸出版社、1996
彰国社編『光・熱・音・水・空気のデザイン』彰国社、1980
藤井正一『住居環境学入門 第二版』彰国社、1984
山形一彰『実用教材建築環境工学』彰国社、2000
倉渕隆『初学者の建築講座 建築環境工学』市ヶ谷出版社、2006
加藤信介・土田義郎・大岡龍三『図説テキスト 建築環境工学』彰国社、2002
日本建築学会編『建築設計資料集成Ⅰ 環境』丸善、1978

日本建築学会編『建築設計資料集成 ［環境］』丸善、2007
岩森利枝ら『生活環境学』井上書院、2008
堀越哲美ら『〈建築学テキスト〉建築環境工学 環境のとらえ方とつくり方を学ぶ』学芸出版社、2009
面出薫『あかり楽しんでますか』東京書籍、1988
乾正雄『照明と視環境』理工図書、1978
竹内義雄『ライティングデザイン』産調出版、1999
江森康文・深尾謹之介・大山正『色―その科学と文化』朝倉書店、2011
乾正雄『建築の色彩設計』鹿島出版会、1976
北畠耀『色彩演出事典』セキスイインテリア、1989
香山壽夫『建築意匠講義』東京大学出版会、1996
槙究『カラーデザインのための色彩学』オーム社、2006
乾正雄『やわらかい環境論』海鳴社、1988
山田修『63語でわかる建築法規』学芸出版社、1993
日本建築学会編『建築物の遮音性能基準と設計指針』技法堂出版、1997
日本建築学会編『設計計画パンフレット4 建築の音環境設計』彰国社、2009
久我新一監修『住宅の防音と調音のすべて』建築技術、1991
前川純一・阪上公博・森本政之『建築・環境音響学』共立出版、1990
田野正典・中川清・縄岡好人・平松友孝『プロのノウハウ 建築と音のトラブル』学芸出版社、1998
宇田川光弘・近藤靖史・秋元孝之・長井達夫『建築環境工学 熱環境と空気環境』朝倉書店、2009
奥村昭雄『パッシブデザインとOMソーラー』建築資料研究社、1995
野沢正光ら『居住のための建築を考える』建築資料研究社、1994
垂水弘夫・石川善美・松原斎樹・永野紳一郎『建築環境学テキスト 熱と空気のデザイン』井上書院、2007
南雄三『スラスラわかる断熱・気密のすべて』日本実業出版社、2004
『SD 9901環境共生の現在』鹿島出版会、1999
OM研究所『日本の建築デザインと環境技術』OMソーラー協会、2001
品田穣・立花直美・杉山恵一『都市の人間環境』共立出版、1987
村上周三『ヴァナキュラー建築の居住環境性能』慶應義塾大学出版会、2008
川島美勝編『高齢者の住宅熱環境』理工学社、1994
建築文化臨時増刊『デザイナーのための建築設備チェックリスト』彰国社、2003
藤井修二『建築環境のデザインと設備』市谷出版社、2011
ホルガー・ケーニッヒ『健康な住まいへの道 バウビオロギーとバウエコロジー』建築資料研究社、2000
佐藤仁人・中山和美・名取和幸「壁面色の面積効果に関する研究」（日本建築学会計画系論文集）2002
岡田誠之監修『新装改訂 水とごみの環境問題』TOTO出版、2007
空気調和・衛生工学会編『空気調和・衛生工学便覧Ⅲ』空気調和・衛生工学会、1987

坂上恭助＋鎌田元康編『基礎からわかる給排水設備』彰国社、2009
彰国社編『デザイナーのための建築設備チェックリスト』彰国社、2003
〈建築のテキスト〉編集委員会編『初めての建築環境』学芸出版社、1997
岩森利枝ほか『生活環境学』井上書院、2008
武藤暢夫・岡田誠之「住宅における水洗便所の汚水量および水質」（日本建築学会大会学術講演梗概集）1987
武藤暢夫・岡田誠之「洗顔の行為と排水の性状に関する研究」（日本建築学会大会学術講演梗概集）1989
岡田誠之「入浴行為における水質に関する研究」（日本建築学会大会学術講演梗概集）1994
小川雄比古・立本英機・大野茂「生活雑排水の用途別汚濁負荷単位」（下水道協会誌論文集）1988
吉川サナエ・稲森悠平ほか「手作り石けんの有機汚濁負荷」（水環境学会誌 Vol.19、No.5）1996
阿部幸子「廃植物油を利用した手作り石けんの性状および環境影響について」（青山学院短期大学紀要）1998
岡田誠之編『新・水とごみの環境問題―環境工学入門編』TOTO出版、1998
尾島俊雄ほか『新建築学大系9 都市環境』彰国社、1982
R.M. AYNSLEY "Wind effects around buildings" Architectural Science Review, Vol.15, No.1, pp.8-11, 1972
伊香賀ほか「地球環境と都市建築に関する総合的研究」（科研費報告書03302050）1994
岩森利枝ほか『生活環境学』井上書院、2008
宿谷昌則編『エクセルギーと環境の理論』北斗出版、2004
『エネルギー白書2010～2013』
（一財）日本エネルギー経済研究所『エネルギー・経済統計要覧』
資源エネルギー庁『総合エネルギー統計』
総務省「住民基本台帳」
『エネルギー白書2013』
『平成24年度(2012年度)エネルギー需給実績（速報）』
資源エネルギー庁『総合エネルギー統計』
内閣府『国民経済計算』
（一財）日本エネルギー経済研究所『エネルギー・経済統計要覧』
日本勤労者住宅協会「環境共生住宅」（ルミナス武蔵小金井）
村上光正編『環境用水浄化実例集（2）』パワー社、1996
藤野珠枝・古賀誉章・田中稲子ほか「杉並区エコスクールにおける住環境プログラムの開発 その7」（日本建築学会大会学術講演41238）2012

演習問題〈解答〉

■1章 光環境のデザイン

1-1 目が感じる光
1. (1) ○
   (2) ×
   (3) ○
   (4) ×
   (5) ○
   (6) ○
2. (1) 紫外
      赤外 or 近赤外
   (2) 555
      3
      205
      9
      1,530
   (3) lm or lumen
   (4) 暗くなる
      50

1-2 均一な照明環境を目指して
1. (1) ○
   (2) ×
   (3) ○
   (4) ×
   (5) ○
   (6) ○
   (7) ○
2. (1) 800 or 850
   (2) 水平面照度
   (3) 0.3 or 30%
   (4) 1
      0.6

1-3 不均一な照明の設計へ
1. (1) ○
   (2) ○
   (3) ○
   (4) ×
   (5) ×
2. (1) PSALI
      廊下側
      均斉度
   (2) 上方
      明るく
      暗く
   (3) ルーバー
   (4) 低く
      低く
      低く
   (5) タスクライト
   (6) グレア
      拡散
      輝度
   (7) 光天井

1-4 照明の色・壁面の色
1. (1) ○
   (2) ○
   (3) ×
   (4) ×
   (5) ○
   (6) ○
2. (1) 高い
      昼白色
   (2) Ra
      100
      白熱電球
   (3) 温白色
      N
   (4) 彩度
   (5) 20
   (6) 3Y 9/2

1-5 昼光照明
1-6 照明計画
1. (1) ×
   (2) ○
   (3) ○
   (4) ×
   (5) ○
   (6) ○
   (7) ×
   (8) ○
   (9) ×
2. (1) 2% or 0.02
      300
   (2) 2.1 1.4 0.7 140
   (3) 1/7
      1/7
      1/5
      3
   (4) 220
   (5) 天窓
      ライトウェル or 光井戸
      頂側窓
   (6) 東と西
      南
   (7) 白っぽく

■2章 音の響きのデザイン

2-1 音の響きのデザイン
1. (1) ×
   (2) ×
   (3) ○
   (4) ○
   (5) ○
   (6) ○
   (7) ×
   (8) ○
   (9) ○
2. (1) 純音
   (2) 倍音
      基音
   (3) ホワイトノイズ
   (4) 4,000
      125
   (5) 7
   (6) 1.65
      長い
   (7) 1,600m²
      4,000m³
      4秒
   (8) ライブエンド・デッドエンド
   (9) 多孔質型
      共鳴器型
      板(膜)振動型 or 板振動型
   (10) 共鳴器型
   (11) 0.32
   (12) 凹面

2-2 音の強さ・大きさ
2-3 静かな環境をつくる
1. (1) ×
   (2) ○
   (3) ×
   (4) ×
   (5) ×
   (6) ×
   (7) ○
2. (1) 74
      70
      60
   (2) 63
      70
   (3) 小さく
   (4) 2
      20
   (5) 1/1,000 or 0.001 or 0.1%
   (6) 1,000

2-4 音の意味
1. (1) ○
   (2) ○
   (3) ×
   (4) ○
   (5) ○
2. (1) 3dB
   (2) 40
   (3) 40
      80
   (4) 浮き床
   (5) 離れた位置
      離した方が
      隙間
      サウンドロック

■3章 熱環境・空気環境のデザイン

3-1 温熱感と空気調和
1. (1) ×
   (2) ×
   (3) ×
   (4) ×
2. (1) 気温
      湿度
      気流
      放射
      着衣量
      代謝量(順不同)
   (2) 作用
   (3) ファンコイルユニット
      コールドドラフト
   (4) 高温 or 温度が高い方
      低温 or 温度が低い方
      伝導 or 熱伝導
      ヒートポンプ
   (5) オンドル
      放射

3-2 断熱と伝熱
1. (1) ○
   (2) ○
   (3) ○
   (4) ×
   (5) ×
   (6) ○
2. (1) 屋外側
      風が強い or 風速が大きい
   (2) 対流
   (3) 0.1
      0.1
      0.2
   (4) 2.5
   (5) 屋外側
      冷房負荷
      紫外線と赤外線
   (6) 隅角
      鉄骨造
   (7) 対流
      垂直方向
      小さく
   (8) 熱貫流
      熱損失
      相当外気温度
      日射熱取得 or 日射熱取得率

3-3 湿気と結露
1. (1) ○
   (2) ○
   (3) ○

- (4) ×
- (5) ×
- (6) ○
- (7) ×
- (8) ○
2. (1) kg/kg(DA)
   (2) %
       14
       40
       1.5 kPa

3-4 パッシブな手法
1. (1) ×
   (2) ×
   (3) ×
2. (1) 床下
       戸外
   (2) 大きな
       外断熱
   (3) ナイトパージ
   (4) すだれ

3-5 気候と日照・日射
1. (1) ×
   (2) ×
   (3) ×
2. (1) クリモグラフ
       70
       80
   (2) 風配
   (3) 南
       東西
   (4) 47
       78.5
       31.5
   (5) -40
       40
   (6) 北東
       3.46 or 2√3

3-6 換気と通風
1. (1) ×
   (2) ○
   (3) ×
   (4) ○
   (5) ○
   (6) ×
2. (1) CO_2
   (2) クロルピリホス
       ホルムアルデヒド
   (3) 第2種
       正圧
   (4) 200

■4章 環境のサステナビリティ

4-1 水環境
1. (1) ○
   (2) ×
   (3) ×
   (4) ×
   (5) ○
2. (1) 治水
   (2) 凍結
   (3) 住戸セントラル
   (4) 60
   (5) 合併処理浄化槽
   (6) 浸透
   (7) 5

4-2 都市の空気・温熱環境
4-3 環境汚染・環境破壊
4-4 地球環境問題
1. (1) ×
   (2) ○
   (3) ×
   (4) ○
   (5) ○
2. (1) 集中豪雨 or ゲリラ豪雨
       拡散
   (2) 排熱
   (3) ビル風
   (4) 800
   (5) リデュース
       リユース
       リサイクル
   (6) 育てる
   (7) ライフサイクルCO_2
       or $LCCO_2$
   (8) 紫外線

4-5 持続可能なくらし
1. (1) ○
   (2) ×
   (3) ○
   (4) ○
   (5) ○
   (6) ×
   (7) ×
2. (1) 照明
       給湯
   (2) 多い
   (3) カーボンニュートラル
   (4) 環境アセスメント
   (5) ライフサイクルアセスメント or LCA
   (6) エントロピー

Challenge〈解答〉

1章 光環境のデザイン

Challenge ❶ (p11)
照度を測ってみよう
　各自の取り組みによる。
　それぞれ違いはあると思うが、一般に400lx程度のことが多いと思われる。

Challenge ❷ (p15)
均斉度の計算
　(1) 0.154 (=15.4%)
　(2) 照度の低い廊下側に照明を設置すべきである。

Challenge ❸ (p17)
必要照明器具数の算出
　29台必要
　(k=4.5→U≒0.86を基に算出)

Challenge ❹ (p39)
昼光率の計算
　(1) 5% (5.2%)
　(2) 1% (0.8%)

Challenge ❺ (p41)
直接照度の計算
　(1) 2.1%
　(2) 55.6% (13.9% × 4)
　(3-1) 暗い日：105 lx
　　　　明るい日：630 lx
　(3-2) 暗い日：2,780 lx
　　　　明るい日：16,680 lx

2章 音環境のデザイン

Challenge ❶ (p56)
残響時間の計算
　(1) 1.46秒
　(2) 1.04秒となるので、残響時間は0.42秒短くなる

Challenge ❷ (p67)
音の合成
　59.5 dB

Challenge ❸ (p70)
回折による音の減衰量の計算
　125Hz：9.6 dB (δ=0.36mから)
　2,000Hz：19.3 dB (δ=0.36mから)

Challenge ❹ (p76)
遮音等級 (D値)
　D-35

床衝撃音の遮音等級 (L値)
　L-45

Challenge ❺ (p84)
気になる音の風景を集めてみよう
　各自の取り組みによる。
　(1) コラムに示したようなさまざまな音を集めてみよう。
　(2) 場所だけでなく、時間帯も記録してみるとよい。

3章 熱環境・空気環境のデザイン

Challenge ❶ (p106)
空気線図を読んでみよう
　(1) 露点温度：14℃
　(2) 気温：25℃

Challenge ❷ (p115)
暖房の開始・停止と室温変動
　(1) 高断熱・低熱容量：エ（暖まりやすく、やや冷めやすい）
　(2) 高断熱・高熱容量：ア（暖まりにくく、冷めにくい）

　イは、やや暖まりにくく、やや冷めにくいので、低断熱・高熱容量
　ウは、やや暖まりやすく、冷めやすいので、低断熱・低熱容量

Challenge ❸ (p125)
太陽位置の計算
　(1) 方位角：65°
　　　太陽高度：40°
　(2) 窓から3.46m（太陽高度が30°なので、2m × 1.73で求める）

4章 環境のサステナビリティ

Challenge (p164)
環境家計簿をつけてみよう
　各自の取り組みによる。

■著者略歴・執筆担当

槇 究（まき　きわむ）［1～3章、演習問題］
1994年　東京工業大学大学院総合理工学研究科博士課程修了
現在　実践女子大学生活科学部生活環境学科教授
博士（工学）
主な著書に『新編 色彩科学ハンドブック　第3版』（共著）東京大学出版会
『カラーデザインのための色彩学』オーム社

古賀誉章（こが　たかあき）［4章、演習問題］
2003年　東京大学大学院工学系研究科建築学専攻博士課程修了
現在　東京大学大学院工学系研究科建築学専攻助教
博士（工学）、1級建築士
主な著書に『建築空間のヒューマナイジング 環境心理による人間空間の創造』（共著）彰国社
『PEAPにもとづく認知症ケアのための施設環境づくり実践マニュアル』（共著）中央法規出版

基礎からわかる
建築環境工学
2014年5月10日　第1版　発　行

著　者　　槇　　究・古賀誉章
発行者　　下　出　雅　徳
発行所　　株式会社　彰　国　社

162-0067 東京都新宿区富久町8-21
電話 03-3359-3231（大代表）
振替口座　00160-2-173401

Printed in Japan
© 槇　究（代表）2014年
ISBN 978-4-395-32009-7 C3052

印刷：壮光舎印刷　製本：ブロケード
http://www.shokokusha.co.jp

本書の内容の一部あるいは全部を、無断で複写（コピー）、複製、および磁気または光記録媒体等への入力を禁止します。許諾については小社あてご照会ください。